Zu diesem Buch

Kommunistisch ferngelenkter Aufruhr oder Resultat von Ausbeutung und Unterdrückung seit Generationen? In El Salvador mordet die Soldatesca.

«Ich sah auch, daß sie einen Jungen so lange auf den Betonboden warfen, bis er fast tot war. Als sie ihm die nassen Kleider vom Leib zogen, bewegte er sich noch. Da banden sie ihm ein Stück Seil um den Hals, legten das andere Ende um einen Pfahl und schnürten das Seil fest, indem sie den Pfahl drehten. Das machten sie, bis er sich nicht mehr bewegte.» (Aus dem Bericht eines Bauern in Huehuetenango.)

Es wird gefoltert und getötet. Täglich verschwinden Menschen. Unterdrückung in El Salvador heißt «Hundert Jahre Grausamkeit». Dem Großgrundbesitz (6,2 % der Plantagen) gehört über 70 % der mittelamerikanischen Nutzfläche. Die durchschnittliche Lebenserwartung beträgt 46 Jahre. Auf 10000 Einwohner kommen 17 Krankenhausbetten und 3 Ärzte. Auf dem Lande leben etwa 80 % unter dem Existenzminimum. In den Städten sind es 30 %.

An El Salvador scheiden sich die Geister. Die CDU hält Junta-Chef Duarte für «unterstützungswürdig», während führende Politiker der Sozialistischen Internationale die Opposition unterstützen. Horst Ehmke spricht von der «Glaubwürdigkeit westlicher Politiker», die in Mittelamerika auf dem Spiel stehe. Präsident Reagan steht auf der Seite der Militärjunta und unterstützt sie mit Geld, Waffen und Militärberatern.

«Es ist für uns wichtig, daß die Menschen im Ausland sich unsere Situation begreiflich machen und sich mit dem Prozeß, den das Volk gewählt hat, solidarisieren. Unser Widerwillen gegen die Repression und rechten Gruppen muß verstanden werden, zumal es unvereinbar ist, zum einen Reformen durchführen zu wollen und zum anderen das Volk zu unterdrücken.» (Bischof Romero in seinem letzten Interview vor seiner Ermordung im März 1980.)

Hinweise auf die Autoren am Schluß des Bandes.

Rodrigo Jokisch (Hg.)

El Salvador

Freiheitskämpfe in Mittelamerika
Guatemala, Honduras, El Salvador

rororo
Rowohlt

rororo aktuell – Herausgegeben von Freimut Duve

Originalausgabe
Redaktion Klaus Humann

Veröffentlicht im Rowohlt Taschenbuch Verlag GmbH,
Reinbek bei Hamburg, Mai 1981

Umschlagentwurf Werner Rebhuhn (Foto: Kretz/Stern)
Satz Bembo (Linotron 404)
Gesamtherstellung Clausen & Bosse, Leck
Printed in Germany
780-ISBN 3 499 14736 x

Inhalt

Einleitung

Mittelamerika ist ein politisches Pulverfaß. Seit in Nicaragua die 1-Familien-Diktatur des Anastacio Somoza gestürzt wurde, haben die verschiedenen Befreiungsbewegungen in diesen Ländern Kraft und Zuversicht gewonnen. In El Salvador ist der Bürgerkrieg im vollen Gange. Die Bevölkerung des Landes ist mit einbezogen. Eine kleine Minderheit – bestehend aus rechten Militärs, Großgrundbesitzern und Selbständigen aus der Mittelschicht – versucht, längst fällige Reformen mit Waffengewalt zu verhindern. Der Frente Democratico Revolucionario (FDR) bildet die Dachorganisation für die Volkskräfte, die die jetzige inhumane Militärjunta stürzen wollen. So haben sich die verschiedenen politischen Strömungen im FDR organisiert: Christsoziale, Gewerkschafter, radikalisierte christliche und marxistische Guerilleros, Sozialdemokraten und der größte Teil der nichtorganisierten Landbevölkerung. Manuel Ungo, einer der einflußreichsten Mitglieder des FDR, ist Sozialdemokrat.

In El Salvador werden zur Zeit viele Menschen nur deshalb umgebracht, weil sie auf soziale Mißstände hinweisen und Reformvorschläge zu machen. Es ist deswegen ein Skandal und zeugt von politischer Leichtfertigkeit, wenn der CDU-Generalsekretär Heiner Geißler nach einem Blitzbesuch in El Salvador erklärt, die dortige Militärjunta sei unterstützungswürdig. Zwar ist der gegenwärtige Junta-Chef, José Napoleon Duarte, ein Christdemokrat; den Militärs dient er aber dazu, vom Terror der Uniformierten abzulenken. Verständlich ist es, wenn Geißler solche unbesonnenen Äußerungen macht, um «sich und damit vor allem seine Partei bei den US-Amerikanern als besseren Verbündeten darzustellen»[1]. Als politisch unmoralisch und verantwortungslos muß man aber solch ein Taktieren bezeichnen, welches letzten Endes auf dem Rücken von in Elend und Ungerechtigkeit lebenden Salvadoreanern getragen wird. Ebenfalls unerträglich ist es, wenn der Präsident der Europäischen Union Christlicher Demokraten, Kai-Uwe von Hassel, erklärt, daß auf Grund einer gewaltigen Propagandamaschine in Europa der falsche Eindruck erweckt werden sollte, El Salvador werde von einer Militärregierung beherrscht. Daß von Hassel glaubt, von einer Regierungsdelegation aus El Salvador, die kürzlich bei der CDU zu Gast war, Gelegenheit gehabt zu haben, «authentische Nachrichten aus einem Land Mittelamerikas»[2] erhalten zu haben, kann nur als vollends naiv bezeichnet werden. Zwar nennt sich El Salvador eine Republik, wird aber faktisch seit 1931 ununterbrochen von Militärs regiert, die wenig Verständnis für demokratische Spielregeln haben. Solche Tatsachen sollten zur Skepsis gegenüber «offiziellen Regierungsdelegationen» mahnen.

Sowohl die Äußerungen von Hassels als auch die Geißlers können als

Ausdruck innenpolitischer Rangeleien zwischen den entwicklungspolitischen Ansichten der CDU/CSU einerseits und der SPD/FDP andererseits gewertet werden. Der Vorsitzende der Sozialistischen Internationale, Willy Brandt, tritt offen für die Unterstützung der Oppositionsorganisation in El Salvador, FDR, ein. Dabei steht weit mehr auf dem Spiel als nur bundesrepublikanische Innenpolitik, wie der stellvertretende SPD-Fraktionsvorsitzende Horst Ehmke treffend bemerkt: «Es geht vielmehr um die Glaubwürdigkeit des Westens in Lateinamerika und in der ganzen Dritten Welt. Ich zitiere Außenminister Genschers Worte, zur Partnerschaft mit der Dritten Welt gehöre auch, daß der Westen sich nicht als Protektor überholter Strukturen mißbrauchen läßt. Hans-Dietrich Genscher hat prophetisch hinzugefügt, die Entwicklung in Mittelamerika werde der Testfall dafür sein, ob der Westen diese Einsicht zu beherzigen weiß. Da es um die Glaubwürdigkeit westlicher Politik geht – die Glaubwürdigkeit ist übrigens auch ein wesentliches Instrument politischer Stärke –, muß mit unseren Freunden auch darüber gestritten werden, keineswegs nur von seiten der Sozialistischen Internationale.»[3]

Seit Ronald Reagan zum US-Präsidenten gewählt wurde, hat sich die weltpolitische Szenerie wesentlich verändert. Diese politische Rechtsverschiebung in den USA hat zur Folge, daß zahlreiche diktatorisch regierte Länder eine Legitimationsgrundlage erhalten.

Vor seiner Präsidentschaftswahl äußerte sich Ronald Reagan während einer Wahlkampagne: «Ich glaube nicht, daß es falsch ist, einem freien Volk Waffen zu geben, damit es für seine Freiheit kämpfen kann.»[4] Reagan meinte die Afghanen, die er in ihrem Krieg gegen die Besatzungsmacht der Sowjets zu Unterstützung empfahl. Man könnte nach dieser Logik nun meinen, die Regierung Reagan würde ausgerechnet solche Kräfte in Ländern wie El Salvador und Guatemala unterstützen, die die Mehrheit der Bevölkerung hinter sich haben. Nun erklärte vor kurzem der neue Außenminister der USA, General Alexander Haig, sogenannte Befreiungsbewegungen müßte man allgemein mit sowjetisch gesteuerten Terroristen gleichsetzen.[5] Seit Monaten schon unterstützt die Reagan-Administration offen das rechte Militärregime in El Salvador mit Geld, Waffen und Militärberatern. Die Doppelmoral einer solchen Politik ist offensichtlich. Unser Band ist parteiisch. Viele der Autoren stammen aus den betroffenen Ländern oder haben dort eine längere Zeit gelebt. Wir haben bewußt auf eine trockene monographische Darstellung der drei Länder verzichtet und uns für diesen politischen Mittelamerika-Reader entschieden. Es ist dabei ein Arbeitsbuch entstanden, das betroffen macht – auch uns Autoren, die wir meinten, unsere Heimat gut zu kennen.

Beim Zustandekommen dieses Buchs halfen mir zahlreiche Verwandte, Freunde und Bekannte, die mir wichtiges Material zur Verfügung stellten. Ebenfalls hilfreich waren die Materialien, die ich von den Komitees El Salvadors und Guatemalas in West-Berlin erhielt. Bedanken möchte ich

mich auch bei Klaus Humann, Lektor des Rowohlt Verlags, für seine Unterstützung bei der Fertigstellung des Bandes. Lona Rothe-Jokisch unterstützte mich bei der sprachlichen Überarbeitung der Texte; die Übersetzungen besorgten Heidi Hampten, Petra Schlagenhauf und Rodrigo Jokisch.

Berlin, im März 1981 Rodrigo Jokisch

Folter

Francisco Balthasar Campos Mendoza

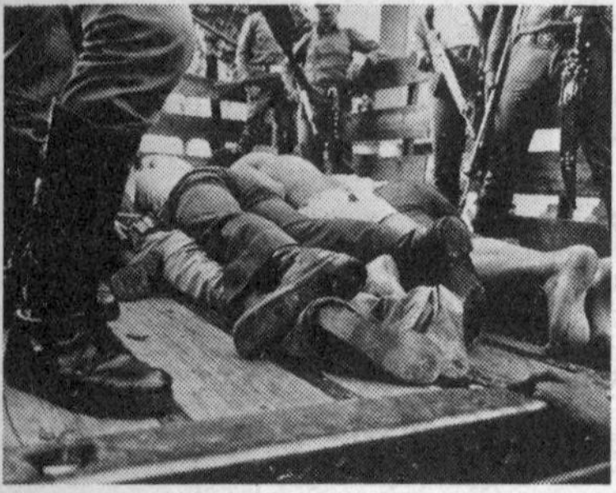

Zu der Zeit unseres Besuchs war Francisco, ein 25 Jahre alter Student, in der mexikanischen Botschaft, in der er politisches Asyl genoß. In seiner Zeugenaussage sagte er, daß er am 25. Oktober 1978 früh am Morgen von der Guardia Nacional [Polizei] verhaftet wurde, als sein Bus in der Stadt La Union ankam. Während der 28 Tage seiner Gefangenschaft ist er in drei verschiedenen Zentren gewesen, dem Hauptquartier der Guardia Nacional und dem Hauptquartier der Guardia Nacional, beide in San Salvador. Während dieser Zeit ist er nackt ausgezogen und für längere Zeit an ein Bettgestell gekettet worden. Häufige Verhöre waren begleitet von Folterungen, zusätzlich zu Schlägen. Die Foltermethoden waren: Überziehen eines Plastiksacks fast bis zum Ersticken; Elektroschocks, Verbrennen der Fußsohlen, Einrammen eines Stocks in Form eines Knüppels in den Anus, Verletzungen seiner Genitalien und Scheinerschießungen. Er wurde gezwungen, ein Dokument zu unterschreiben, in dem er bekannte, ein Mitglied der FPL, einer Terroristengruppe, zu sein. Am Ende dieser Zeit wurde Francisco, zusammen mit einem anderen Mann, eine Injektion gegeben, die ihn das Bewußtsein verlieren ließ. Er wurde mit einem Auto an einen Platz nahe bei Ciudad Arce gefahren und auf den Boden gelegt. Dynamit wurde neben seinem Kopf angebracht und die Lunte gezündet. Glücklicherweise ließ die Wirkung der Droge nach, und es gelang ihm, sich in ein Bodenloch wegzurollen, bevor die Explosion stattfand. So entkam er dem Tod. Der andere Mann wurde, wie er sagt, getötet.

Reynaldo Cruz Menjivar

Das 34jährige Mitglied der christlich-demokratischen Partei seines Bezirks wurde am 21. Dezember 1977 von der Privatpolizei der Großgrundbesitzer in Agua Caliente, Chalatenango, wo er seinen Cousin besuchte, verhaftet. Seine Eltern haben seinen Fall durch Radio und Zeitung bekannt gemacht. Der bewilligte Antrag auf «Habeas Corpus» brachte keine Ergebnisse ... Zwei Monate vor unserem Besuch kam Reynaldo aus dem Gefängnis frei. Während unseres Besuchs hielt er sich in der venezolanischen Botschaft auf, in der er Asyl erhielt.

In einem erschreckenden, detaillierten Dokument berichtet er, wie er unaufhörlich geschlagen, gefoltert und nackt in seiner Zelle, ohne Wasser und Nahrung, gelassen wurde und wie er gezwungen wurde, seinen eigenen Urin zu trinken. Er wurde anschließend in Einzelhaft in eine kleine, kahle Zelle gesteckt, ohne irgendwelche sanitäre Einrichtung, verseucht von Insekten und Würmern.

Gemäß seiner Zeugenaussage ließen ihn die Wärter langsam den Hungertod sterben. Essen und Trinken waren sporadisch und bei den seltenen Gelegenheiten absichtlich verschmutzt. Etwa neun Monate nach seiner Verhaftung entkam er, obwohl er schrecklich geschwächt war, und konnte ein Haus von Freunden erreichen. Laut Informationen vom Internationalen Sekretariat von Amnesty International in London war er auf 31,5 kg abgemagert und konnte so durch die Gitterstäbe der Zelle seinen Peinigern entkommen.

(Aus dem Bericht der britischen Parlamentarier-Delegation in El Salvador vom Dezember 1978. Ihr Bericht steht auf S. 53f

Die armen und die reichen Kinder

Von Rodrigo Jokisch

Die armen Kinder

«Es war einmal ein alter Mann, der in Nahuizalco sehr beliebt war. Seine große Freude war es, Kinder in Scharen kommen zu sehen, die in ein Dorfhaus einkehrten, um dort lesen zu lernen. Oft sagte er dabei zu sich: ‹Irgendwann werde ich ein Haus stiften, damit viele, viele Kinder hingehen können, um lesen zu lernen.› Es erschien eines Tages, als die Kinder beisammen waren, ein Betrunkener und sagte: ‹Ich will mit euch lesen lernen.› Die Kinder erwiderten aber: ‹Wir wollen keine Betrunkenen bei uns haben.› Worauf der Betrunkene sagte: ‹Wenn ihr nicht wollt, daß ich am Unterricht teilnehme, werde ich mit einer Gruppe von Betrunkenen mitten in der Nacht zu euch kommen.› Während der Nacht klopfte es an die Tür. Die Kinder wachten auf und fragten: ‹Wer ist da? Ihr da draußen, was wollt ihr?› Die Betrunkenen: ‹Daß ihr uns die Tür aufmacht.› Die Kinder: ‹Wir werden nicht aufstehen und euch die Tür aufmachen.› Die Betrunkenen machten die Tür gewaltsam auf, drangen in das Haus ein und holten die Kinder heraus. Sie brachten sie zu einem großen Fluß in der Nähe eines großen Steins, der als Opferstein bekannt war. Sie schleppten einige Kinder zum Opferstein und töteten sie; das Blut tranken sie aus und brieten die Körper. Die restlichen Kinder hängten sie auf.»[1]

Diese Überlieferung stammt von den Pipiles[2] den Ureinwohnern El Salvadors. Es ist bekannt, daß die Menschen in ihren Mythen und Legenden ihre eigene Vergangenheit zu verarbeiten versuchen. Einmal zur Vergangenheit gehörig, werden solche Legenden und Mythen zum kulturellen Bestandteil des Landes. Wir wissen nicht, welches Schicksal der Pipiles im Mythos verarbeitet wurde. Bedrückend ist, daß er aktuelle Gültigkeit für die mittelamerikanischen Gesellschaften besitzt, wobei die heutigen Ursachen leicht auszumachen sind.

Eine davon ist der Analphabetismus: Der größte Teil der Bevölkerung in Guatemala, Honduras und El Salvador kann weder schreiben noch lesen.[3] Die andere die Gewalt: In den meisten mittelamerikanischen Gesellschaften war und ist Gewalt die einzige wirksame «politische Waffe», die in der Regel von konservativen Regierungen und Militärdiktaturen angewendet wird, um die Bevölkerung in Schach zu halten. Demokratische Geflogenheiten kennt man fast nicht: Die krassen und offensichtlichen Ungerechtigkeiten und räuberischen Arbeitsverhältnisse lassen «weiche» und «duldsame» soziale und personelle Umgangsformen kaum zu. Vor allem in El Salvador und Guatemala hat die Gewaltsamkeit einen Zustand herbeigeführt, in dem das Leben der Menschen nicht mehr viel wert ist. So gewinnt auch das alte mexikanische Lied von Pedro Infante ‹*La vida no vale nade*›[4] erneut Realität:

Das Leben ist wertlos
es beginnt immer weinend
und weinend endet es immer
deswegen ist auf dieser Welt
das Leben eben wertlos.

Kind einer armen Familie in Mittelamerika zu sein ist mehr als ein Fluch: Es ist der Anfang eines hoffnungslosen Lebens. Das Lied faßt es in knappen Sätzen zusammen: Es beginnt und endet immer weinend.
Solange die indianischen Bevölkerungsteile über den Weg der Selbstversorgung existieren konnten, gab es höchstens in größeren Städten Familien, die unter dem Existenzminimum leben mußten. Seitdem aber ein wilder spanisch-nordamerikanischer Kapitalismus mit der Kolonialisierung die Familienbände durch Landenteignung und -raub proletarisierte, verschlechterte sich das Leben vieler Familien zusehends. Vor allem große Teile der Landbevölkerung waren nun gezwungen, für ihr nacktes Überleben zu arbeiten.
Bereits mit drei und vier Jahren gehen Kinder armer Familien betteln und «arbeiten». Die Arbeit besteht unter anderem darin, auf Parkplätzen Autos zu überwachen, alte vergammelte Früchte an Passanten für ein paar Pfennige zu verkaufen und Botengänge zu machen. Sicher bedeutet das «betteln gehen» und die «Arbeit» eine zwar minimale, aber immerhin finanzielle Erleichterung für die Familie. Darüber hinaus können sich solche Kinder durch ihren Verdienst manchmal etwas kräftigere Nahrung oder ein paar Süßigkeiten erlauben. Trotzdem ist ihre soziale Situation katastrophal. Man schätzt (1965), daß in El Salvador etwa die Hälfte der neugeborenen Kinder nicht das fünfzehnte Lebensjahr erreicht[5]. Rund 20000 Kinder sterben jährlich wegen mangelnder ärztlicher Versorgung. 75 % der Kinder bis zu fünf Jahren sind ernstlich unterernährt. Hinzu kommt, daß etwa 41 % der gesamten salvadoreanischen Bevölkerung jünger als sechzehn Jahre ist. Von diesen 41 % sind 19 % jünger als fünf Jahre. Die statistischen Daten zur Ausbildungssituation sind ebenfalls bedrückend. Etwa die Hälfte aller Kinder (1972) in El Salvador nimmt nicht am Schulbesuch teil. Teils, weil sie gezwungen sind, die eigene Familie finanziell zu unterstützen, teils weil sie angehalten werden, die kleineren Geschwister zu versorgen, während die Eltern arbeiten. Von den anderen 50 %, die eine Schule besuchen, erreichen nur 30 % das sechste Schuljahr. Im Jahre 1900 hatten sich 44 % aller Kinder El Salvadors zur Grundschule angemeldet; im Jahre 1971 waren es 56,6 %. Während der 71 Jahren hat sich strukturell also kaum etwas geändert.
Wenn die Kinder die Zukunft eines Landes sind, dann hat El Salvador keine Zukunft.

Kehrt einmal die Brutalität und die menschenverachtende Gewalt in das tägliche Leben ein, so werden gerade solche Geschöpfe mißhandelt und vernichtet, die symbolisch das Leben repräsentieren: die Kinder. Die grausame Legende über die «Ermordung der Kinder» ist seit einiger Zeit in Honduras, Guatemala und vor allem in El Salvador nackte Wirklichkeit geworden. Hier einige Beispiele:

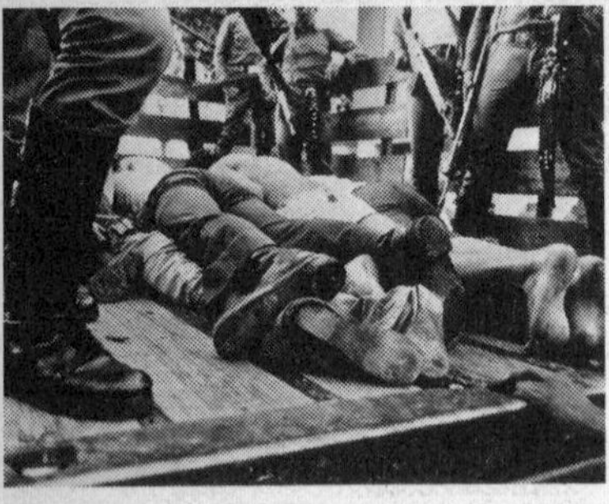

«Wir beweinen die Entführung von vier Kindern in Apopa. Während die Eltern sich bei der Arbeit befanden, kamen vier Männer in einem Auto und nahmen sie mit» (Predigt des Erzbischofs Romero vom 4. 3. 1979).

«Die paramilitärische und rechtsgerichtete Organisation ORDEN verbrannte sieben Häuser... Sie haben eine große Anzahl von Kindern und Greisen festgenommen, deren Namen noch nicht identifiziert werden können» (Informationsorgan des mexikanischen Komitees für die Menschenrechte in El Salvador, Mai 1978).

«Sie töteten Hortencia Ramires (achtzehn Jahre alt), die schwanger und im fünften Monat war» (gleiche Quelle).

«Sie holten eine Lehrerin vom ISTA aus ihrem Haus raus, Frau Dalia Arbizu Peña, und töteten sie. Wie man uns gesagt hat, war sie im sechsten Monat schwanger» (Predigt des Erzbischofs Romero vom 4. 10. 1979).

«Ich heiße Marta Elisabeth Reyes, bin acht Jahre alt und wohne in Kanton San José Borja im Departement von San Vincente ... Ich und meine Mutter waren im Haus, um auf Ana Maria, die achtzehn Monate alt ist, und Maria Alicia, die vier Jahre alt ist, aufzupassen ... Männer kamen gerannt, klopften an die Tür und sagten, sie möchten reinkommen. Meine Mutter sagte den Männern, daß sie abends grundsätzlich die Tür nicht aufmacht. Diese sagten dann zu ihr, sie würden gewaltsam eindringen, falls sie die Tür nicht aufmache. Mit Fußtritten und Macheten haben sie dann die Tür geöffnet, und als sie drin waren, gefragt, wer in diesem Haus wohnen würde. Mama sagte, daß Manuel Hernandez sie nach San Salvador gebracht hätte und daß er hier wohnen würde ... Sie sollte nun die Wäsche aus der Schublade herausnehmen, und als sie dies getan hatte, sagten die Gendarmen, sie sollte sich jetzt auf den Stuhl hinsetzen. Sie wollte aber nicht, und die Gendarmen sagten dann zu ihr, sie würden ihr dann eben dort, wo sie sich jetzt befand, eine Kugel reinjagen. Gewaltsam nahmen zwei Gendarmen sie fest und setzten sie auf den Stuhl. Zunächst bekam sie einen Schuß in den Arm; sie flehte die Gendarmen an, sie sollten sie nicht töten, weil sie sechs Kinder hinterläßt. Dann gaben sie ihr einen Schuß in die Brust und warfen sie aufs Bett. Ein Mann sagte zum anderen:

‹Geh hin und schau, ob sie tot ist, und falls nicht, gib ihr noch einen Schuß› ... Der Mann nahm sie am Arm und warf sie auf den Boden. Ich und mein Bruder haben geweint, und Ana Maria warf sich immer wieder auf den Körper unserer Mutter und weinte. Und ich habe ihr die Augen zugemacht und habe eine Kerze angemacht, und wir haben geweint, geweint und gewartet. Die Kerze ging aus, und es war früh morgens ... »(Bericht des Kindes Marta Elisabeth Reyes vor der Kommission für Menschenrechte El Salvadors am 20. 6. 1979).

«Ein Kind starb unter dem Gewehrfeuer, als es sich retten wollte; das Kaliber war höchstwahrscheinlich 50; die inneren Teile des Körpers flogen förmlich raus ... Ein anderes Kind von zwölf Jahren lag tot auf der Straße mit einem Lächeln auf den Lippen; viele Menschen haben es gesehen ... Vielleicht war es das Lächeln über eine bessere Welt» (API NEWs, 17. 10. 1979. Repräsives Eindringen der Guardia Nacional in San Marcos).

«Am 19. Oktober 1977 erschienen Maria Imelda Rivera (22 Jahre) und Lidia Rivera (zehn Jahre) vor der Stadtgemeinde Las Vueltas, um ihre Geburtsurkunden zu beantragen. Mitglieder der Guardia Nacional nahmen beide fest, zogen sie aus und vergewaltigten sie. Maria Imelda und Lidia wurden von drei Mitgliedern der Guardia Nacional menschenunwürdig behandelt. Nachdem sie sich an beiden Mädchen vergangen hatten, drohten sie an, ihre Brüste mit dem Messer abzuschneiden. Lidia ist krank geblieben: Sie bekommt in Abständen nervliche Attacken» (Bericht der OEA vom Februar 1979, S. 69).

«Die Kinder Pablo Armando Flores und Ana Elsa Flores, die in der Hazienda El Porvenir des Großgrundbesitzers Hernàn Ayala waren, wurden festgenommen, weil sie mit der Arbeit aufhörten, als es anfing zu regnen. Die Festnahme spielte sich folgendermaßen ab: Drei Lastwagen der Fuerzas Armadas Nacionales [Nationalarmee] Armee gaben über Lautsprecher bekannt, daß die Landarbeiter der Hazienda beim Großgrundbesitzer vorbeikommen sollten, um ihren Lohn zu erhalten und mit dem Besitzer zu sprechen. Die erwähnten Kinder Pablo Armando und Ana Elsa gingen mit anderen Landarbeitern hin, wobei sie sofort festgenommen wurden (von 22 Personen, die festgenommen wurden, waren 19 unter 18 Jahre). Die Mutter von Pablo und Ana wollte bei ihren Kindern bleiben oder zumindest abwarten, bis man ihr die Kinder zurückgab. Man trieb sie gewaltsam aus dem Haus hinaus, mit der Androhung, sie sofort zu töten, falls sie der Anordnung nicht folgen würde. Die Kinder blieben drei Tage im Kommissariat der Guardia Nacional, und danach wurden sie zur Polizeizentrale des Distrikts überführt. Pablo Armando wurde gefoltert, und die Mädchen mußten sich in einem Brunnen voll Wasser aufhalten. Weihnachten und Neujahr blieben sie gefangen. Die Eltern der Kinder sprachen mit dem Richter, der eine Geldstrafe forderte, wobei diese Geldstrafe von den Eltern nicht bezahlt werden konnte. Erst am 5. Januar 1978 wurden sie dann freigelassen» (Bericht der OEA vom Februar 1979).

Gedicht eines achtjährigen Kindes, Sohn eines politischen Gefangenen in El Salvador:

Wäre ich nur für zehn Minuten ein Zauberer
würde ich mich groß zaubern
würde die Gefangenen befreien
die Zellen würde ich wegschmeißen
ich würde zu meiner normalen Größe zurückkehren
das Militär würde ich dazu bringen
daß sie gut denken
und daß sie die Welt nicht regieren
und daß sie sich nicht in fremde Dinge einmischen sollten
ich würde erwirken, daß Menschen ohne Geld erscheinen
da man ohne Geld viel besser lebt
und daß die Dinge ohne Geld erworben werden.

Die reichen Kinder

Wer in El Salvador und den anderen Ländern reich ist, kann sich beinahe alles leisten, wobei eine Person der gehobenen Mittelklasse bereits als reich zu bezeichnen ist.[6] In der Regel bilden Familienclans den Kern der Elite einer mittelamerikanischen Gesellschaft. Ihre Mitglieder werden anderen Gesellschaftsschichten gegenüber von Kind auf dermaßen isoliert, daß sie blind werden für die Belange und Nöte von Menschen, die sie zwar tagtäglich «sehen», aber doch nicht richtig wahrnehmen. Die Arroganz der Wohlhabenden ist das Ergebnis eines folgerichtigen Erziehungsprozesses, der darin besteht, Kinder immer wieder daran zu erinnern, daß sie eigentlich etwas Besseres sind als die anderen, «die da unten», die ihr Leben kläglich und ohne Hoffnung fristen. Wie findet nun der Prozeß statt, der später zu einer arroganten Haltung führt, die zum großen Teil verantwortlich zu machen ist für die Barriere, die zwischen den wohlhabenden und armen Schichten besteht? Der Prozeß, der in diesen Ländern dazu führt, Kind und später Herr erster Klasse zu werden, findet zum Teil unterhalb der Bewußtseinsebene der Betroffenen statt.

Der Haushalt einer reichen Familie[5] beispielsweise besteht in der Regel aus vier bis sechs Dienstmädchen, einem Gärtner, einem Chauffeur, der den Hausmercedes oder einen ähnlichen luxuriösen Wagen fährt. Je nach Reichtum und sozialem Status der Familie sind noch andere zumeist jüngere Menschen im Haushalt tätig, die mit dem Chauffeur oft eine Art Leibgarde für die Herrschaften des Hauses bilden. Die Aufgaben des Chauffeurs sind u. a. morgens die Kinder in die Schule bringen und danach die Dame des Hauses zum Einkaufen von ausgewählten Gegenständen (Schmuck, Kleider usw.) auszuführen, wobei der Einkauf der täglichen Nahrungsmittel eine hierfür eigens eingestellte Köchin mit Begleitung durchführt. Dies führt dazu, daß die Dame des Hauses kaum in Kontakt mit den armen Marktfrauen kommt, die ihre Säuglinge bisweilen tagsüber in Bananen- oder Orangenkartons neben sich stehen haben. Die Kinder wohlhabender Eltern, die in der Regel eine kostspielige private Schule besuchen, werden morgens gegen 7 Uhr 30 zur Schule gebracht, gegen 12 Uhr abgeholt, um 14 Uhr wieder hingebracht und schließlich gegen 17 Uhr nochmals abgeholt. Solche Kinder erleben ihre Umwelt zum großen Teil nur aus der sicheren und bequemen Warte des eigenen Autos; ihr Kontakt mit den öffentlichen und «schmutzigen» Verkehrsmitteln, mit denen das «gemeine Volk» sich fortbewegt, ist gleich Null.

Im Haus einer solchen Familie herrscht während der Zeit, in der der Hausherr nicht da ist, seine Frau. Sobald aber ihr Gatte anwesend ist, richtet man sich nach seinem Willen. Wesentliche Aufgaben der Hausfrau bestehen darin, die Koordination zwischen dem Dienstpersonal optimal zu gestalten, was oft dazu führt, daß sie sich diese Tätigkeit zur Lebensaufgabe macht. Bei Festen und Banketten entwickelt sich automatisch eine Aufteilung in Frauen- und Männergruppen. Das beherrschende Thema der Frauengruppe sind Probleme, die sie mit dem Dienstpersonal haben. Die Frage nach der Erziehung der eigenen Kinder steht oft in engem Zusammenhang mit Problemen der pädagogischen Eignung von hierzu speziell engagierten Dienstmädchen, die in der Regel nicht sehr jung sein dürfen (am besten um die Vierzig). Thema der Männergruppe ist meistens, wie man bei den gegenwärtigen viel zu hohen Löhnen einen optimalen Gewinn mit der jeweiligen Kaffee-, Bananen-, Baumwoll-, Zuckerrohr- oder Kokosernte erzielen kann. Solche reichen Familien beherrschen nicht nur die Monokultur (Bananen in Honduras, Kaffee in Guatemala und El Salvador), sondern auch die Industrie des Landes. Oft beschränken sich ihre Aufgaben (Leitung der verschiedenen Unternehmen) darin, mit den jeweiligen ihnen unterstellten Leitern der Firmen und Kaffeeplantagen zu verhandeln, um sich über die Auftragslage bzw. die mögliche gute oder schlechte Ernte informieren zu lassen. So bekommt der Großgrundbesitzer und Industrielle die eigenen Landarbeiter und Angestellten kaum zu Gesicht. In der Regel werden die Belange und Nöte der arbeitenden Landbevölkerung und Angestellten von der Oberschicht überhört.

Das Kind einer reichen Familie kennt seine eigene Umgebung ausschließlich aus der sicheren Auto- und Dienstmädchenperspektive; nie benutzt es einen vollgerammelten, alternden Verkehrsbus, bei dem man oft darauf achten muß, daß die eigene Brieftasche im Gedränge nicht verschwindet. Hinzu kommt, daß die meisten Buslinien nur solche Gebiete befahren, in denen die ärmeren Teile der Bevölkerung leben.

Die wenigen Spielkameraden eines Kindes aus der wohlhabenden Schicht setzen sich aus Verwandten des eigenen Familienclans und aus den Kindern des Dienstpersonals zusammen.

Den eigenen Vater bekommt ein solches Kind selten zu sehen: Er hat immer wichtige Sitzungen und verbringt viel Zeit auf in seinen Plantagen. Die Freizeitbeschäftigung eines solchen Hausherrn besteht aus Golf, Bakkarat oder Tennis. In der Regel trifft sich die militärische und wirtschaftliche Elite des Landes auf dem Golfplatz, wobei wichtige geschäftliche und politische Absprachen während des Spiels stattfinden. Es ist daher nicht verwunderlich, daß, wenn der Hausherr ein Nachbarland bereist, er oft zunächst den jeweiligen Golfplatz aufsucht. Daher gehört es zur selbstverständlichen Erziehung eines Kindes erster Klasse, daß es ebenfalls Golf spielen lernt.

Im eigenen Haus bekommen die Kinder immer wieder eingeprägt, daß sie sich nicht mit den einfachen Kindern der unteren Volksschichten einlassen sollen: Deren Eltern seien ungebildet, verspielten ihre Löhne und würden sich betrinken. Für die wohlhabenden Schichten sind solche Menschen *inditos* (abgeleitet von «Indio»), eine abschätzige Bezeichnung, die unterstreichen soll, daß man selbst aus einer besseren Schicht stammt und zweitens rassisch höhersteht (spanisch/europäisch/nordamerikanisch). Die Folge einer solchen Erziehung ist, daß sich ein soziales Vakuum bildet: Nur die eigenen, ihnen statusmäßig entsprechenden Verwandten und Bekannten werden von den Kindern als Kontaktpersonen akzeptiert. Es kann allerdings passieren, daß älter gewordene *señoritos* bzw. *señoritas* im Ausland einen *indito* kennenlernen. Dieser ruft dann zwar bei den Jugendlichen Verwunderung hervor, wird aber in der Folge als zu einer nichtexistierenden Schicht angesehen oder als rares Exemplar bestaunt. Wiederholt sich eine solche Begegnung später im eigenen Land, so kehren die gewohnten strukturellen Machtbeziehungen zurück und die *señoritos* bzw. *señoritas* fühlen sich wieder als Menschen erster Klasse und über jeden Zweifel bezüglich ihrer Fähigkeiten überlegen.

Die Erziehung zur Geldgier und das Gefühl der Macht sind zwei dominante soziale Eigenarten, die Oberschicht charakterisieren. Sie unterdrükken in der Regel jegliche Art von sozialem Gewissen, neutralisieren die Auslandserfahrung und führen zu einer unerträglich arroganten Haltung. Diese Geld- und Machtgier führt zu räuberischer Ausnutzung und Ausbeutung der übrigen Volksschichten. Unter solchen Umständen ist es nicht zu erwarten, daß die Mitglieder wohlhabender Familienclans soziale Reformen selbst einleiten.

Flugblatt aus den Kreisen wohlhabender Familienangehöriger San Salvadors:

IDENTIFIZIERE DICH
du bist nicht alleine
Wenn du dein Vaterland liebst, deine Freiheit und deine Arbeit
wenn du nicht unter der kommunistischen Sklaverei leiden willst
wenn du die Unterhöhlung der Familie verhindern willst
wenn du nicht willst, daß dein Vaterland ein zweites Nicaragua wird
wenn du durch die Straßen frei herumlaufen möchtest
wenn du Arbeit, Ruhe mit allen deinen Brüdern willst
wenn du willst, daß Ordnung und Sicherheit herrscht
wenn du willst, daß Würde und Respekt herrscht
wenn du glaubst, daß die Achtung vor fremdem Recht der Frieden bedeutet
wenn du an die konstitutionelle Ordnung glaubst
wenn du an die Institution der Fuerzas Armadas Nacionales glaubst
wenn du das Erreichte kraft deiner Arbeit behalten willst
wenn du Landwirt nicht willst, daß man dir deine Ländereien wegnimmt

wenn du keinen Hunger und keine Zerstörung leiden willst
wenn du das aktuelle Chaos verhindern willst
wenn du an die anarchischen Doktrinen nicht glaubst
wenn du nur an Gott glaubst
identifiziere dich folgendermaßen: gehe am Montag, dem 10., Mittwoch, dem 12. und Freitag, dem 14. Dezember um 20 Uhr in den Garten deines Hauses und schieß mit deiner Pistole einmal in die Luft als Zeichen deines Bekenntnisses der oben dargestellten Prinzipien.
Vervielfältige dieses Glaubensbekenntnis und gebe es weiter.
Es lebe die Heeresmacht! Es lebe die Republik! Es lebe El Salvador!

Enrique Alvarez Cordova
Skizze einer Biographie[7]

Gegenwärtig findet vor allem in Guatemala und El Salvador innerhalb der wohlhabenden Schicht ein Abspaltungsprozeß statt: Vorwiegend jüngere Menschen begreifen allmählich, daß die Ungerechtigkeiten, in die ihre eigenen Familienmitglieder verwickelt sind, einen wesentlichen Grund für die bürgerkriegsähnlichen Auseinandersetzungen darstellen. Allerdings müssen solche abtrünnigen Söhne und Töchter mit folgenschweren Vergeltungsmaßnahmen seitens ihrer eigenen Schicht rechnen. Als jüngstes Beispiel sei Enrique Alvarez Cordova genannt, Millionärssohn einer führenden Familie, der vor kurzem von Soldaten der Guardia Nacional umgebracht wurde. Seine Biographie kann als beispielhaft gelten für das Schicksal sogenannter schwarzer Schafe aus wohlhabenden Familien, deren soziales Bewußtsein es nicht erlaubt, an den räuberischen Praktiken der eigenen Verwandten teilzunehmen.

«Enrique Alvarez Cordova ist so alt wie die Diktatur in seinem Land, gegen die er sich schon als Kind auflehnte, weil ‹die Gesellschaft› ihm nicht erlaubte, mit den Kindern der Plantagenarbeiter zu spielen, die sich bei seinem Vater verdingten. Doch bei plebejischen Sportarten wie Fußball und Basketball war er von seinen verarmten Mannschaftskameraden nicht mehr zu trennen, und die sozialen Gegensätze begannen den jungen Millionärssohn zu beunruhigen und hitzige Diskussionen ins Elternhaus zu tragen. Der Vater schickte ihn deshalb in die Vereinigten Staaten auf eine Privatschule und anschließend bis 1950 auf die Rodgers University in New York, damit er Landwirtschaft studiere. Nach der Rückkehr begann der im Norden ‹verdorbene› Sohn eine intensive Sozialarbeit unter den zweihundertfünfzig Familien, die auf Vaters Kaffee-Finca arbeiteten, was ihm jedoch alles ‹recht paternalistisch› vorkam.»

Mit Erleichterung griff er deshalb 1967, 37 Jahre alt, nach der ersten Möglichkeit, aktiv in die Politik des Landes einzugreifen – die Regierung machte ihn zum Präsidenten der allmächtigen salvadorianischen Kaffee-Company, in der alle großen und kleinen Kaffeepflanzer des Landes vereinigt waren, allerdings streng nach Kasten und Klassen getrennt. Enrique Alvarez ließ erstmals allen Mitgliedern Gerechtigkeit widerfahren, was ihm große Anerkennung der Regierung, aber die Ablehnung der reichen Familien einbrachte, von denen vierzehn mehr als 80 % des fruchtbaren Bodens besaßen und folglich auch die führende Rolle in den Banken, den Versicherungen und der aufkeimenden Industrie des Landes spielten. 1968 mußte er als Präsident gehen und zog sich auf eine Viehfarm zurück, um über eine Agrarreform nachzudenken.

Sein Konzept gefiel den Diktatoren, die den politischen Druck von unten zu spüren bekamen, und sie machten ihn von 1969 bis 1972 zum Agrarminister. Enrique Alvarez Cordova begann die Landwirtschaft zu reformieren, aber nicht zu revolutionieren. Gleichwohl nahm diese Reform schärfere Konturen an und brachte Verschiebungen in der hierarchischen Ordnung der salvadorianischen Landwirtschaft mit sich, so daß der Diktator General Molina das ‹soziale Aushängeschild›, das er 1972 bei Amtsantritt mitübernommen hatte, 1973 schließlich fallenließ, weil der dickköpfige Sozialrevolutionär Alvarez Cordova nicht die Forderung erfüllen wollte, Kaffee, Baumwolle und Zuckerrohr, die Haupterzeugnisse des Landes, und damit der ausschließliche Besitz der großen Familien, auszuklammern.

Der gestürzte Agrarminister ging auf seine Viehfarm ‹El Jobo› zurück. Sechs Jahre lang hat der Sozialreformer hier sein Modell einer selbstverantwortlichen kollektiven Landwirtschaft erprobt. Am 15. Oktober 1979 trat er als Agrarminister in die Putschregierung der Militärs und demokratischen Parteien gegen den Diktator General Romero ein, am 2. Januar 1980 ging er als erster, als er erkannt hatte, daß die angebliche Reformregierung die Repression mit anderen, noch blutigeren Mitteln fortsetzen würde. Mit den Unzufriedenen aus allen Parteien von ganz links bis Mitte-rechts arbeitete er auf die Vereinigung aller Oppositionskräfte in der Frente Democratico Revolucionario de El Salvador (FDR) hin, deren Präsident er jetzt ist.»

Was Menschen passieren kann, die sich für soziale Reformen im Land einsetzen und glauben, daß die eigene Zugehörigkeit zur wohlhabenden Schicht sie vor Gewalttätigkeiten schützt, zeigt die brutale und menschenunwürdige Ermordung dieses mutigen Mannes!

«Rund zweihundert Soldaten der Guardia Nacional und Polizisten in Zivil waren am Donnerstag in das Jesuitenkolleg von San José – nur drei Straßen von der schwerbewachten amerikanischen Botschaft entfernt – eingedrungen, wo das Exekutivkomitee der FDR vor ausländischen Journalisten eine Pressekonferenz gab, und hatten den FDR-Präsidenten Alvarez Cordova sowie die fünf Exekutivmitglieder Juan Chacon, Manuel Franco, Enrique Escobar Barrera, Humbero Mendoza und Doroteo Hernandez mit Kolbenschlägen aus dem Gebäude getrieben. Später gab Verteidigungsminister Oberst Garcia die Festnahme der Oppositionellen durch Sicherheitskräfte der Regierung zu. Ihre verstümmelten Leichen wurden am Freitag in den Straßen und Parks der Hauptstadt San Salvadors gefunden. Die Leiche des FDR-Präsidenten Alvarez Cordova, ein millionenschwerer Großgrundbesitzer aus den berühmten vierzehn Familien, die El Salvador beherrschen, war am schlimmsten zugerichtet. Seine Mörder hatten ihm vor seinem Tod einen Arm und ein Bein abgeschlagen und die Geschlechtsteile abgeschnitten und ihn dann langsam erwürgt, wie die offiziellen Obduktionsergebnisse ergeben haben. Auch die Leichen der fünf anderen Opfer wiesen furchtbare Folterungen auf.»[7]

«Hierzulande garantiert das Militär die Demokratie»*
Politische Organisationen in Mittelamerika

* Text einer Zeitungsanzeige in Guatemala.

Die alte Ordnung stirbt

Die politische Lage in Guatemala, El Salvador und Honduras
Von Herbert Becker

Leuchte, bläuliches Feuer über der Fäulnis!
Miguel Angel Asturias

Diese Worte von Miguel Angel Asturias sind treffender Ausdruck der politischen und sozialen Krise, die der nördliche Teil Mittelamerikas zur Zeit durchmacht; besonders betroffen davon sind El Salvador und Guatemala. Die bestehenden Widersprüche werden augenscheinlich durch das, was der Staatssekretär, der Beauftragte für lateinamerikanische Angelegenheiten des US-State Department, William Bowdler, kürzlich feststellte: «Mit der rühmlichen Ausnahme von Costa Rica, in gewisser Weise auch von Honduras, befindet sich Mittelamerika inmitten einer schwierigen und komplexen Übergangsphase. Die alte Ordnung löst sich unter einer Verkettung von endemischen sozio-ökonomischen Problemen auf, die allgemeine Unzufriedenheit mit dem Staat wird von äußeren instabilen Einflüssen begleitet, die vom Problem Kuba bis hin zum Problem Inflation reichen.»[1] Tatsächlich befindet sich der mittelamerikanische Isthmus seit dem Sturz Somozas in Nicaragua in einer politischen Krise ohnegleichen. El Salvador erlebt einen Bürgerkrieg, der sich austobt zwischen den Kräften des Volkes, (wie dem Bloque Popular Revolutionario BPR [dem Revolutionären Volksblock], den Ligas Populares 28 de Febrero [Volksliga 28. Februar] etc.) und den extremen Rechten (die Landbesitzer und reichen Familien), die mit den Militärs paktieren und sich immer mehr der christlich-demokratischen Regierung annähern. Die Kämpfe zwischen den Fronten forderten im vergangenen Jahr 10000 Tote und trieben eine ungeheure Anzahl von Menschen in die Flucht, überwiegend nach Honduras. Viele von ihnen wurden vom Militär El Salvadors beim Grenzübertritt umgebracht. Hauptauslöser der Aufstände war der offensichtliche Betrug, auf dem die Präsidentschaft des Generals Carlos Humberto Romero beruhte. Ziel des ersten Aufstands Ende 1979 sollte der Sturz Romeros durch eine Militärjunta mit reformistischer, aber sehr rechter Tendenz sein, die sich klar gegen das Volk und die Opposition stellte.

In Guatemala, so der demokratische nordamerikanische Senator Robert Drinan, ist «das politische Verbrechen seitens der Regierung schon zum Nationalsport geworden»[2]. Die offizielle Zahl von laut Amnesty International 10000 (zehntausend) aus politischen Gründen in den letzten Jahren Ermordeten erhöhte sich offenkundig noch in den ersten Monaten des Jahres 1980. Gemäß den Informationen der Presse, findet man täglich durchschnittlich zehn Tote, alle auf bestialische Art gefoltert. Es hat in den letzten Monaten nicht aufgehört, daß Menschen auf offener Straße umgebracht und am hellichten Tag von Angehörigen paramilitärischer Organisationen der extremen Rechten bedroht wurden. Die Opfer waren Bauern, Gewerkschaftsführer, Universitätsangehörige (Professoren und Studenten), Priester, liberale und sonstige Politiker, alles Personen und Gruppen, die – wenn auch nur sehr vorsichtig – ihren Unwillen gegen Terror und Korruption, die im Land herrschen, ausdrückten. Der gleiche Senator Drinan meinte dazu: «Guatemala könnte ein neuer Iran und El Salvador ein neues Kambodscha werden.»[3]

Honduras scheint diesem Prozeß nicht entgehen zu können und befindet sich nicht mehr weit entfernt von einer Militarisierung. Trotz der gerade erfolgten Wahlen und einer größeren sozialen Flexibilität gibt es Informationen über Massaker an Bauern. Die katholischen Bischöfe von Honduras drückten in einem Hirtenbrief vom 20. Januar 1980 ihre Sorge darüber aus, daß die militärischen Kräfte des Landes «zunehmend hohe Stellungen in wichtigen zivilen Körperschaften einnehmen, die ihnen den Zugang zu Machtausübung in der öffentlichen Verwaltung eröffnen.»[4]

Mit der Ausnahme von Honduras haben die Staaten Mittelamerikas in letzten Jahren Leid und Gewalt erlebt.

Der Widerspruch zwischen der Oligarchie der reichen Landbesitzer, die sich in ihren Interessen mit den ausländischen Gesellschaften und den von der Industrie gestützten Militärs einig weiß einerseits und den Bauern, Politikern und Intellektuellen, die sich gegen die täglichen Ungerechtigkeiten auflehnen andererseits, ist tägliche Wirklichkeit.

Die Regierungsjunta von El Salvador hat im Juni 1980 bekanntgegeben, daß sie den Kampf gegen die Volksorgane von El Salvador bis zur «totalen Konfrontation» aufnehmen wird, um die Ordnung wiederherzustellen.

Auf ihre Art haben auch die guatemaltekischen Regierungsfunktionäre persönlich wie öffentlich zu erkennen gegeben, daß sie bereit sind, «mit den Kommunisten Schluß zu machen». Ein guatemaltekischer Funktionär hat seine Auffassung darüber, wie man Kommunisten erkennen kann, folgendermaßen ausgedrückt: «Das sind jene, die nicht mit den Maßstäben der Regierung einverstanden sind, und jene, die die etablierte Ordnung zerstören wollen.»

Mit solchen Kriterien wird Repression gerechtfertigt. Auf der anderen Seite haben die Führer der guatemaltekischen Guerillas und die führenden Persönlichkeiten der Volksorgane von San Salvador wiederholt bekanntgegeben, daß dies ein revolutionärer Kampf des Volkes sei und nicht vor dem endgültigen Sieg beendet wird. Gemäßigte Kräfte stehen auf velorenem Posten.

Das Repressionsschema und die politische Gewalt, die von den Militärregierungen angewandt werden, erinnern sehr an die Praktiken, an denen sich in Chile, im Iran und in anderen Ländern der CIA und andere Sicherheitsorgane immer wieder mitschuldig gemacht haben; dies scheint kein Zufall zu sein.

Man kann behaupten, daß die Gewalt in diesen Gesellschaften für Menschen etwas Alltägliches ist, die unter derartigen Gegensätzen geboren wurden und deren historische Entwicklung von Ungerechtigkeit und Willkür gekennzeichnet ist. Solche Gewalt hat auch stets eine gewalttätige Antwort gegen Unterdrückung und Ausbeutung hervorgebracht, eine Situation, die in jeder Beziehung eine unerträgliche Grenze überschritten hat und ganz einfach unmenschlich ist.

Die lange Geschichte der Unterdrückung beginnt mit der spanischen Eroberung und der teilweisen Ausrottung der einheimischen indianischen Bevölkerung. Danach wurden die überlebenden Indios und Mestizen zu Zwangsarbeit herangezogen.

Eine Gruppe von Kreolen (Spanier, die in Amerika geboren wurden) und von ursprünglich aus Spanien Stammenden, gründeten ihre Macht auf nackte Ausbeutung der Indios. Die internen Streitigkeiten beider Gruppen um die Vorherrschaft im Land führte schließlich zur Unabhängigkeit der mittelamerikanischen Region. Die Situation wurde von den damaligen englischen Diplomaten geschickt ausgenutzt: Sie initiierten den ersten Bürgerkrieg, der damit endete, daß das Territorium in fünf Republiken aufgeteilt wurde, so wie man sie bis heute kennt.

Die nordamerikanischen Interessen und die Politik des Big Stick (1903), die Verteidigung der regionalen Bananengesellschaften und die Wiederherstellung der geduldeten Militärregierungen kennzeichnen den größten Teil der Geschichte des vorigen und den Beginn der Entwicklung dieses Jahrhunderts. Unterdessen legten die regionalen Gruppen, die sich um die Hegemonie dieser kleinen Staaten stritten, Projekte vor, die in ihrem ideologischen und politischen Inhalt nicht wesentlich voneinander entfernt waren, nur in ihren Akteuren: den Konservativen und den Liberalen. So entstand der sogenannte Caudillismus und der Personalismus[5], Formen von staatlicher Herrschaft, die in Lateinamerika schließlich so bekannt geworden sind und auf volkstümliche Weise häufig in der Literatur Eingang fanden.

Zur Zeit scheinen sich allerdings die Bedingungen staatlicher Herrschaftsformen zu ändern: Es sind nicht mehr nur ein paar Familien, die vom Militär gestützt werden und sich die Macht mit dem Segen der heiligen Kirche, die die herrschende Ordnung sanktioniert, teilen. Wir finden heute die Vielfältigkeit der Geschäfte reicher Familien verflochten mit denen einer beschränkten Gruppe von Mitgliedern der Mittelklasse und hoher Offiziere. Letztere erwiesen sich als überaus geschickt im Umgang mit großen staatlich finanzierten Projekten unter Beteiligung internationaler Geldgeber und multinationaler Gesellschaften. (Genaueres S. 163 f.

1. Das politische Leben

Eine Jagd nach Regierungsposten

Die Herrschaft des Militärs ist im politischen Leben Mittelamerikas am ausgeprägtesten. Außerdem gibt es keine formale Demokratie in öffentlichen Institutionen, und politische Projekte von wirklich nationaler Tragweite fehlen.

Sowohl in Honduras als auch in Guatemala und El Salvador vermißt man in der derzeitigen Krise umfassende Pläne und politische Konzeptionen, die die allgemeinen Bedürfnisse dieser Nationen zum Ausdruck bringen würden. Die Regierungen sprechen von Entwicklungsplänen, und man akzeptiert in der Regel vage allgemeine Modelle wie die «kapitalistische Entwicklung», um das oben genannte Ziel zu erreichen. Man geht davon aus, daß die Regierungen Anstrengungen unternehmen, um materielle Werte zu schaffen, die dann einer breiten Masse zugute kommen sollen. Analysiert man die Wahlversprechen, die Parteipropaganda und die Regierungserklärungen, so erkennt man bald, daß über das Schicksal dieser Gesellschaften niemals diskutiert wird. Die politische Diskussion scheint sich auf Themen wie die allgemeine Wahlbeteiligung und die Ausführung einiger Straßenbauprogramme zu konzentrieren. Die eigentlichen Hauptthemen sind: Wie erhält man öffentliche Stellen? Wie integriert sich die neue Regierung? Wer werden die neuen Funktionäre sein usw. Das ist das, was man leidenschaftlich vertritt und was man bei den Wahlen diskutiert. Bei den kürzlich durchgeführten Wahlen in Honduras hatte der Präsident der COHEP (Rat der privaten Unternehmungen in Honduras) folgende Presseerklärung abgegeben: «Das einzige, was die politischen Parteien in dieser Angelegenheit tun, ist, darüber zu diskutieren, welche Ministerposten welche Partei erhält. Dies ist wirklich von sekundärer Bedeutung, wenn man bedenkt, was die Bewohner Honduras in Wirklichkeit brauchen.»[6] Während der Wahlen von 1978 in Guatemala wurden die Hauptanliegen der Wahlkampagne vom Gewinner General Fernando Romero Lucas Garcia folgendermaßen ausgedrückt:

- Erhöhung des Weihnachtsgeldes für alle Angestellten des öffentlichen Dienstes um 100%.
- Erhalt der Souveränität und Unabhängigkeit des Landes.
- Angemessene Verwendung und gerechte Verteilung der Einnahmen.

Der Verlierer Oberst Enrique Peralta Azurdia offerierte seinerseits folgendes:

- Absolute Pressefreiheit.
- Absicherung der nationalen und internationalen Investitionen.
- Schutz des persönlichen Eigentums.

Innerhalb dieser Konzeptionen ist es klar, daß die Wahlprozesse und die Regierungssysteme nur ein Spiel mit wechselnden Rollen innerhalb eines sehr eingeschränkten Rahmens sind, was auch die Leidenschaft im Kampf um die Posten und Stellen erklärt. In diesem Zusammenhang sei darauf hingewiesen, daß der überwiegende Teil der Mittelklasse Guatemalas und El Salvadors als staatliche Angestellte von der Bürokratie profitieren, eine in Lateinamerika verbreitete Erscheinung.

Das politische Leben erschöpft sich also im Kampf um öffentliche Stellen. Der durch oligarchische Gruppen eingeschränkte politische Rahmen der Regierung wird stillschweigend akzeptiert und nicht diskutiert. Man weiß lediglich, daß wichtige Entscheidungen weder vom Wähler getragen noch öffentlich erörtert werden, sondern den Gruppen unterliegen, die mit diesem Spiel ihre Interessen verfolgen. Politik ist ein gefährliches Geheimnis und die Beschäftigung damit kann unter Umständen das Leben kosten.

Die frustrierenden Wahlprozesse

In Guatemala und in Salvador hat es während der letzten 30 Jahre immer wieder Wahlmanipulationen gegeben. Sie wurden in der Regel von den jeweils amtierenden Regierungen veranlaßt.

In El Salvador z. B. ist dem Gewinner der Wahlen von 1972, dem Ingenieur José Napoléon Duarte, mit Gewalt der Sieg durch den Oberst Arturo Armando Molina, dem offiziellen Kandidaten der Oppositionspartei UNO, entrissen worden. Sechs Jahre später wiederholte sich derselbe Vorgang, als der Kandidat der Rechten, Oberst Carlos Humberto Romero, von der Nationalpartei gegen Oberst Ernesto Claramount aus dem christlich-sozialistischen Lager aufgestellt wurde. Im einen wie im anderen Fall reagierte das Volk von El Salvador mit Straßenschlachten bzw. organisierten Volkskämpfen, die sofort vom Militär niedergeschlagen wurden.

In Guatemala ist das Phänomen der Wahlmanipulation seit 1974 augenscheinlich geworden, als nämlich der General Kjell Eugenio Laugerud Garcia unter dubiösen Umständen an die Macht kam; vier Jahre später, 1978, wurde der General Fernando Romero Lucas García auf dieselbe trickreiche Art Regierungschef. Beide Generale hatten das Votum einer Koalition der Parteien mit Rechtstrend und des PID (Demokratische Partei, die dem Militär nahesteht), wobei die PR (Revolutionäre Partei) ausgeschlossen blieb. Entsprechend groß war während der letzten Wahl in Guatemala das Mißtrauen der Bevölkerung gegenüber der Auswahl von Militärkandidaten, die von der Armee in allen Parteien protektioniert wurden.

Die Kandidaten für die Präsidentschaft der Republik wurden und werden unter den Offizieren der Armee ausgewählt und sind obendrein miteinander verwandt. Alle Parteien oder Kandidaten der Mitte oder von Links befinden sich außerhalb des offiziellen politischen Kräftespiels.

Das signifikanteste Ergebnis bei den Wahlen von 1978 war laut Information der Zeitung *El Gráfico* und *Inforpres Centroamericana* eine Nichtbeteiligung von 69 % der wahlberechtigten Bevölkerung. Interviewt dazu kommentierte ein Wähler: «Wozu wählen, wenn wir doch schon wissen, wer bleiben wird ...»[7] Der derzeitige Präsident von Guatemala erhielt nur 262960 Stimmen, das sind 8 % der über Achtzehnjährigen.

Die letzten Wahlen in Honduras (April 1980) wurden offenbar unter dem Druck des US-State Department durchgeführt. Die Regierungsjunta initiierte einen Demokratisierungsprozeß, um die Wahlen anzuregen (die ersten in fast zehn Jahren!). Um ein konstituierendes Gremium einzurichten, das die Verfassung ausarbeiten sollte, wählte die Junta eine provisorische Regierung und rief zu den Wahlen des Präsidenten der Republik auf. Dies wurde ein langsamer und schwieriger Prozeß, da die Einigung der politischen Parteien mit dem Militär zum eigentlichen Verhandlungsthema geriet.

Politische Parteien, die keine sind

Die schwache Position der demokratischen Institutionen zeigt sich z. B. darin, daß die politischen Parteien kaum mehr sind als gewählte Komitees, die nur in Zeiten der Wahl aktiv werden.

Ist die Wahl einmal vorbei, hören sie fast auf zu existieren oder beschränken sich auf eine für die Politik des Landes vollkommen irrelevante begrenzte parlamentarische Tätigkeit. In El Salvador war bis vor kurzem die Christlich-Demokratische Partei stark mit dem Volk verwurzelt und besaß eine solide Führungskapazität. Sie verstand sich als Rückgrat der Koalition der Oppositionellen Union (UNO) und war beteiligt an der Beendigung der Kämpfe um die zwei vergangenen Wahlereignisse.

Diese Partei erhielt die Mehrheit in der neuen Regierung und war in der Regierungsjunta vertreten, nachdem General Romero im Oktober 1979 stürzte. Ihre Reformprogramme waren konsequent und forcierten in erster Linie die Agrarreform. Allerdings traten bald Tendenzkämpfe innerhalb der eigenen Reihen auf, die einerseits die Kriterien der Verwirklichung dieses Reformprogramms und andererseits die Einschätzung der verstärkten Repressionen des Militärs gegen die Organisationen des Volkes betraf. Diese Kämpfe innerhalb der Partei führten schließlich zu einer Polarisierung, die den gemäßigten Reformismus und die vorsichtig kontrollierten Veränderungen, die die christlichen Demokraten mit Unterstützung des US-State Department vornahmen, immer mehr gefährdeten.

Die Partei der Nationalen Einheit (PCN) der vorangegangenen Regierung existiert praktisch nicht mehr; nur die rechtsgerichtete Populäre Salvadoreanische Partei (PPS) überlebte; sie hat sich in eine Organisation umgewandelt, die paramilitärische Gruppen unterstützt und Terrorismus anheizt. Wenn irgend etwas sich als konstant erwiesen hat in den Krisen El

Offizielle politische Parteien Guatemalas

Rechts
Nationale Freiheits-Bewegung (MLN)
Zentrale der Authentischen Nationalisten (CAN)
Nationalistische Einheitsfront (FUN)
Nationale Erneuerungspartei (PNR)
Institutionelle Demokratische Partei (PID)
Revolutionäre Partei (PR)

Mitte
Guatemaltekische Christdemokraten (DCG)

Links
Sozialdemokratische Partei (PSD)
Revolutionäre Einheitsfront (FUR)
Illegal arbeitende Parteien

Rechts
Geheime antikommunistische Armee (ESA) und andere

Links
Guatemaltekische Arbeiterpartei (PGT) (Kommunisten)
Guerillaarmee der Armen (EGP)
Organisation des Volkes in Waffen (ORPA)
Revolutionäre bewaffnete Kräfte (FAR)
Revolutionäre Partei der zentralamerikanischen Arbeiter (PRTCA)

Offizielle politische Parteien Honduras

Rechts
Liberale Partei (PL)
Nationale Partei (PN)

Mitte
Christdemokratische Partei (POC)
Patriotische Front Honduras (FPH)

Links
Einheits- und Erneuerungspartei (PINU)
Liberale Allianz des Volkes (ALIPO)
(Revolutionäre Union des Volkes) (URP)

Offizielle politische Parteien El Salvadors

Rechts
Nationale Versöhnungspartei (PCN)
Salvadorianische Volkspartei (PPS)
Ordnung (paramilitärische Einheiten)

Mitte
Christdemokratische Partei (PDC)

Links
Nationale Revolutionäre Bewegung (MNR)

Volksorganisationen

Volkskräfte zur Befreiung (FPL) (Spaltung der Kommunistischen Partei, Gründung 1970)
Farabundo Martí
Revolutionärer Volksblock (BPR)
Bewaffnete Kräfte des Nationalen Widerstands (FARN)
Vereinigte Aktionsfront des Volkes (FAPU)
Revolutionäre Volksarmee (ERP)
Volksbund 28. Februar (LP – 28 de Febrero)
Partei der zentralamerikanischen Arbeiter (PRTC)
Volksbefreiungsbewegung (MLP)
Kommunistische Partei
Nationalistische Demokratische Union (UDN)

Demokratisch-Revolutionäre Front

Koordinierung der Revolutionären Massen
Nationale Revolutionsbewegung
MNR (Sozialdemokraten)
Populistische Christdemokratische Tendenz
Techniker und Freiberufler (Fraktion der Freiberufler und Unternehmer)

Salvadors und Guatemalas, so ist dies die Bildung von Volksorganisationen und ihr politischer Kampf gegen Parteien, die sich in den letzten Jahren in leeren Phrasen mit populärem Inhalt erschöpft haben.

Im derzeitigen Kampf des Volkes von El Salvador organisieren sich die Volksgruppen nicht in den traditionellen Parteien, sondern in revolutionären Organisationen mit anderen Zielen und einer klaren militärischen Wirksamkeit. Die Zeit der politischen Parteien scheint vorläufig vorbei zu sein.

In Guatemala ist der Spielraum der politischen Parteien noch stärker eingeengt als in El Salvador. Als politische Parteien können sich nur jene bezeichnen, die eine lange Reihe von Überprüfungen durchgemacht haben. So müssen sie mindestens 50000 qualifizierte Mitglieder haben, die im Wahlregister verzeichnet sind und vom militärischen Geheimdienst kontrolliert werden. Folglich konnte sich bis vor zwei Jahren keine Partei etablieren, die nicht rechtsgerichtet war. Die derzeitige Regierung ließ auf internationalen Druck hin (US-State Department) drei weitere Parteien zu.

Zwei dieser neuen Parteien hatten sozial-demokratische Tendenz. Es waren die Partido Socialista Democrático (PSD, Sozialdemokratische Partei) und die Frente Unido de la Revolución (FUR, Vereinigte revolutionäre Front). Der Führer der PSD, Alberto Fuentes Mohr, ein international anerkannter Intellektueller und Funktionär, wurde ein paar Tage nach Zulassung der Partei umgebracht. Die FUR mit populistischer Ausrichtung und Massenbasis erlitt einen schweren Verlust acht Tage nach der formalen Zulassung als Partei, als ihr Führer Manuel Colom Argueta erschossen wurde. Unmittelbar danach begann eine systematische Verfolgung und Eliminierung bedeutender Persönlichkeiten beider Parteien. Die wenigen Überlebenden waren gezwungen, ins Exil zu gehen. Die beiden Parteien blieben im Zustand der Reorganisation, was von der Rechten ausgenutzt wurde, indem sie alle Schlüsselpositionen der PSD und der FUR besetzte.

Die dritte der zugelassenen Parteien war die Central Auténtica Nacionalista (CAN) mit starker rechtsgerichteter Tendenz, deren Hauptfunktionär der Ex-Präsident General Carlos Manuel Arana Osorio ist. Er übt entscheidenden Einfluß aus und vertritt die harte Politik im Land.

2. Die Militärs befehlen

Wenn wir einen kurzen Rückblick auf die Geschichte Guatemalas, El Salvadors und Honduras unternehmen, erkennen wir, daß in den letzten 25 Jahren fast ausschließlich Militärs in diesen drei Ländern an der Macht waren.[8]

Es ist das traurige Los dieser Völker, daß sie nur die «Unterdrückung durch den Stiefel» kennen. Das militärische Übergewicht im lateinamerikanischen politischen Leben ist hinlänglich bekannt. Auf dem ganzen Isthmus ist der Einfluß der Armee spürbar, selbst in Costa Rica, das zwar keine Armee besitzt, wo aber die Guardia Civil [Polizei] ständig an Einfluß gewinnt.

Die Einmischung der Armee in das öffentliche Leben kann man an der großen Zahl von Arbeitsplätzen ablesen, die sie innerhalb der staatlichen Bürokratie besetzt, wie z. B. in Guatemala, wo der Anteil 42 % beträgt[9]; es gibt hier praktisch keinen Bezirksleiter, der nicht zugleich Oberst wäre. Selbstverständlich bedeutet eine solche doppelte Position doppelte Bezahlung: einmal als Soldat, einmal als öffentlicher Angestellter. Es befinden sich nicht nur eine große Anzahl von Stellen in Händen der Militärs, sondern die Armee als solche unterhält darüber hinaus Institutionen parallel zu denen des Staates. So existieren Militärgerichte, Militärkrankenhäuser usw. Es gibt in Guatemala beispielsweise drei Gymnasien, die direkt von den Militärs verwaltet werden und mit den technischen Schulen gekoppelt sind, und eine Militärhochschule mit Universitätsniveau. Neben einem staatlichen Verlag gibt es auch einen Militärverlag, einen Fernsehsender

50 Jahre Militärdiktatur in El Salvador

1931–34	General Maximiliano Hernández Martínez
1934–35	General Andrés Ignacio Menédez
1935–44	General Maximiliano Hernández Martínez
1944	General Andrés Ignacio Menéndez
1945	Oberst Osmin Aguirre y Salinas
1945–48	General Salvador Casteñeda Castro
1948–50	Militärische Regierungsjunta
1950–56	Major (später Oberst) Oscar Osorio
1956–60	Oberst José Maria Lemus
1960–61	Revolutionäre Regierungsjunta
1961–62	Regierung aus Zivil und Militär
1962	Dr. Rodolfo F. Cordón (Anwalt)
1962–67	Oberst Julio A. Rivera
1967–72	Oberst (später General) Fidel Sanchez Hernández
1972–77	Oberst Arturo Armando Molina
1977–79	General Carlos Humberto Romero

der Armee etc.; es gibt praktisch keine öffentliche Stelle, die nicht ihren militärischen Gegenpart besäße.

Ein ähnliches Bild ergibt sich auch bei den Armeen in El Salvador und in Honduras; in El Salvador z. B. haben sich die Offiziere an der Agrarreform, die unter ihrer Aufsicht durchgeführt wurde, bereichert.

Es gilt die These, daß die Habgier der Militärs nach Geld, Macht und öffentlichen Stellen darauf beruht, daß die meisten von ihnen einfacher Herkunft sind. Diese Behauptung scheint sich am Beispiel des Ex-Präsidenten von Guatemala Carlos Arana Osorio zu bestätigen, der vier Jahre lang Kommandant einer Region war, die gegen die Guerillas kämpfte und danach noch vier Jahre Präsident: Er besitzt heute ein Vermögen von über 20 Millionen US-Dollar.

Die Armee als Institution hat sich in die wichtigsten Stellen des öffentlichen Lebens hineinmanipuliert. Beispielsweise gab es in Honduras im Juli 1980 eine heftige Auseinandersetzung zwischen dem Chef der Militärjunta General Policarpo Paz Garcia und den Vertretern der Liberalen Partei über die Verteilung der Ministerien. Die Armee beanspruchte in der neuen provisorischen Regierung die wichtigsten Ministerien wie das Finanz-, das Kommunikations- und Transportministerium und den Vorsitz der Staatsbank. Dieses Schema wiederholt sich in Guatemala und anderen lateinamerikanischen Staaten. Das sind allerdings nicht die einzigen Wege, die die Militärs benutzen, um sich aktiv in staatliche und private Geschäfte einzumischen. Sie lassen sich von ihren Mitgliedern in privaten Gesellschaften, Arbeitgeberverbänden, hauptsächlich in Gewerkschaften, die eine große Bedeutung für Mittelamerika haben, vertreten. Als ein Beispiel dafür gilt in Guatemala die ANACAFE (Nationale Gesellschaft für Kaffee), eine gemischte Körperschaft, die den Kaffee-Export überwacht und in deren Geschäftsführung ein Militär sitzt, der wiederum Volkswirt ist.

Die Militärs sind nicht nur als Unternehmer, Großgrundbesitzer und Politiker aktiv, sondern streben auch einen Amtstitel innerhalb der Universität an. In Honduras, wo alle Offiziere auf Befehl der Militärbehörden an Universitätskursen teilnehmen, sind die besten Studenten Armeeangehörige. Es werden auch eine große Anzahl von Stipendien an junge Offiziere vergeben, damit sie in nordamerikanischen Camps und in der Kanalzone (Panama) in Antiguerillatechnik ausgebildet und in psychologischer Kriegführung geschult werden. Parallel zu dieser Ausbildung werden Kurse in Wirtschaft und Politik durchgeführt, die ihnen eine bessere Ausübung von Verwaltungstätigkeiten ermöglichen. Die Zeiten, in denen die hohen Offiziere sich durch Ignoranz auszeichneten, was stets Anlaß zu Witzeleien gab, sind weitgehend vorbei. Im Fall Guatemala unterhält die Armee «engen Kontakt» besonders zur ländlichen Bevölkerung, zwecks Musterung und Kontrolle. Gemäß der Konstitution der Republik Guatemala – und das gleiche gilt in den anderen beiden Ländern – müssen alle Bürger, die das achtzehnte Lebensjahr erreicht haben, ihren Militärdienst ableisten. De facto allerdings gilt das Gesetz nur für den armen Teil der Bevölkerung. Die städtische Mittelklasse findet immer Mittel und Wege, um sich «legal» dem Wehrdienst zu verweigern, wie z. B. auf Grund schlechter Augen oder Plattfüße. In der Praxis geschieht die «Rekrutierung» durch Razzien oder Entführungen junger Leute aus den Dörfern, ähnlich wie es im europäischen Mittelalter geschah. Die nachfolgenden sozialen Probleme haben unter der indianischen Bevölkerung großen Haß gegen die Armee hervorgerufen. Der indianische Bauer wird buchstäblich einer Art Gehirnwäsche unterzogen, wodurch man unter Druck alle seine kulturellen Traditionen vernichtet. Er wird seiner Herkunft entfremdet, bleibt zurück ohne Arbeit und Freunde.

Deshalb änderte das guatemaltekische Militär sein Musterungsgesetz, legte einen Sold von monatlich 55 Quetzal[10] für einen Rekruten, die Möglichkeit einer Familienpension und das Recht auf Weiterbildung oder Erlernung eines Berufs in eigenen Schulen fest. Wie sich diese Methode auf die Bevölkerung und das Militär selbst auswirkt, läßt sich noch nicht sagen.

Der zweifellos wichtigste vom guatemaltekischen Militär angewandte Mechanismus ist die Institution des «militärischen Bevollmächtigten», eines Beauftragten der Streitkräfte auf lokaler Ebene. Es gibt praktisch kein Dorf, so armselig es auch sei, das keinen Militärbeauftragten hat. Dieses Amt wird im Prinzip auf Honorarbasis ausgeübt, bringt aber eine Reihe von Gewinnen und Vorrechten mit sich, sowohl bei den zivilen wie auch bei den militärischen Behörden. Eine der Aufgaben des Militärbeauftragten besteht darin, Verzeichnisse der Rekruten aufzustellen, was ihn bei seinen Nachbarn wenig beliebt macht. Man weiß außerdem, daß es seine primäre Aufgabe ist, ein direkter Informant des Militärs zu sein, für den militärischen Nachrichtendienst zu arbeiten und daß er in der Regel Mitglied einer der paramilitärischen Banden ist, die im Land operieren. Er ist also eine sehr wichtige Persönlichkeit, da durch ihn das Militär die Möglichkeit hat, eine direkte Kontrolle über das Volk bis zur Basis hin zu haben. Die gleichen Leute dienen den hohen Militärchefs als Leibwächter, da sie zu ihnen eine direkte Verbindung haben. Es geht das Gerücht um, daß sie nicht selten die Verantwortlichen für die Morde und Gewalttätigkeiten an Bauern sind.

Die Geschichte der Militärherrschaft ist in keinem der drei Länder dieser Gegend jung. In El Salvador erreichte man den Wiederaufbau des Militärs nach dem Fall von Maximiliano Hernández Martínez 1945, wo es seitdem das wichtigste Herrschaftsinstrument der Oligarchie blieb. 1969, nach dem Krieg Salvador–Honduras, erfuhren diese Streitkräfte eine Wandlung, die zu ihrer effektiven Technisierung führte. Der gleiche Vorgang spielte sich, nur mit größeren Auswirkungen, anläßlich desselben Kriegs in Honduras ab. In Guatemala wurde der Einfluß des Militärs seit 1944 spürbar, vor allem nachdem alle Mitglieder der Streitkräfte Berufssoldaten wurden. Dies wurde 1963 eingeführt, als Oberst Enrique Peralta Azurdia den Kampf gegen die Guerillas begann.

Oberst Carlos Arana Osorio tat sich bei der Unterdrückung und der sogenannten «Befriedigung» so weit hervor, daß er später, aufgestellt von einer rechtsextremen Partei, zum Präsidenten der Republik Guatemala gewählt wurde.

Vorwiegend auf Grund eines parallelen Drucks des guatemaltekischen Volkes und des US-State Departments wurde 1966 die Präsidentschaft einem Zivilisten übergeben. Dieser mußte allerdings, um das Amt antreten zu können, einen Vertrag mit dem Militär unterzeichnen, der diesem vollkommene Verwaltungs- und Finanzierungsfreiheit sicherte. Der Präsident der Republik wurde damit praktisch zum Gefangenen eines Militärs, das die Möglichkeit eines Staatsstreichs ständig in Betracht zieht.

Die guatemaltekischen Streitkräfte zählen im Moment 13000 Mann reguläre Soldaten, 12000 aktive Reservisten, 10000 Militärbevollmächtigte und 1000 Mann Militärpolizei, daß heißt eine 36000 Mann starke Streitkraft für ein Land mit 6 Millionen Einwohnern. Dabei sind Polizei und paramilitärische Einheiten nicht mitgezählt.

Offizier zu sein heißt in Guatemala und im übrigen Mittelamerika eine Reihe von Privilegien zu besitzen: die Pensionierung mit 45 Jahren (der Rest der Bevölkerung kennt keinen bezahlten Ruhestand), eine Versicherung und Rente für jedes Kind, die vollkommene Sicherheit, eine Stellung in der Regierung zu bekommen, die Möglichkeit, politisch und wirtschaftlich einflußreiche Beziehungen knüpfen zu können, die Möglichkeit, sich an den großen Geschäften des Staates zu beteiligen und in besonderen, billigeren Märkten einkaufen zu können, ein Haus in einem Wohnviertel nur für Militärs zu besitzen, was große Finanzierungserleichterungen einschließt. Das Prestige eines Offiziers basiert auf der Angst der Zivilisten, was nicht verhindert, daß ihm die Türen der reichen Gesellschaftskreise offenstehen. Hintenherum jedoch drücken die Mitglieder dieser Kreise ihre Verachtung für das Gehabe und den schlechten Geschmack des Militärs aus. Nie würde es einem Industriellen oder Großgrundbesitzer gefallen, wenn seine Tochter einen Offizier heiratet.

Die Militärs bereichern sich

Das vielleicht herausstechendste Merkmal der Militärherrschaft ist ihre Beteiligung an Staatsgeschäften und die schnelle Bereicherung, die den Militärchefs auf so glänzende Art und Weise gelingt. In Guatemala z. B. besitzt das Militär als Institution eine Privatbank, die Banco de Ejercito («Bank des Militärs»). Sie ist ein blühendes Geschäft mit einem Umsatz von 190 Millionen Quetzals und nimmt unter den anderen Banken kapitalmäßig den dritten Platz ein. Diese Bank erlaubt es dem Militär, Aktien anderer Banken und verschiedener Unternehmen, wie z. B. einer Zementfabrik und eines Hotels, zu besitzen. Auf diese Weise entsteht eine Art von Mitbeteiligung. Dem *Latin American Ecconomic Report*[11] zufolge besitzt der Präsident von Guatemala, General Romero Lucas García, rund 33000 ha Land im Norden des Landes, der sogenannten «Franja Transversal del Norte» (FTN) («Nördlicher Transversalstreifen»), im Wert von 10 Millionen Dollar. Weitere 3200 ha gehören der «Kooperative Jahrgang 45» (bezogen auf den Jahrgang von Schülern der Militärakademie), deren Vorsitzender der General und Verteidigungsminister Otto Spiegeler ist. Ein anderer Bericht, der Jesuiten-Kreisen entstammen soll, gibt an, daß außer dem momentanen Präsidenten auch die Ex-Präsidenten Kjell Eugenio Laugerud García und Carlos Arana Osorio große Ländereien in der gleichen Gegend besitzen. Im Juni 1979 bezeichnete die Zeitschrift *Newsweek* diese Gegend als den «Streifen der Generale». Es ist zu derartigen Extremen gekommen, daß, wie aus einem Gespräch des Autors mit einem französischen Geologen hervorgeht, der Wissenschaftler vom Präsidenten eingestellt wurde, um die Möglichkeit zu studieren, den Lauf eines wasserreichen Flusses in der Gegend so zu verlegen, daß er die Besitztümer des Präsidenten direkt bewässert.

Die Franja Transversal del Norte war ein bis vor kurzem unberührter Landstreifen, mit einer Ausdehnung von etwa 9000 km^2. Sie befindet sich an den Hängen der Cuchumatanes-Gebirgszüge und der Chamá- und Chajul-Gebirge. Diese bilden einen Keil zwischen den trockenen Ebenen des Petén und seinen tropischen Urwäldern und der Hochebene, mit ihrem kalten Klima und weniger fruchtbarem Boden. Diese Gegend in der Bucht des Amatique, die zur Karibik zählt, weist gemäßigtes bis tropisches Klima auf und ist an den Ufern großer Flüsse gelegen, die ins Meer münden. Der Boden ist ziemlich fruchtbar und – wie ein Bericht des Instituto de Transformación Agraria («Institut zur Agrar-Umwandlung») besagt – zu etwa 60 % bebaubar. Das Gebiet ist sehr dünn besiedelt, was in den Verbindungsschwierigkeiten zu den herkömmlichen Produktions- und Bevölkerungszentren im übrigen Land begründet ist. Es wohnten dort seit Menschengedenken Stämme von Ureinwohnern, isoliert und ihre eigene Nahrung anbauend. In den letzten 30 Jahren wanderten allmählich Bauern aus anderen Teilen der Hochebene ein, aus der Ixil-Zone der Cuchumatanes und aus den Kechis de la Verapaz. Sie waren auf der Suche nach weniger ausgelaugtem Boden für den Maisanbau. Da die Gegend früher auf Grund reicher Mineralvorkommen sehr begehrt war, ließ sich Ende der fünfziger Anfang der sechziger Jahre die Bergbaugesellschaft Exmibac nahe der Küste nieder; sie ist der Transnacional INCO (International Mining Company), der größten Nickel-Abbaugesellschaft der Welt – mit Sitz in Kanada – unterstellt. Danach begannen, von Tochtergesellschaften der kalifornischen Standard Oil und der INCO selbst durchgeführt, Erdölbohrungen, die mit Funden bei Rubelsanto und Chinajá endeten. Schließlich wurde eine «Freie Zone für Handel und Freihafen» (ZOLIC) geschaffen.

Um diese Zeit begann sich die guatemaltekische Regierung für die Region zu interessieren und schuf das Projekt der Franja Transversal del Norte. Das Militär wurde mit der Überwachung der Kolonialisierungs- und Landverteilungsprojekte beauftragt.

Als erstes oblag ihm der Bau einer Straße, die heute fast fertiggestellt ist und die Gegend mit dem übrigen Land verbinden soll. Ihr Verlauf wurde nachträglich geändert, damit sie so nahe wie möglich an den Besitzungen der Generale vorbeiführte.

In der vorgestellten Gegend sind nicht nur die Militärs aktiv, sondern auch die reichen Großgrundbesitzer der Pazifikküste Guatemalas mit Entwicklungsprojekten für riesige Kaffee-, Kardamon-, Rinder- und Baumwollfarmen sowie für andere Exportgüter. Diese Großgrundbesitzer kamen in der Absicht, das Gebiet genauso wie die Südküste zu entwickeln und große Agrar- und Industriereiche aufzubauen. Sie verfügen über die Hilfe der Militärs, das als Nachbar und Teilhaber die herrschende Ordnung garantiert. Unter diesen Gegebenheiten stellen sich die ehemaligen Bauern des Landstrichs – größtenteils Ureinwohner – den auf ihrem ärmlich bebauten Land voranrückenden Zäunen entgegen; über ihren Grundbesitz bestehen keine amtlichen Grundbucheintragungen, obwohl sie sie schon jahrzehntelang bewirtschaften. Zunächst werden die Bauern enteignet, dann vor Gericht zitiert und zuletzt vom Militär von ihrem Grund und Boden vertrieben. Das herrschende Recht des Stärkeren führte zu Massakern an Bauern, die sich aufzulehnen wagten. Das berüchtigste war der Aufstand von Panzós, einem Dörfchen in dieser Gegend.[12]

Die Zeitung *La Nación* veröffentlichte in ihrer Ausgabe vom 3. Juni 1978 eine Meldung des «Comité de Unidad Campesina» (CUC) («Komitee für die Einheit der Landarbeiter») mit folgendem Wortlaut:

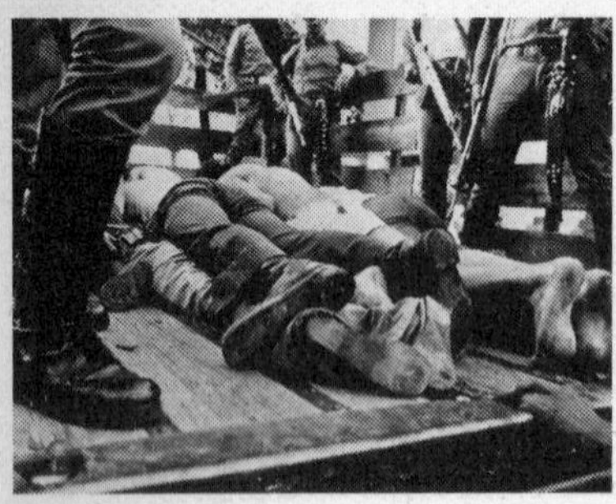

«Am 29. Mai wurden mehrere hundert Landarbeiter, Männer, Frauen, Kinder und Alte aus Santa Maria Cahaboncito und Chichipate in einen Hinterhalt gelockt und in Panzós, Verapaz, von der Armee mit Maschinengewehren und Splittergranaten angegriffen.

Die Campesinos aus Santa Maria Cahaboncito und Chichipate sind ehrenhafte Arbeiter, die, genauso wie die Millionen armer Campesinos im ganzen Land, unter der Ausbeutung, der Repression und der Diskriminierung durch die Reichen, die Regierung, die Polizei und die Armee, leiden. Die Campesinos aus Cahaboncito und Chichipate haben mehr als hundert Jahre auf dem Land arbeiten müssen, auf dem sie leben, um diesem einen Ertrag abgewinnen zu können. Das einzige, wofür sie kämpfen, ist das Recht, dieses Land zu bestellen, um ihre Familien zu ernähren. Aber der Ehrgeiz der Reichen kennt keine Grenzen; der Landgutsbesitzer Flavio Monzón und andere Gutsbesitzer aus der Region um Panzós wollen die Campesinos und ihre Familien aus diesen Gebieten vertreiben.

Angesichts dieser Situation fingen die Campesinos an, sich zu organisieren, um ihr Recht auf Land, auf Arbeit und auf ihr Leben zu verteidigen. Sie wurden bei verschiedenen Regierungsinstitutionen vorstellig, aber die einzige Antwort, die sie bekamen, war Spott. Drei der führenden Campesinos wurden inhaftiert; die Inhaftierung wurde den Familienangehörigen gegenüber geleugnet.

Aus diesem Grund begaben sich am 29. Mai mehrere hundert Campesinos, unter ihnen Männer, Frauen, Kinder und Alte, friedlich nach Panzós, um den Verbleib ihrer inhaftierten Kollegen ausfindig zu machen und um zu fordern, daß man ihr Recht respektiere, das Land zu bestellen, auf dem sie mehr als hundert Jahre gearbeitet haben.

Aber der Gutsbesitzer Flavio Monzón und andere Gutsbesitzer aus dieser Gegend hatten mit Unterstützung der Generale und anderer hoher Militärs beschlossen, die Campesinos zu unterdrücken, weswegen sie Soldaten vom Militärstützpunkt Zacapa nach Panzós verlegten.

Einige Stunden vorher versteckten sich Soldaten und Militärpolizisten im Haus des Bürgermeisters und vertrieben die Bewohner der nahe gelegenen Häuser in den Park von Panzós, wobei sie einige Personen darauf aufmerksam machten, daß es eine Schießerei geben werde. Als die Campesinos aus Cahaboncito und Chichipate friedlich ankamen, wurden sie auf verbrecherische Weise mit Gewehrfeuer, Maschinengewehren und Splittergranaten massakriert. Dutzende und aber Dutzende von Männern, Frauen und Kindern, sogar Säuglingen, wurden ermordet. Einige der Verwundeten wurden gefangengenommen, um von dem Gutsbesitzer Flavio Monzón, der zusammen mit einem Leutnant der Armee die ganze Aktion leitete, verhört zu werden. Sie fuhren in einem Militärjeep und hatten ein Tonbandgerät bei sich, um die Verhöre der verwundeten Campesinos aufzunehmen. Einige Campesinos konnten fliehen, aber wurden verfolgt und von den Soldaten getötet; andere ertranken beim Versuch, den Fluß Polochic zu überqueren. Viele der Verwundeten starben, indem sie verbluteten, da das Heer es niemandem erlaubte, sie medizinisch zu versorgen.»

Die Armee hat zur Zeit fünf militärische Stützpunkte in dieser Region. Hier konzentriert sich fast ein Drittel der gesamten Armee. Da es sich um ein Guerilla-Gebiet handelt, braucht man eine besondere Erlaubnis oder einen internen Paß, um dieses Gebiet bereisen zu können. Schließlich hat man an die unteren Offiziersränge in der Umgebung des Departments von Alta Verapaz Land verteilt, in der Absicht, der Armee inneren Zusammenhalt zu geben.

So verband sich die Armee als enger Teilhaber mit den Landeignern, den Mineralölgesellschaften und den Interessen der anderen multinationalen Gesellschaften wie der INCO, um die Entwicklung einer neuen Ordnung zu stützen: einen wilden Kapitalismus. Außerdem ist die Armee an dem Bau großer Staudammprojekte wie das von Chixoy beteiligt, und zur Zeit wird ihr Beitrag zum Bau einer Autostraße, die alle Landesteile miteinander verbinden soll, aktuell, das bereits bekannte Projekt des *periferico nacional*. Unter der Obhut der Ingenieure der Armee stehen auch Projekte wie die Verlegung von Wasserleitungen in Guatemala City mittels des Aquädukts Xaya Pixcaya, das einige Millionen gekostet hat und seit fünf Jahren in Verzug ist. Schließlich hat man noch im Bezirk Petén, im Norden des Landes, Land an Offiziere niedrigerer Rangordnung und an Funktionäre verteilt, das fast zwei Drittel der größten Ländereien des Landes ausmacht.

Die «Techniken» der militärischen Berater

Sämtliche lateinamerikanischen Armeen, aber ganz besonders die der Länder des nördlichen Dreiecks[13], haben enge Beziehungen zum nordamerikanischen Militär. Nach dem Krieg zwischen El Salvador und Honduras und auf Grund des Bürgerkriegs in Nicaragua ist diese Region einer der aktivsten Märkte für Waffenhandel geworden. Außer den Vereinigten Staaten hat auch Israel Panzer und Flugzeuge geliefert; es ist sogar zur Zeit der größte Lieferant, gefolgt von Frankreich (mit Hubschraubern) und anderen Ländern, unter denen Kuba und die Sowjetunion nicht fehlen. Bei diesem blühenden Handel machen sich Waffenhändler, Drogenhändler und die internationale Mafia in ihren großen Geschäften Konkurrenz. Die Armeen und die paramilitärischen Banden auf der einen Seite und die Guerillas und die Volksgruppen auf der anderen bereiten sich auf eine Konfrontation vor, bei der die Waffen eine entscheidende Rolle spielen werden. Ein Gutsbesitzer an der Südküste Guatemalas drückte das so aus: «Wir müssen uns bewaffnen, um die kommunistische Unterwanderung kontrollieren zu können, jetzt heißt es, sich zu verteidigen und gut ausgerüstet zu sein», und er versicherte, daß die reichen Gutsbesitzer dieses Gebiets Sammlungen veranstalten, um Waffen kaufen zu können. In El Salvador gibt es keinen Funktionär, Industriellen oder Landbesitzer, der nicht seine eigenen Waffen besitzt und einen Sicherheitsbeamten in seinen Diensten stehen hat. Gepanzerte Autos wurden zum Statussymbol. Die Bewaffnung der Armeen dieser Länder ist relativ modern und besonders auf die Antiguerillabekämpfung zugeschnitten. Die Tatsache ist bekannt, daß ein großer Teil der Waffen zur Vernichtung Vietnams mittels verschiedener Hilfsprogramme angeboten wurde: sei es in Form von Privatgeschäften, als Geschenk oder als Teil des technischen Hilfsprogramms der Vereinigten Staaten an die Armeen. In der Zeit von 1954 bis 1972 bewilligte das Military Asistance Program MAP 390 Millionen US-Dollar-Kredite für die militärische Ausrüstung Guatemalas. Die Summe erscheint ziemlich niedrig, aber sie bildet einen wichtigen Faktor für die Wirtschaft dieser kleinen Länder. Seit 1972 hat die Hilfe der MAP zugenommen, bis sie heute auf fast 590 Millionen US-Dollar allein nur für Guatemala anstieg. Was El Salvador betrifft, so gibt es noch keine offiziellen Daten, man weiß von der Zunahme der technischen und materiellen Kriegshilfe der USA an die derzeitige Regierungsjunta. Zur Zeit des verschärften Antiguerillakampfes 1966 halfen die USA nicht nur mit Waffen, sondern auch mit technischen Mitteln für die Guerillabekämpfung und schließlich auch mit nichtoffiziellen Ratgebern der amerikanischen Botschaft. Im Land konnte man einige Dutzend «Green Berets» sehen, die Truppen befehligten und ausbildeten.

Heute ist das militärische Personal der nordamerikanischen Botschaften in diesen Ländern von ziemlicher Wichtigkeit, ganz besonders bezüglich der Möglichkeit direkter und reibungsloser Kontakte zwischen hohen einheimischen Militärs und ihren nordamerikanischen Kollegen. Außer der Base in der Kanalzone existieren zur Zeit Dauermissionen der Nordamerikaner in jedem dieser Länder, auf die die Projekte des Pentagon hinzielen. In der Mitte der sechziger Jahre gründete man außerdem CONDECA (Rat zur Verteidigung Mittelamerikas), eine Koordinations-Organisation für Operationen der Armee, an der US-Beobachter beteiligt sind, mit Befehlszentrale in Panama. Der Sitz dieser Organisation befindet sich in Guatemala City, und ihre konkreten Aktionen sowie nichtoffizielle Unterstützungen waren bisher sehr effektiv, z. B. im Bürgerkrieg Nicaraguas und während der aktuellen Kämpfe in El Salvador, wo guatemaltekische Flugzeuge eingesetzt wurden. Im Juli 1980 konnte man in Nicaragua einige honduerenische Offiziere festnehmen, die versucht hatten, konterrevolutionäre Operationen durchzuführen.

Die CONDECA arbeitet außerdem als regionaler Geheimdienst, als zentrale Informationsstelle. Das Übungsprogramm, das die mittelamerikanischen Offiziere zusammen mit Kollegen aus der ganzen Welt in den Akademien der Kanalzone und in anderen Militärakademien Nordamerikas durchführen, ist hinlänglich bekannt.

In Mittelamerika sind es die Länder Guatemala, Costa Rica (das behauptet, kein Militär zu haben), El Salvador und Honduras, die die meisten Offiziere zu diesem Programm geschickt haben.

Das Militär ist die Nation

In diesen Akademien wird nicht nur Antiguerillatechnik trainiert, sondern spezieller Nachdruck auf den ideologischen Kampf durch Indoktrination der nationalen Sicherheitsideologie gelegt. Das ist eine politische Doktrin der Armeen, die zuerst in Frankreich während des Algerien-Krieges entwickelt, später von den Vereinigten Staaten übernommen und schließlich in zusammenhängender Form vom brasilianischen General Golberty verarbeitet wurde. Sie verwandelte sich in eine Art offizieller Ideologie und bietet die Richtlinien für die Aktionen der lateinamerikanischen Armeen. Ihre Hauptanliegen sind unter anderem folgende:

- Die Armee und die Nation sind wechselseitig zu identifizieren.
- Die Armee ist die einzige Institution, die die Nation verteidigen kann, ganz besonders gegen die internen Aggressionen, d. h. die kommunistische Infiltration.
- Die Armee ist auch die einzige Institution, die innerhalb des Staates die Möglichkeit, eine Entwicklungspolitik durchzusetzen, anbietet. (Diese «Entwicklungspolitik» reicht von der ideologischen Manipulation der Bevölkerung bis hin zur Allianz der hohen Militärchefs mit der Politik der Multinationalen.[14]

Die Armee identifiziert sich mit den Belangen des Volkes, etwa in Kampagnen für den Gesundheitsdienst, mit zivilen Aktionen, wie die Durchführung von Impfungen in ländlichen Zonen, durch den Bau von Straßen, um isoliert gelegene Ortschaften zu verbinden sowie durch Alphabetisierungskampagnen.

Alle diese Aktionen werden von intensiver Propaganda begleitet. Beispiel dafür ist in jedem der drei Länder des nördlichen Dreiecks die Durchsetzung der direkten Agrarreform. In Guatemala wurde im Juni 1980 eine massive Propagandakampagne des Militärs durchgeführt, die die Ideologie der Identität von Volk und Militär beinhaltete. In ländlichen Gebieten trieb man die Alphabetisierungskampagne mit religiösen Schattierungen voran, wobei als didaktisches Material ein Jesusbild und das Bild eines Guerilleros mit Hörnern, als Versinnbildlichung des Bösen, diente.

Ein anderes Beispiel für die Durchdringung der Ideologie der nationalen Sicherheit finden wir in Honduras, wo die Armee sich als Garant für den Demokratisierungsprozeß darstellt und den Prozeß in ihrem Sinne überwacht. So wurde viele Jahre lang der provisorische Präsident aus der Militärjunta gewählt (General Policarpo Paz García), mit dem Argument, er müsse, um die allgemeinen Wahlen durchzusetzen, die Arbeit der Verfassunggebenden überwachen. In jedweder Zeitung dieser Länder, auf Flugblättern, im Radio findet man häufig auffallende Selbstdarstellungen des Militärs. Die Fotos der Taten der Armee und der Regierung sind eindrucksvoll. Wird eine Schule eröffnet oder ein Stromwerk in Betrieb genommen, so heißt es, daß dies ein Ergebnis der Arbeit der Regierung sei und des Friedens, den die Armee garantiere, daß dieser Fortschritt auf dem Einsatz der Armee beruhe, die sich mit der Nation identifiziere. Ein ironisches Beispiel dafür, wohin diese Art zu publizieren führen kann, ist ein Foto, das in Guatemala veröffentlicht wurde: Man sieht einige Soldaten, die ihre Waffen im Anschlag haben und bereit sind, auf den Betrachter zu schießen; der Text: «Laßt uns den Frieden in Guatemala erhalten.» Ein anderes Beispiel ist ein Aufkleber, den die Bourgeoisie El Salvadors auf die Kotflügel ihrer teuren Mercedes-Benz zu kleben pflegen. Er wurde von einer paramilitärischen Organisation verteilt und hat den Text: «Friede und Liebe in El Salvador.»

Dies geschieht alles auf gutorganisierte Weise, ist auf massiven Konsum zugeschnitten und von psychologischen Techniken gestützt, wie sie auch z. B. in Chile angewandt wurden. Man betreibt dies sehr wissenschaftlich, um vor allem zwei Resultate zu erzielen: Die Identifizierung der Armee mit der ganzen Nation und ihren Interessen und die Gleichsetzung der Rebellion, der sogenannten Subversion, mit allem, was man sich nur als schlecht denken kann.

Für die Armee ist alles erlaubt. Ein bekannter bürgerlicher Industrieller äußerte sich über die politischen Morde in Guatemala und die Massaker in El Salvador folgendermaßen: «Es ist notwendig, so zu handeln, um mit dem Kommunismus fertig zu werden, die Armee muß so weitermachen, wir werden sie dabei unterstützen.»

3. Die politischen Ideologien

Antikommunismus als Bollwerk gegen soziale Veränderung

Geschichtlich gesehen war die Hauptstadt des Generalkapitanats der Region des Isthmus die spanische Kolonialstadt Guatemala. Gleichzeitig war diese Stadt das Zentrum des Konservativismus Mittelamerikas. Es sieht so aus, als ob sich die geschichtliche Bedeutung heute fortsetzen würde.

Im Zuge der durch die USA stark unterstützten Invasion Guatemalas im Jahre 1954, die den Sturz der liberalen Regierung des Jacob Arbenz zum Ziel hatte und in einer Atmosphäre des Kalten Kriegs ablief, wurde in diesem Land eine großangelegte Kampagne gegen die sogenannte rote Bedrohung durchgeführt. Während dieser Zeit diffamierte man ausnahmslos alle Versuche einer sozialen und politischen Reform als kommunistisch unterwandert.

Kommunismus bedeutete soviel wie Raub am Volk, Unordnung, totale Diktatur, Armut und war allgemein das Symbol von Schlechtigkeit. Von diesem Augenblick an meinte die Bezeichung «Er/Sie ist ein/e Kommunist/in» zugleich eine Morddrohung, die zum Teil auch wahr gemacht wurde. Die Praxis, unliebsame Kritiker als vogelfrei zu erklären, indem man sie Kommunisten nannte, breitete sich auch in El Salvador aus, zumal hier bereits im Jahre 1932 eines der schlimmsten Massaker in Lateinamerika verübt wurde, als die damalige Regierung die Bauernbewegung als ausschließlich kommunistisch unterwandert brandmarkte.

Heutzutage ist in ganz Mittelamerika die Bezeichnung Kommunismus gleichbedeutend mit Kritik am «Establishment», d. h. am System der sozialen Ungerechtigkeit. Andere verpönte Ausdrücke sind «Linker» oder «Sozialist»; sie werden, falls überhaupt, nur leise ausgesprochen oder durch ähnliche Ausdrücke ersetzt wie beispielsweise «fortschrittlich», «demokratisch», «bewußt» und «engagiert». Präsident Carter, seine Berater im State Department und einige nordamerikanische Senatoren sind Kommunisten, stellte eine Veröffentlichung in den Zeitungen Guatemalas im August 1980 fest. Der Grund war, daß die Politiker reformerische Programme für Guatemala und El Salvador vorgeschlagen und unterstützt hatten. Diese Pläne werden, und dies grenzt an Verfolgungswahn, als eine kommunistische Infiltration angesehen, die sowjetischen und kubanischen Ursprungs ist. Neuerdings ist «Sandinist» ein weiteres Schimpfwort geworden, das entweder mit Haß oder mit Angst ausgesprochen wird. «Ich bin Antikommunist und verteidige mein Stück Land vor den Kriminellen. Es lebe die Armee und die Regierung!» riefen im Juni 1980 guatemaltekische Bauern anläßlich einer Kundgebung, die die Handlungsweise der Militärs unterstützen sollte.

Heutzutage entspricht in Guatemala und El Salvador die Bezeichnung Kommunist dem Rassismus der Griechen und Römer oder der Vogelfreiheit des Mittelalters. Wird ein Mann getötet, dem man eine Tendenz nach links nachsagt, so ist der Mord die Bestätigung seiner linken Einstellung. «Wenn sie ihn getötet haben, so war es nur, weil er in ‹etwas› verwickelt war, und dann war es auch richtig so», stellt man mit aller Einfachheit fest.

«Man muß mit den Kommunisten aufräumen», ist ein Ausspruch in Guatemala, den man überall hören kann. «Die Situation renkt sich nicht ein, bevor man nicht alle erledigt hat», wobei «alle» die 80 % der Bevölkerung sind, die eine Landreform dringend brauchen und verlangen. Ein Offizier des US-State Department äußerte sich bezogen auf Guatemala und seine Führung: «Warum begreift die Regierung nicht, daß die Situation sich nicht dadurch löst, daß man einfach Kommunisten tötet.» [15] *Kommunist zu sein bedeutet den Tod.*

Die Ideologie der Gewalt

Sowohl die guatemaltekische als auch die salvadoreanische Regierung benutzen das Schlagwort «Frieden» als ideologische Waffe, um die drohende Radikalisierung der Bevölkerung zu entschärfen. Alle politischen Medien wie Zeitungen, Rundfunk, Fernsehen, Plakate an Straßen, in der Stadt und auf dem Land, sind Träger einer sorgfältig geplanten Kampagne, um die Ablehnung jeglichen reformistischen Begehrens zu erreichen. So konnte man kürzlich in allen Zeitungen Guatemalas lesen: «Laßt uns den Frieden in Guatemala erhalten»; anbei ein riesiges Foto, auf dem einige Soldaten mit Maschinengewehren im Anschlag zu sehen waren. Darunter konnte man lesen: «Hierzulande garantiert das Militär die Demokratie.»

Als der Präsident von Guatemala Lucas Garcia ein neues Gebäude für die Guardia Nacional einweihte, rief er sie auf, bei der Verteidigung der öffentlichen Ruhe und Ordnung nicht zimperlich zu sein. [16] Fernsehanzeigen machen die Eltern darauf aufmerksam, wie sie ihre Kinder überwachen sollen, damit sie nicht in die «Klauen des Terrorismus und des Hasses» fallen. «Wissen Sie, mit wem Ihre Kinder verkehren? Es lauern Gefahren.» So der Kommentar des Sprechers, während gleichzeitig eine Gruppe plaudernder Studenten gezeigt wird.

Die Ruhe, die uns aufgezwungen werden soll, ist die Friedhofsruhe, sagte mir ängstlich ein alter Handwerker. Das Militär und die paramilitärischen Gruppen scheinen tatsächlich nicht davor zurückzuschrecken, das Land «auf diese Weise» zu befrieden. «Wer für uns ist, ist auch für Guatemala, wer gegen uns ist, ist auch gegen Guatemala», erklärte vor kurzem der Vorsitzende der rechten Partei Mario Sandoval Alarcón. Die Ideologie der «nationalen Sicherheit», der Ruhe und Ordnung, wird als das allgemeine politische Ziel angegeben, und es ist mit den alten faschistischen Positionen Europas eng verwandt. Allem Anschein nach sind die Nation, die Ordnung, das Militär und der Tod die gleiche Sache. In El Salvador, inmitten eines inzwischen offenen und erklärten Bürgerkriegs, greift die Junta auf die gleiche Ideologie zurück. Vor kurzem, nach einem vereitelten Streik in der Hauptstadt, dessen Ergebnis 200 Tote waren, erlaubte sich die Junta, einen «Tag zum Gebet für den Frieden» zu organisieren.[17] Sie erschienen in der Öffentlichkeit von Würdenträgern der protestantischen Kirche umgeben (ihr Verhältnis zur katholischen Kirche ist nicht ganz herzlich), beteten vor den Fernsehkameras und forderten das Volk auf, die Waffen zu vergessen und ebenfalls für den Frieden zu beten. Dieser Friede ist somit der Friede der Gewalt: die Ideologie der Gewalt und die Gewalt selber prägen alle Aspekte der Gesellschaft.

Gleichzeitig wird die gegenwärtige Situation idealisiert, wobei der Mechanismus der freien Volkswirtschaft und der liberale Staat über alle Maßen gelobt wurden. All das läßt nach den Worten eines mit der politischen Situation Mittelamerikas gut vertrauten Beobachters vermuten, daß hinter dieser so perfekt vorbereiteten Kampagne Pläne des CIA und gewisser israelischer Berater stecken. Diese Pläne wurden schon an anderen Orten erprobt. Alldem scheint die christliche Idee der sozialen Gerechtigkeit zu widersprechen, die vom Militär unermüdlich vertreten wird. Dieser Widerspruch wird von Predigten der katholischen Kirche entlarvt, wenn es z. B. heißt: «Es nehmen auch andere Arten der Gewalttätigkeit zu: die Verleumdung, der Verrat, die Lüge und die Manipulation des Gewissens durch die Massenmedien.»[18] «... so ist die Bildung eines Bewußtseins, welches die Verteidigung der Armen als konkretes historisches Programm beinhaltet, notwendig geworden.»[19]

4. Ist die Demokratie möglich?

Eine Konstante, die den politischen Zustand von Guatemala und El Salvador, weniger den von Honduras, auszeichnet, ist die Polarisierung des Kampfes. In beiden Ländern ist der Dialog zwischen den verschiedenen politischen Gruppen abgerissen, was auch in der Einschätzung eines französischen Journalisten anklingt, der behauptete, «es gibt wenig Länder, in denen ein friedlicher Ausgang so schwer erscheint»[2].

In Honduras scheint die Auseinandersetzung noch nicht so blutig zu sein, aber die Vorgänge in seinen Nachbarländern können beispielhaft werden. So hängt hier alles davon ab, wie das Militär den Demokratisierungsprozeß, auf den es offensichtlich besteht, organisiert. Die Schlüsselfrage ist: Wieweit ist das Militär bereit, seine Macht zugunsten ziviler Politiker einzuschränken, und ist es bereit und fähig, Reformen, die auch in diesem Land dringend sind, zuzulassen?

Andernfalls wird sich der Polarisierungsprozeß hier genauso oder noch schärfer zuspitzen als in den beiden anderen Ländern.

Die äußeren Einflüsse

Die Allgegenwärtigkeit der Vereinigten Staaten, die Lateinamerika immer als ihren «Hinterhof» aufgefaßt haben, besteht seit den Tagen der United Fruit Company, die die Länder in Bananenrepubliken verwandelte, bis hin zu den Tagen der erbitterten Kämpfe in der Karibik und zur Kuba-Krise. Heute ist Zentralamerika, wie ein Beamter des State Department sagte, zweifellos die kritischste Gegend Lateinamerikas und kann sogar in Zukunft ein ernstes Problem für die Vereinigten Staaten werden. Der traditionellen Politik der USA, der des großen Knüppels (Big Stick), folgten die Jahre der Gleichgültigkeit unter Nixon. Carter wiederum wies Lateinamerika die Rolle eines für die USA reservierten Gebiets zu. Das Interesse richtet sich auf die reichlich vorhandenen Rohstoffe und im Falle von Zentralamerika auf die ausgezeichnete strategische Lage mit seiner Nachbarschaft zu Kuba und den Vorteilen eines interozeanischen Kanals.

In diesem Zusammenhang könnte man die wohlbekannten Worte des mexikanischen Präsidenten Porfirio Diaz zitieren: «Die Tragik Mexikos [Zentralamerikas in diesem Fall] besteht darin, so weit von Gott und so nahe den Vereinigten Staaten zu sein.»

Unter Carter wandte das State Department der Vereinigten Staaten in der mittelamerikanischen Zone eine Politik an, die mit den Richtlinien der Politik der «Menschenrechte» übereinstimmt. Das heißt, es förderten die Stabilisierung der Gegend mit Hilfe von politischen und sozialen Reformen, um die Polarisierung des Kampfes, die zweifellos im Extremismus enden muß, zu verringern.

In diesem Zusammenhang waren Aussagen, wie die des Botschafters Laurence Pezuelo in Nicaragua, zu sehen, der offen den Sandinismus befürwortet; oder die des Botschafters White in El Salvador, der deutlich seine Unterstützung der anfänglich liberalen Junta und ihrer Reform, insbesondere der Agrarreform, zusagte. Den Anklagen verschiedener Medien zufolge wird jetzt in El Salvador ein Programm in die Tat umgesetzt, das schon in anderen Ländern, wie zum Beispiel in Vietnam, Anwendung fand. Dieses Programm besteht darin, gewisse soziale Reformen voranzutreiben, um der Linken Argumente zu nehmen. Gleichzeitig wird die politische und Guerillaopposition mit allen Mitteln unterdrückt und zerschlagen. Wie die mexikanische Zeitung *Excelsior* berichtete, verläuft die Agrarreform in El Salvador nach dem «Phoenix»-Plan, der schon in Vietnam erprobt wurde. Dieser Plan besteht darin, Land an die Bevölkerung zu verteilen, um einen Bauernstand zu schaffen, der dem Regime als Stütze dient. An gleicher Stelle wird berichtet, daß der Berater dieser Operation Dr. Ray Proerterman ist.[21]

Diese Politik der Reformen scheint sich im Falle von Honduras deutlicher abzuzeichnen, wo die Kredite, die das Internationale Entwicklungsbüro (AID) der Regierung bewilligte, die größten dieser Gegend sind.[22] Dazu kommen noch 15 Millionen Dollar Militärhilfe und die Anwesenheit von nicht weniger als 40 Beratern und Offizieren, womit Honduras zu dem stärksten von den Vereinigten Staaten unterstützten Land wird. In Guatemala konzentrieren sich die Vereinigten Staaten anscheinend eher darauf, das Regime zu kritisieren und unter Druck zu setzen, um es dazu zu bringen, die Menschenrechte zu respektieren und die Unterdrückung zu beenden. Auf der anderen Seite garantieren sie gleichzeitig die Stabilität des Regimes. Das scheint zwar widersprüchlich zu sein, aber außer dem State Department, dem CIA und dem Verteidigungsministerium, unterstützen als Antwort auf das Experiment Nicaragua gewisse rechte Kreise der Republikanischen Partei und Israel ein Anwachsen der Unterdrückung und die Erhaltung der Militärregime. Diese Politik findet natürlich Anklang in den gehobenen lokalen Kreisen und verursacht politische Widersprüche, wie es in Guatemala geschah. Dort wurde der nordamerikanische Botschafter Frank Ortiz zurückberufen, weil er sich mit unterdrückerischen Kreisen des Landes identifizierte. Das Pentagon fand anschließend im Süd-Kommando, mit Sitz in Panama, Verwendung für ihn. So wurde auch in Guatemala Anfang 1980 ein Staatsstreich begünstigt, der den Richtlinien des salvadoreanischen Experiments folgen sollte. Er wurde jedoch nicht durchgeführt, weil es zu schwierig war, Militärs zu finden, die dem angestrebten Schema entsprachen. Außerdem wurden Schwierigkeiten befürchtet, falls die folgende Politik den Interessen der Vereinigten Staaten zu widersprechen drohte.

Heute scheint man diese Möglichkeit endgültig verworfen zu haben, was den Präsidenten von Guatemala, Lucas, zu der Feststellung brachte: «Der Druck des nordamerikanischen State Department hat ein bißchen nachgelassen, Mr. Bowdler [Unterstaatssekretär für lateinamerikanische Angelegenheiten] hat Guatemala etwas besser verstanden.»[23]

Die republikanische Partei hat während des Wahlkampfes in den Vereinigten Staaten eine Politik der offenen Unterstützung der Regime in El Salvador und Guatemala vertreten. Dieses Programm paßte genau in den Gedanken der Wiedergewinnung von Prestige und Achtung, den der Kandidat Reagan seinem Land anbot. Das würde auch die Gerüchte erklären, die besagen, daß die Bourgeoisie El Salvadors und Guatemalas den Wahlkampf der Republikaner mitfinanzierten, um eine entschlossene Unterstützung ihrer Interessen als Gegenleistung zu erzielen. Der Sieg Reagans wirft die Frage auf, ob der Präsident der Vereinigten Staaten und seine Berater den gleichen Standpunkt wie der Kandidat bezüglich der nationalen Interessen der Vereinigten Staaten und derartig vereinfachte Lösungen vertreten kann. Eine weitere Frage ist, ob die Konjunktur eine reelle Anwendung dieser Politik der harten Hand und mögliche Intervention erlauben wird, mit allen Konsequenzen an politischen Kosten, nicht nur in bezug auf Zentralamerika, sondern auf ganz Lateinamerika.

Andererseits scheint es so, daß Kuba und Nicaragua nicht nur moralischen Einfluß auf die anderen zentralamerikanischen Länder ausüben, sondern daß die Guerillagruppen und Volksorganisationen auch Hilfe von ihnen erhalten.

Mexiko, Venezuela, Costa Rica und in geringerem Maße die Länder des Anden-Pakts[24] hoffen, einen gewissen Einfluß auf Zentralamerika nehmen zu können, vergleichbar mit der internationalen Unterstützung, die sie nach Somozas Fall Nicaragua gewährten. Zu alldem kommt noch die Anwesenheit Großbritanniens, das im Begriff steht, Belice die Unabhängigkeit zu gewähren. Guatemala erhebt Anspruch auf diese Kolonie, und die linksorientierte Lokalregierung stützt sich in Abwehr dieser Forderungen nicht nur auf Kuba und andere Karibik-Staaten sozialistischer Tendenz, sondern auch auf Mexiko als Nachbarn. Schließlich muß noch auf die Rolle hingewiesen werden, die die Sozialistische Internationale bei dem Fall Somozas spielte und die sie zur Zeit als dritter innerer und internationaler Machtfaktor innehat, indem sie die Regierungen Guatemalas und El Salvadors isolierte.

So sind die drei Länder im Norden Zentralamerikas in einen komplizierten Kampf verwickelt, in dem sich innere und äußere Widersprüche zu einer explosiven Mischung verbinden. Die Tragik besteht darin klein und vergessen zu sein, so daß nicht einmal der Tod dazu nützt, der Welt die eigene Existenz bewußt zu machen.

büro-bedarf-möbel-maschinen, verpackung, gaststättenbedarf

Freunde, meine Tochter ist nicht tot

Rafael Gochez Sosa

Habt ihr nicht gemerkt, meine Freunde;
dringen nicht bis zu euch die geballten Stimmen?
Wenn ihr wüßtet wie mein Herz fühlt,
mein Kopf, mein Gewissen und meine Schlaflosigkeit.
Wenn ihr fühlen könntet, wie hart es ist,
wenn man seine eigene Tochter aufheben muß,
die man wie einen toten Hund auf die Straße hinwarf.
Wenn ihr ihre Hände fühlen könntet,
so furchtbar kalt, ihre kaputten Lippen,
ihre stillen Lungen und ihre erloschenen Augen wie zwei Schwalben,
die mitten im Freudestaumel aufhörten zu fliegen.
Wenn ihr das leere Bett sehen könntet,
den Schreibtisch, wo sie Nacht für Nacht
ihre Aufgaben für die Universität erledigte,
der Stuhl, wo sic saß und lachte zur Mittagszeit.
Wenn ihr ihre einfachen Kleider sehen könntet, heute,
diese Nacht, hängend wie die Stunden, die keine Antwort finden
auf die tönenden Glocken.
Wenn ihr sehen könntet das alte Album, Bilder von ihr, klein
und verspielt, wie sie mit dem leichten Sommerwind spielte,
so wie wenn jemand mit Hoffnungsstückchen spielt.
Wenn ihr das Bad, die Tassen, ihre Schulmappe sehen könntet,
den kleinen Hausgarten, wo sie laut Verse vorlas
und viele Dinge unseres Jahrhunderts auswendig lernte.
Wenn ihr wüßtet, daß meine Tochter
ein kleines Stückchen meiner Seele und meiner Haut
an diesem kommenden Sonnabend heiraten wollte
Wenn ihr sie sehen könntet, genau
dort in dem Sarg, der sie gefangenhält und gleichzeitig freigibt;
schaut euch ihr Antlitz an, feine Linien,
sehet die Tiefe des Meeres im Mai
seinen Versuch, Schneckenhäuser zu bilden.
Schaut sie euch genau an meine Freunde, seht den Mund

er will uns etwas mitteilen, ihre Lippen
sie wollen das Wort Bruder sprechen.
Die Stimme, die ich vernehme, scheint Freiheit zu sein;
könnt ihr sie hören, ihr, meine Freunde?
Nein, meine Freunde, meine Tochter ist nicht tot
ein Teil von ihr leuchtet in dieser mondlosen Nacht
während die Tür der Verliebten sich öffnet.
Sie ist bei uns und sie ist woanders. Sie ist woanders.
Sie ist bei den Arbeitern, sie ist bei den Bauern und
bei den Studenten
sie ist bei denen allen, die auf ihren Rücken
das grausame Zeichen der Ausbeutung mit sich tragen.
Nein, meine Freunde, Delfy ist nicht tot.
Schaut sie euch genau an.
Vergeßt nicht, was sie uns sagen will
wenn ihr Menschen seid, wenn es Blut gibt, wenn ihr Geschichte habt
Leben, schaut mich nicht an. Sie müßt ihr anschauen,
ihr zartes Antlitz auf der Suche nach neuen Wegen;
seht sie euch an, wie sie den Schmerz der Armen
emporhebt, um die Morgendämmerung anbrechen zu lassen.
Meine Tochter, meine Delfy kann nicht tot sein,
weil in ihrer Stille die versöhnlichen Strömungen fliegen
und in der Brust der Mütter,
der Kinder, der Winde, des Meeres sich niederlassen.
Sie schmiegen sich in meine, in eure Hände
um die Keime zu pflanzen für eine Heimat, die uns allen gehört.
Santa Tecla, am 23. Mai 1979 um 23 Uhr

Delfy Gochez Fernandez starb durch Schüsse aus Schnellfeuergewehren, als Soldaten und paramilitärische Gruppen eine Kundgebung in San Salvador auflösten. Der Vater schrieb unter diesem Eindruck sein Gedicht.

Der «schwarze Palast» und die «Turnhalle»

Bericht einer britischen Parlamentarier-Delegation über geheime Folterungszellen im Hauptquartier der Guardia Nacional von El Salvador

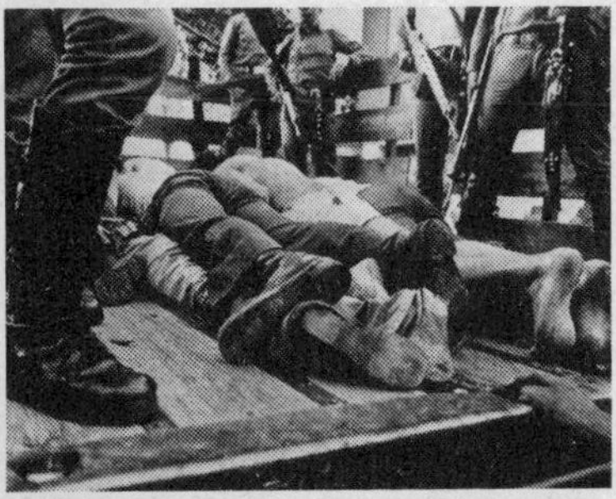

Trotz wiederholter Forderungen von Amnesty International und anderer Organisationen weigert sich die Regierung, Nachforschungen über den Verbleib unzählig verschwundener Personen anzustellen. Die für die Verhaftung zuständigen Stellen bestreiten, irgendwelche Informationen über die auf den Listen aufgeführten Personen zu haben. Diese amtliche Version wird aber häufig durch Aussagen von Personen widerlegt, die Zeugen der Verhaftung waren oder selbst verhaftet und danach freigelassen wurden, die die Anwesenheit weiterer, namentlich bekannter Verhafteter in den Gefängnissen bestätigten. Das Nachrpüfen dieser Zeugenaussagen wird durch die Eigenart des Landes, nur wenig offizielle Gefängnisse zu haben, erschwert. Es gibt mehrere geheime Gefängnisse, die dem Einblick und der Kontrolle ausländischer Kommissionen schwer zugänglich sind.

Sowohl Amnesty International als auch eine US-amerikanische Kommission, bestehend aus dem Kongreßabgeordneten R. Drinan, Professor Th. Anderson und J. McAward, die britische Parlamentarier-Delegation und die OAS, die alle Untersuchungen über die Menschenrechtsverletzungen in El Salvador anstellten, bestätigten schon frühere Gerüchte über diese geheimen Gefängnisse.

Zum Beispiel schreibt die britische Parlamentarier-Delegation in ihrem Report vom Dezember 1978:

«Zeugenaussagen existieren über geheime Gefängnisse in San Salvador, nicht nur bei der Polizei der Großgrundbesitzer, sondern auch im Hauptquartier der Guardia Nacional, und in Gebäuden oder Zentren außerhalb von San Salvador.»

Schon im Juni 1977 wurden von den freigelassenen, ehemaligen politischen Gefangenen Pater Luis Vasquez, Dr. Castro Quesada und Frau Ana Maria Pinchinte Aussagen über diese Gefängnisse gemacht.

Im oben erwähnten Report wird von den geheimen Zellen im Hauptquartier der Guardia Nacional berichtet:

«Uns interessierte besonders Sektion 2, eine Sektion speziell für Untersuchungen. Das Vorhandensein einer solchen Sektion in einer Militärbaracke ist noch nichts Außergewöhnliches. Unsere Führer führten uns jedoch recht widerwillig durch die geschlossene Tür in diesen Teil. Dies war der letzte Teil des Gebäudes, den wir besuchten und den wir eine Stunde nach unserer Ankunft erreichten.

Die Leute, die wir hier antrafen – uns wurde gesagt, es seien ungefähr zwanzig –, erschienen uns als eine andere Art von Nationalgardisten. Sie waren nicht in Uniform. Sie trugen ungewöhnlich lange Haare, machten ihr Essen selbst, das viel besser zu sein schien, als das der anderen. Auch war diese Sektion vom Rest der Kaserne völlig abgeriegelt.

Wir kamen an einem Gebäudeteil vorbei, wo Leute, wie uns gesagt wurde, ‹subversive› Rundfunkstationen abhörten. Dies waren: Radio Moskau, Radio Havanna und der katholische Rundfunksender von San Salvador. In der Nähe waren einige Bücherhaufen, die, wie uns gesagt wurde, aus subversiver Literatur bestanden. Obenauf lagen zwei Bücher mit dem Titel *‹Landreform und Entwicklung in Lateinamerika› und ‹Gewissensentscheidung›*.

Dann betraten wir ein Büro. Von diesem konnte man in einen Raum gelangen, der aussah wie eine Zelle, der aber, wie uns versichert wurde, eine Dunkelkammer war. Da aber der Raum völlig leer war, er keine Vorrichtungen zum Verdunkeln hatte und es auch kein fließendes Wasser gab, konnten wir dies kaum glauben. Uns wurde dann genausowenig überzeugend erklärt, in diesem Raum würden Bilder gemacht.

In Schubfächern direkt vor der ‹Zellentür› fanden wir Boxhandschuhe, und auf der anderen Seite in einem Schrank lagen Handschellen. Unseres Wissens war dies auch der Platz, wo eine Art von Daumenschrauben aufbewahrt wurde. Narben, die diese hinterlassen, hatten wir an einer Anzahl von Gefangenen gesehen. Doch zu dieser Zeit waren keine in diesem Schrank. Auch lag eine beträchtliche Menge von Elektrokabeln im Raum herum. Außerdem sahen wir einen Aktenschrank mit der Aufschrift ‹Subversive Priester›. Diese Zelle paßt ziemlich genau auf die Beschreibung, die mehrere Leute gegeben haben, die uns erzählten, sie seien im Hauptquartier der Guardia Nacional gefoltert worden. Wir hatten kaum Zweifel ...

Eine hölzerne Treppe führte von der zweiten Abteilung zu einem Obergeschoß. Für uns war die Besichtigung dieser Etage besonders wichtig, weil ein Obergeschoß in mehreren Zeugenaussagen beschrieben wurde und dies die einzige Abteilung des Hauptquartiers mit solch einem Obergeschoß war. Unsere Führer wurden sichtlich nervös, als sie uns hinaufführen sollten; als wir oben ankamen, erklärte man uns, daß die Beleuchtung nicht funktionieren würde – und dies, obwohl wir von der anderen Seite des Gebäudes deutlich gesehen hatten, daß in dieser Abteilung Licht brannte.

Einer von uns entdeckte den Lichtschalter und schaltete die Beleuchtung ein. Fünf Minuten später ging das Licht wieder aus – wir entdeckten später, daß der Strom abgeschaltet worden war.

Zur weiteren Besichtigung gab es Taschenlampen.

Ein Raum dort oben war eindeutig ein Verhörzimmer mit einem ‹Zweiwegspiegel› mit der Flagge der ERP-Terroristengruppe an der Wand und einem Kommuniqué von Bloque Popular Revolutionar auf dem Tisch. Unsere Begleiter erklärten uns, daß dieser Raum nicht mehr in Gebrauch sei; Zweck der Flagge sei es, die Guardia Nacional-Mitglieder über ihr Aussehen zu informieren.

Wir gingen auch in den Raum hinter dem ‹Zweiwegspiegel›; er enthielt Tonbandgeräte und eine Verstärkeranlage. Hier demonstrierten sie uns, was der Spiegel bewirkte. Es wurde uns erklärt, daß der Raum dazu diente, den Opfern, insbesondere Kindern, die Identifizierung ihrer Angreifer zu ermöglichen, ohne Repressalien befürchten zu müssen. Diese Erklärung stand im Widerspruch zu der früheren Behauptung, daß der Raum auf der anderen Seite des Spiegels nicht mehr in Gebrauch sei.

Wir betraten zwei andere Räume, wobei es sich offensichtlich um eine Fotokammer und ein Dunkelzimmer mit der dazugehörigen Ausstattung handelte. Ein anderer Raum schien eine Art Vorratskammer zu sein. Er enthielt Kleiderhaken, die mit Abzeichen verschiedener Abteilungen der Sicherheitskräfte versehen waren und vermutlich für verschiedene Uniformen gedacht waren. Dort war auch ein seltsames Sortiment einzelner Waffen gelagert – eine Handgranate, Gewehre, ein Apparat, der wie eine selbstgebastelte Bombe aussah. Wir hatten den Eindruck, daß sie, zusammen mit einigen sonderbaren Plakaten, als Requisiten für fotografische Zwecke sehr nützlich sein konnten.

Unser eigentlicher ‹Fund› war jedoch eine Türöffnung, die zu einem schmalen Flur führte, von dem vier enge Zellen abgingen. Jede Zelle war etwa ein Meter lang und ein Meter breit – zu klein, als daß sich darin jemand hätte hinlegen können. Sie waren vollkommen kahl, ohne Belüftung und Beleuchtung.

Inzwischen war die Spannung fast körperlich spürbar; unsere Führer fluchten leise untereinander. Zu diesem Zeitpunkt entfernte sich General Alvarenga (übrigens zum einzigen Mal während der Führung) für einige Minuten. Als er zurückkam, fragten wir ihn nach dem Zweck dieser Zellen. General Alvarenga teilte uns mit, daß sie für Betrunkene zum Ausnüchtern seien.

In Anbetracht der Zellenausmaße war dies eine sehr merkwürdige Erklärung, vor allem deshalb, weil uns schon vorher eine große Zelle gezeigt wurde, die angeblich zur Ausnüchterung betrunkener Mitglieder der Guardia Nacional diente.

Als wir den General auf diesen Gesichtspunkt hinwiesen, sagte er, diese Zellen seien für die betrunkenen Mitglieder der Guardia Nacional gerade dieser Sektion. (Es ist bemerkenswert, daß diese Zellen, folgt man den

Angaben der Offiziere, für Betrunkene einer Sektion von etwa zwanzig Mann da war, während die große Zelle angeblich für Betrunkene von einigen Hundert bestimmt war.) Selbst wenn man diese unwahrscheinliche Geschichte glaubt, würden solche Zellen unserer Meinung nach eine Verletzung der Menschenrechte der Guardia Nacional-Mitglieder darstellen, und zwar unabhängig davon, ob diese betrunken sind.

Winzige Zellen im Obergeschoß des Hauptquartiers der Guardia Nacional wurden ausführlich in vielen Zeugenaussagen beschrieben, wie wir hörten. Die Entdeckung dieser Zellen und die offensichtliche Unruhe unserer Führer bedeuteten für uns einen überzeugenden Beweis für ein geheimes Folterzentrum.

Am oberen Ende des Treppenhauses befand sich eine größere Zelle. Wir gingen auch einen langen Korridor entlang, der, so berichteten uns frühere Inhaftierte, einmal Bettgestelle enthalten hatte, auf denen die Gefangenen festgebunden und gefoltert wurden.

Während unserer Besichtigung war dieser Korridor leer. Als wir diesen Teil des Gebäudes verließen, sahen wir direkt gegenüber eine Turnhalle. Auch das ist nichts Außergewöhnliches in einer Kaserne. Dennoch: ihre Lage und ihr Inneres, ihre Ausstattung entsprachen in allen Einzelheiten den Zeugenaussagen von Gefangenen (besonders der von Francisco Balthazar Campos Mendoza), die von der Folterung in eine Turnhalle gebracht worden waren.

Bei der Verabschiedung fragten wir General Alvarenga über die behaupteten Folterungen durch Mitglieder der Sicherheitskräfte. Er sagte: ‹Ich bin seit neunzehn Jahren bei der Guardia Nacional und der Polizei der Hazienda, und in all diesen Jahren habe ich von keinem einzigen Fall gehört, daß eine Person gefoltert, mißhandelt oder länger als zweiundsiebzig Stunden von den Sicherheitskräften in Haft gehalten wurde.›

Wir fragten, ob sich möglicherweise Untergebene nicht an seine Anordnungen gehalten haben. Er antwortete: ‹Das wäre niemals eine Entschuldigung in einer militärischen Organisation. Ein Vorgesetzter ist immer verantwortlich für die Handlungen seiner Untergebenen. Ich wiederhole, daß ich von keinem einzigen Fall Kenntnis habe.› (In *New Year* wurde berichtet, daß General Alvarenga von Oberst Jose Antonio Corleto, dem Befehlshaber der Escuela Militar, abgelöst wurde. Die offizielle Begründung war, daß General Alvarenga sich in den Ruhestand begeben hätte.)

Wir sind einhellig der Meinung, daß in El Salvador heute systematisch die Menschenrechte verletzt werden. Verhaftungen unter dem ‹Gesetz für öffentliche Ordnung› sind zum Mittel der Unterdrückung derer, die sich politisch organisierten, geworden und dienten zur Unterminierung der Justiz. Die ‹Habeas Corpus›-Akte wird ständig umgangen. Folterungen von politischen Gefangenen scheinen Routine zu sein, und wir sind fest davon überzeugt, daß viele ‹verschwundene› Menschen in geheimen Zentren der Sicherheitskräfte festgehalten werden. Die Regierung von El Salvador mag wohl mehr Menschenrechtskonventionen unterzeichnet haben als die Vereinigten Staaten, wie uns mehrere Beamte nicht selten mitteilten, dennoch ist es eine Tatsache, daß das Recht auf Leben, auf Freiheit und auf körperliche Unversehrtheit in El Salvador heute mit Füßen getreten wird.

Der wichtigste Grund für die Geheimhaltung der Gefängnisse sind aller Wahrscheinlichkeit nach die äußerst grausamen Foltermethoden der Sicherheitskräfte.»

Von dem schon vorher genannten Dr. Castro Quesada, der vom 9. März 1977 bis zum 17. August 1977 in einem dieser Gefängnisse inhaftiert war, stammen folgende Beschreibungen und Zeichnungen der Foltermethoden und -zellen (entnommen aus: Fabio Castillo, Los Derechos Economicos, Sociales y Culturales en El Salvador):

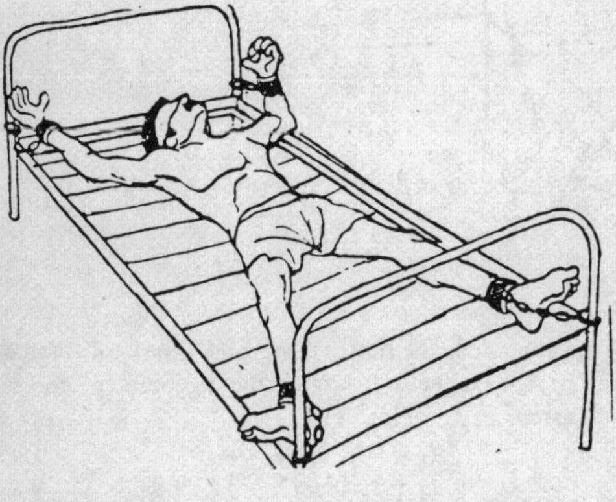

Bild 1: Bild aus den Gefängnissen der Guardia Nacional. Dr. Quesada wurde so 81 Tage gefangengehalten: Gewichtsverlust 55 bis 60 Pfund. Der Gefangene wird einmal fünf Minuten pro Tag für die Toilette losgebunden. Diese Position ist grausam und lebensgefährlich auf Grund des starken Muskelschwunds durch Unbeweglichkeit und der Nierenschädigung durch Zurückhaltung des Urins.

Bild 2: Der Gefangene muß gefesselt essen. Manchmal geben sie ihm das Essen in die angebundene Hand.

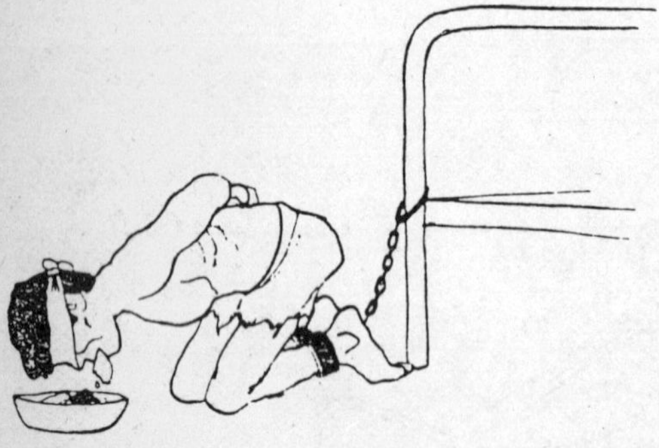

Bild 3: Wenn es viele Gefangene gibt und keine Betten übrig sind, um sie zu «kreuzigen» (siehe oben), werden sie an den Fuß eines besetzten Betts gebunden, und sie müssen auch in dieser Position essen.

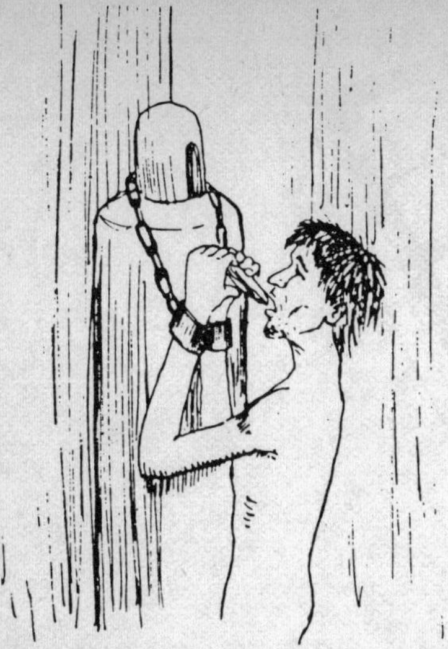

Bild 4: Juan Jose Yanes Carranza, 39 Jahre, aus Santa Ana; gefangengenommen im Juli 1976 und noch im Gefängnis im September 1977: gefesselt an einem Propangasbehälter in einer Zelle von 1,50 × 1,00 m, gefoltert mit Elektroschocks und der befestigten Kapuze. Die Ketten an den Füßen wurden so fest angezogen, daß sie sich ins Fleisch bohrten, Würmer drangen in die Haut.

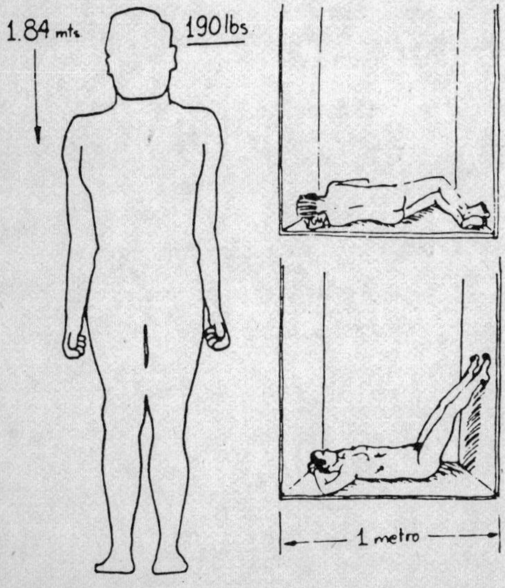

Bild 5: Physiker Dr. Richardo Arrieta Salazar, 48 Jahre, sehr groß; festgehalten in einer Zelle von einem Quadratmeter drei Monate lang, nachdem er einen Monat, wie auf Bild 1, auf ein Bett gefesselt war.

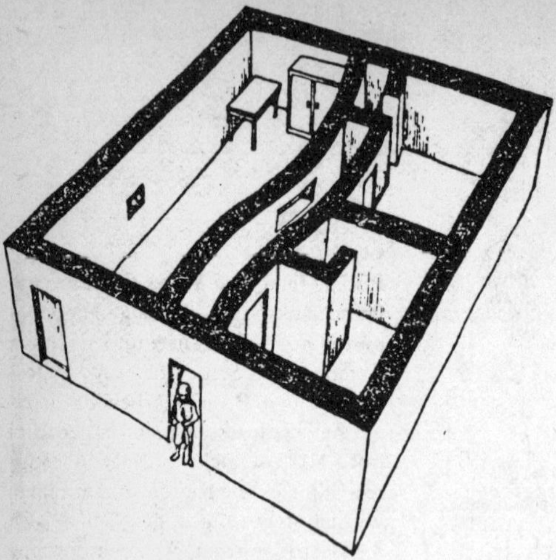

Bild 6: Der «schwarze Palast» («Palacio Negro») bei der Guardia Nacional. Der heimliche Kerker, der zum erstenmal im Grundriß «fotografiert» wurde durch Zeugenaussagen Gefangener.
Die größte Zelle ist eine Folterkammer, die Gefangenen in den zwei anderen vernehmen die Schreie der Gefolterten.

Die Kirche in Mittelamerika
Dokumente und Predigten

Von Rodrigo Jokisch und Herbert Becker

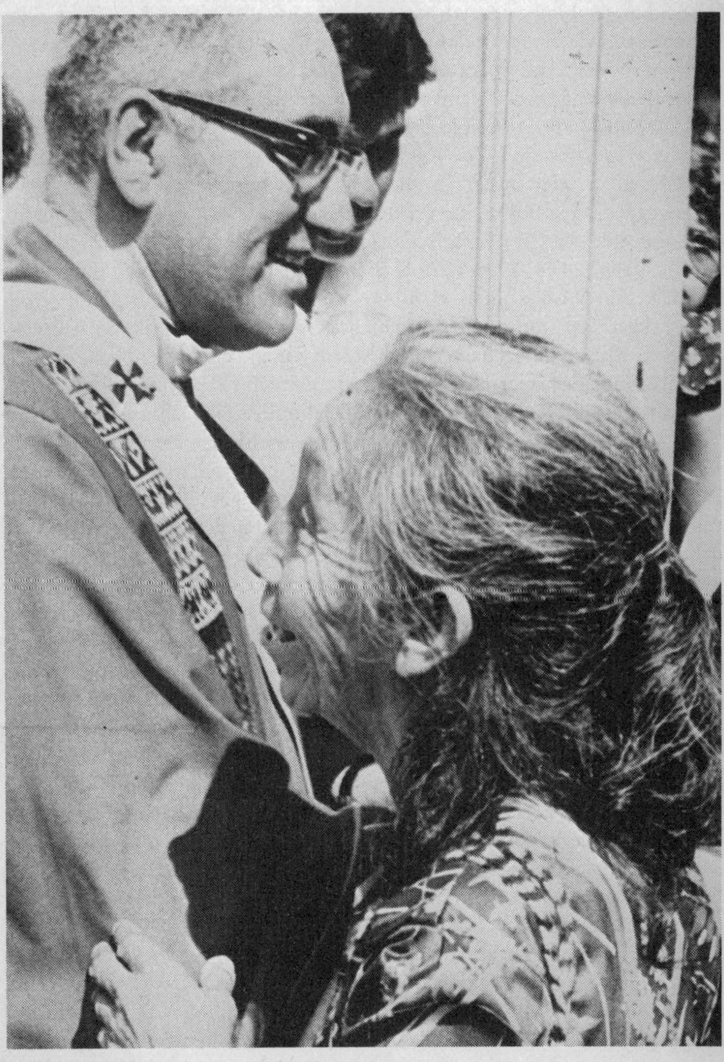

Kirche im Zwiespalt

Die katholische Kirche in Lateinamerika und speziell in Mittelamerika hat seit jeher einen großen gesellschaftlichen Einfluß. Etwa 95% der mittelamerikanischen Bevölkerung ist katholisch, und nur 3 bis 4% sind entweder Andersgläubige oder Atheisten.[1] Katholisch zu sein in Mittelamerika ist so etwas, wie eine mittelamerikanische Identität zu besitzen: Kaum jemand in diesen Ländern käme auf den Gedanken, daß es möglich ist, an eine andere Religion zu glauben. Eine andere Religion zu vertreten oder keine zu haben wird oft als eine asoziale Haltung empfunden, und die Konsequenzen hiervon sind, daß der Betreffende in beruflicher und familiärer Hinsicht mehr oder minder in die Isolierung getrieben wird. Wenn beispielsweise ein Katholik eine Protestantin heiratet, wird die Heirat nicht anerkannt und die Beziehung von katholischer Seite her als «Leben in wilder Ehe» angesehen. Den katholischen Partner behandelt man dabei mit distanziertem Wohlwollen, während der protestantische Partner als eine heidnische Erscheinung und permanente Gotteslästerung gilt. So war zumindestens bis in die sechziger Jahre hinein jemand ein halber Guatemalteke, Salvadoreaner oder Honduraner, wenn er nur die Nationalität, aber nicht die katholische Religion besaß. Allerdings ist die Haltung der Kirche in den letzten zehn Jahren etwas toleranter geworden.

Die Entwicklung der katholischen Kirche in Mittelamerika, von einer Institution, die sich in erster Linie als Dienerin der wohlhabenden Klasse verstand, hin zur Vertreterin der ärmsten Schichten der Bevölkerung, war nicht – wie oft behauptet – das Ergebnis der im Jahre 1968 in Medellin von den lateinamerikanischen Bischöfen diskutierten «Theologie der Befreiung»[2]. Die Radikalisierung der katholischen Kirche war eher das Ergebnis eines lange andauernden Bewußtseinsprozesses, im Verlauf dessen immer deutlicher wurde, daß die konservativen Schichten dieser Länder nicht im Traum daran denken, sich mit den Belangen und Nöten der Armen und Ärmsten zu befassen, um hier Abhilfe zu schaffen. Die Situation der katholischen Priester und Nonnen war schon immer widersprüchlich: Sie kannten sowohl die Verhaltensweisen der Wohlhabenden als auch die Verhältnisse der ärmeren Schichten ziemlich genau. Durch die Tatsache, daß reiche Familienmitglieder (in der Regel Frauen) der Kirche große Summen an Geldspenden zukommen ließen, waren sie mehr oder minder gezwungen, die aus diesen Schichten verübten und offensichtlichen Ungerechtigkeiten mit Schweigen zu übergehen.

Ende der fünfziger und Anfang der sechziger Jahre entwickelte sich das Katechistenwesen: Mit Schülern aus der Mittel- und Oberschicht versuchten jüngere Priester und Nonnen in ländlichen Gegenden die katholische Religion zu praktizieren. Dabei kamen die zwölf- bis fünfzehnjährigen Jugendlichen mit Bevölkerungsteilen in Kontakt, die ihnen bis dahin völlig fremd waren. Zunächst verteilten die Katechisten Lebensmittel, Kleidung und Süßigkeiten, bis sich eine genügende Anzahl von Personen zusammengefunden hatte. Dann wurden Gruppen gebildet und praktische Probleme der Religion besprochen.

Es ist eine eigenartige Erfahrung für ein Kind von dreizehn, vierzehn Jahren, einer Gruppe von fünfzehn bis zwanzig teils erwachsenen Personen, Religionsunterricht zu erteilen. Während des Unterrichts kam es zu Gesprächen über Wohnverhältnisse, Schwierigkeiten mit der Arbeit bzw. mit dem Patron, über den Kinderreichtum und nicht zuletzt über den privilegierten Status des jungen Lehrers und die Armut und Hoffnungslosigkeit der meisten Gruppenmitglieder. Es fand ein doppelter Bewußtwerdungsprozeß statt: Einerseits wurde es dem jungen Lehrer deutlich, in welcher Lage sich der größte Teil der Bevölkerung befand und andererseits setzte sich bei einigen Gruppenmitgliedern die Erkenntnis durch, daß ihre Not nicht gottgewollt war und im Gegensatz zu einigen Grundsätzen des Evangeliums stand.

Der oben beschriebene Religionsunterricht fand gewöhnlich am Samstagnachmittag statt, und es wurden sowohl Slumbezirke als auch weit entlegene Dörfer besucht. Fahrzeuge und Spendenmaterial stellten die Orden der Nonnen und Priester und wohlhabende junge Lehrer zur Verfügung. Nach Abschluß des Unterrichts versammelten sich die Katechisten, um Probleme der Stoffvermittlung zu diskutieren, wobei sehr schnell die nicht zu übersehenden sozialen Nöte und die Ungerechtigkeiten, denen Slumbewohner und Landbevölkerung ausgesetzt sind, zur Sprache kamen. Schüler mit besonders starkem Engagement zogen es vor, die Katechistenarbeit in den Stadtbezirken und Slums durchzuführen. Diese Arbeit war mit größeren Opfern verbunden, da der Samstagnachmittag nicht ausreichte, um auch nur in Ansätzen mit den Problemen fertig zu werden, die sich der Gruppe in solchen Bezirken stellten. Der Religionsunterricht hatte hier eine eher sekundäre Bedeutung: In erster Linie ging es darum, zerfallene Papphäuser mit eigens hierzu mitgebrachter neuer Pappe zu renovieren, Pulvermilch an Mütter zu verteilen und in einigen Fällen halb-verhungerte ältere Menschen mit einer wöchentlichen Ration roter Bohnen und Reis am Leben zu erhalten. Ich habe selber mehrmals erleben müssen, wie ein Krankenwagen bestellt wurde in der Hoffnung, einen todkranken Menschen retten zu können. In den meisten Fällen starb der Kranke einige Tage oder Wochen später. Die Theologie der Befreiung war also nicht eine kirchliche Programmatik, die es seit Medellin galt, in die Praxis umsetzen. Vielmehr stellte sie das Ergebnis eines langen Erfahrungsprozesses dar, welchen sowohl Priester und Nonnen als auch Katechisten durchmachten. Die kritische Haltung einiger mittelständiger bis wohlhabender Menschen in Zentralamerika gegenüber den Ideologien und Praktiken der konservativen wohlhabenden Schichten stammt zum Teil aus solchen «Katechisten»-Erfahrungen.

Innerhalb der Priester- und Nonnenschaft bildeten sich allmählich zwei verschiedene Gruppierungen heraus: Die eher konservative Gruppe, die versuchte, wegen der hohen materiellen Spenden es mit den Wohlhabenden nicht zu verderben, und die eher jüngeren Mitglieder, die zum Teil aus ihren klosterartigen und abgeschiedenen Zimmern auszogen, um sich eine Bleibe in besonders kritischen Wohnbereichen zu suchen. Als Beispiel für die konservative kirchliche Ideologie sei aus der Predigt des Bischofs von San Vicente, Pedro Arnoldo Aparicio y Quintanilla, vom 9. September 1979 zitiert[3]:

«Es gibt verschiedene Gruppen von Menschen. In einer Familie sind selten alle Brüder gleich. Einige sind sehr verträglich, verstehen ihre Eltern und sorgen sich um Ausgaben und alles andere; andere wiederum sind, wie wir manchmal sagen, richtige Haderlumpen, sogar richtige Früchtchen, die den gesamten Haushalt verkaufen und unter die Leute bringen. Aber allesamt sind sie Söhne desselben Vaters und derselben Mutter. Leider, liebe Brüder im Herrn, begreifen wir mit unserem Glauben nicht, was das bedeutet: Kind Gottes. Wenn wir endlich begreifen würden, was es heißt, ein Kind Gottes zu sein, würden diese Kirchen überquellen und wäre das Tabernakel umringt von Gläubigen. Denn diese Gläubigen würden wissen, daß sie vor einem Vater stehen, der nichts verweigern kann und will, um das von Herzen gebeten wird. Deshalb sagen einige Heilige und Interpreten der Bibel, daß das Gebet die lebendige Einheit mit Gott ist, und deshalb versichern uns der Heilige Augustin und der Heilige Alfonso Maria de Ligorio: ‹Derjenige, der betet, rettet seine Seele; derjenige, der nicht betet, verfällt der Verdammnis.›

Glaubt ihr, daß diejenigen Personen, die die Kathedrale von San Vicente gewaltsam besetzt haben, an Gott glauben? Kann jemand von euch Zeugnis dafür ablegen, daß diese Leute im Glauben an Gott leben und Gott lieben? Wir kennen die, die zu beten verstehen, und die, die das Haus Gottes entwürdigen und es respektlos besetzen; dieses Haus, in dem immer wieder gesagt wird, daß wir die Beschimpfungen, die Verleumdungen, das Gespött und die Angriffe, die sie gegen die katholische Frömmigkeit der Bewohner von San Vicente gerichtet haben, mit Güte und Liebe vergelten sollen. Gestern habe ich gesagt, daß ich aus Diskretion keine Namen genannt habe, um keine Familie in Schande zu stürzen. Aber wir, die kirchlichen Verantwortlichen, wissen, daß diese Familien versuchen, das schlechte Benehmen ihrer Kinder zu beschönigen. Sie sprechen schlecht von der Wirtschaft, vom Pfarrer und vom Bischof, um die ungehörige Aktion dieser jungen Leute in der Kathedrale von San Vicente zu rechtfertigen.

Bevölkerung von San Vicente, die ihr alle Landarbeiter seid, ich hoffe, daß ihr nicht mehr dulden werdet, daß das Haus des Herrn geschändet wird; daß ihr wie der Erzengel Michael die Übeltäter nicht vom Himmel in die Hölle, aber doch aus dem Tempel hinausjagt! Es ist nicht recht, daß man beabsichtigt, den Glauben des Volkes mit Füßen zu treten. In der Verteidigung unserer Werte muß es ein Volk geben, das sagen kann: ‹Wir glauben an Gott.›

Uns sind bereits aus verschiedenen Bezirken und Städten Nachrichten übermittelt worden, in denen man uns sagt, daß man auf ein Zeichen von uns wartet und daß man bereit ist, das Haus des Herrn zu verteidigen. Aber wir wollten dieses Zeichen nicht geben.

Ich habe viele Male den Familienvätern gesagt, daß sie sehr auf ihre Söhne und Töchter aufpassen sollen. Heute werde ich sie auf eine Kampagne aufmerksam machen, die zahlreiche Jungen vom Nationalinstitut mit Blick auf die Schülerinnen betreiben, auch wenn diese der Eucharistischen Schule angehören. Sie erzählen ihnen die Probleme, Programme, Möglichkeiten und alles Erdenkliche mehr über die revolutionäre Bewegung der Oberschüler (MERS) und der Volksbefreiungsfront (FPL), und denjenigen Mädchen, bei denen sie Interesse entdecken, sagen sie ganz deutlich, sobald sie ihnen alles erzählt haben: ‹Du kannst jetzt nicht mehr zurück, du mußt vorwärts gehen; wenn du zurückweichst, bist du in Lebensgefahr.› So ist es vielen Mädchen, speziell solchen vom Land, schon ergangen. Die Mütter sollten besser danach sehen, daß ihre Kinder nichts davon erfahren, damit sie nicht morgen zu Kriminellen werden und schließlich im Gefängnis landen oder bei den Razzien gefangen werden, die die Behörden in diesem Fall zu Recht durchführen müssen.

Wir haben heute alle den Anstieg der Kriminalität wahrgenommen. Die Zeitungen, die Guardia Nacional, die Haziendapolizei berichten darüber. Wir haben die Tatsachen gesehen. Aber ihr solltet wissen und verstehen, daß mindestens die Hälfte der Opfer von den Gruppen wie der FPL selbst umgebracht worden sind. Weil sie Angst hatten, einen Schritt zurückzuweichen. Weil sie Angst hatten, entdeckt zu werden. Wir können klar erkennen, daß Pater Rutilio Grande ein Opfer eben dieser Gruppen ist. Weil sie Angst hatten, daß Pater Grande die Jesuitengenossen aufdecken würde, die den Ungehorsam der Landbevölkerung gegen den Staat, gegen die Regierung und gegen die Kirche schüren. Pater Navarro von der Kolonie Miramonte wurde von ihnen selbst aus dem Weg geräumt. Pater Palacios wurde von ihnen selbst aus dem Weg geräumt. Pater Macías wurde ebenfalls ein Opfer dieser Gruppen. Es war nicht die Regierung. Aber einige sagen: ‹Wir haben einen von der Guardia Nacional erkannt, wir haben ihn dort gesehen ...› Aber wenn es darum geht, Zeugenaussagen zu machen, kann kein Mensch etwas sagen.

Es schmerzt mich in meiner Seele, euch allen sagen zu müssen, daß ich verschiedene Priester in meiner Diözese nicht retten kann, daß ich nichts für sie tun kann, weil sie Entscheidungen getroffen haben, die ihnen den Weg zurück versperren ...

Das Problem El Salvadors ist nicht das gleiche wie das Nicaraguas. Eben kehre ich aus Nicaragua zurück. Ich bin mit verschiedenen Bischöfen zusammengetroffen, und wir haben uns über die Lage in Nicaragua unterhalten. Und das ist die Höhe: Nicaragua bereut es bereits, diesen Weg eingeschlagen zu haben. Weil Kuba und Rußland von diesem Land Besitz ergreifen. Und nur das wollen diese Verräter. Sie versprechen den Landarbeitern, daß alle Eigentümer von Häusern, Palästen und Land sein werden. Ich glaube, meine Brüder, daß keiner derjenigen, die mir hier zuhören, in einem gestohlenen Haus wohnen möchte; in einem Haus, das mit Blut erobert wurde, einem Haus, das kriminell genommen wurde. Ich glaube, daß alle das anstreben, was unsere Landbevölkerung will, nämlich daß wir ihnen großzügig die Hand reichen, daß wir ihnen helfen, daß wir ihnen gerechte Löhne zahlen, daß wir ihnen alle Sozialleistungen gewähren, daß wir ihnen eine Gesundheitsversorgung verschaffen, daß wir ihren Kindern eine Ausbildung ermöglichen, daß wir Arbeitsplätze für sie schaffen, daß wir ihnen Priester und Glauben und Hoffnung geben, all das begleitet von der wunderbaren Tugend der Barmherzigkeit.

Das ist es, was das Volk von uns Priestern erwartet. Daß wir zu ihnen kommen und ihnen zeigen, wie man Gott liebt, wie man die Hoffnung wachsen läßt, wie wir uns gegenseitig helfen und uns lieben müssen.

Die Landarbeiter warten auf das priesterliche Wort, in dem ihnen gesagt wird, wie wir Christen leben sollen und wie die ersten Christen gelebt haben.

Deswegen werden wir auch nicht müde, immer und immer wieder das Gewissen der Grundbesitzer wachzurütteln, damit sie sich entschließen, ihre Gewinne mit ihren Arbeitern zu teilen. Daß sie nicht nur nach ihrem Geldbeutel leben. Daß sie es lernen, alle Güter unter ihren Mitarbeitern aufzuteilen. Daß sie andere wie Brüder behandeln ...

In Nicaragua war zu Recht ein ganzes Volk gegen eine einzelne Familie, allerdings ein Volk, daß keine Unterschiede machen konnte, sondern nur den Haß gegen diese eine Familie vor Augen hatte und jetzt in einem riesigen Durcheinander steckt: Kommunisten, Sozialisten, Patrioten und alle möglichen Leute. Hier in El Salvador ist die Situation anders, meine lieben Landarbeiter. Hier in El Salvador liegen die Dinge ganz anders, liebe Grundbesitzer. Hier in El Salvador liegen die Dinge ganz anders, Kapitalisten, die ihr mir zuhört. Hier in El Salvador liegen die Dinge ganz anders, Sicherheitskräfte. Auch die Behörden wissen das, sogar sehr gut.

Ich möchte gern um einen Augenblick des Nachdenkens bitten, um einen Augenblick des Überlegens und der Meditation. Möge diesen Betrügern nicht geglaubt werden, die in der Stadt mit einem Straßenanzug glänzen und dann in lumpigen Kleidern aufs Land gehen und dort die Landarbeiter belügen! Landarbeiter, ihr müßt die Augen aufmachen! Was ich hier sage, aus ganzer Seele und aus ganzem Gemüt, möchte ich gern von Haus zu Haus wiederholen, von Farm zu Farm. Mit allen sprechen und ihnen sagen, daß man sie belügt. Es ist unwichtig, ob der Betrüger früher einmal eine Soutane angehabt hat und sie jetzt nicht mehr trägt. Ich habe euch schon erzählt, daß einer von ihnen das Gift aus Chile mitgebracht hat. Aber von heute an werde ich sogar Namen nennen, wenn das nötig sein sollte, denn wir müssen zeigen, wer unser Feind ist. Tausendfachen Segen für denjenigen, der seine Pflicht erfüllt und mit gutem Beispiel vorangeht! Denn er wird voller Verdienste in den Himmel kommen, umgeben von Seelen, die er gerettet hat. Aber wehe dem verfluchten Priester, der den Flammen der Hölle verfällt! Er wird Tausende von Betrogenen mit sich reißen.»

In Guatemala beginnt die politische Spaltung schon in den oberen Rängen des Klerus, da der wichtigste Vertreter, Kardinal Casariego, ein Verteidiger des Regimes und einer Kirche ist, der mit der derzeitigen Ordnung übereinstimmt. Die Dorfpriester, die Missionare und Nonnen in weit abgelegenen Dörfern und Krankenhäusern stehen zusammen mit einigen Bischöfen in offenem Kampf gegen den konservativen Teil des Klerus. Alle Priester und Kirchenmitglieder aus Quiché, einer Zone, in der die Guerillas kämpfen, haben sich vor kurzem [4] auf Grund von Morddrohungen, die sie erhielten, zurückgezogen. Gemäß derselben Quelle wandte sich der Bischof dieses Orts an Rom, um über das Geschehene Bericht zu erstatten. Es gibt keine offiziellen Zahlen über ermordete Priester, weder in El Salvador noch in Guatemala, man kommt aber ohne weiteres auf 25 in den letzten Monaten, ohne dabei die des Landes verwiesenen ausländischen Priester und Nonnen zu berücksichtigen.

Am 23. Mai 1980 äußerte die Bischofskonferenz von Guatemala in einem Pressekommuniqué: «Wir glauben, daß wir in der Geschichte unseres Vaterlandes nur wenige so bittere Tage erlebt haben: Die Angst und die Furcht und die Verzweiflung haben sich der Herzen bemächtigt. Die Gewalt fordert jeden Tag eine alarmierende Zahl von Opfern: Verschleppung, Folterungen, Ermordungen. Bezahlte Mörderbanden sind in der ganzen Republik aktiv. Dieser unkontrollierbaren Welle der Gewalt entkommen weder die Machthaber und Reichen noch die Bauern und Indios der weitentferntesten Gegenden des Landes.» Am 24. Juli hat die gleiche Bischofskonferenz sich nochmals an die Öffentlichkeit gewandt. Ihre tiefste Sorge galt der Lage der Verfolgten der Kirche, vor allem in der Diözese Quiché, die sich durch Morde an zwei Priestern, Morddrohungen gegen Priester, Nonnen und andere Kirchenmitglieder verschärft hat. Das allgemeine Klima der Unsicherheit macht die kirchliche Arbeit unmöglich. In Honduras kam es im Juli 1980 zu einem offenen Konflikt zwischen der Führung der katholischen Kirche und den Regierungsmitgliedern der Junta. Grund war eine Anklage der Priester von Santa Rosa de Copán wegen der Massaker an 600 Bauern aus El Salvador, die vor der Verfolgung in ihrem Land geflüchtet waren. Mit der Aussage: «Die Kirche ist die Stimme der Stummen», erhoben die hondurenischen Bischöfe ihre Anklagen.

Es ist unzweifelhaft, daß die katholische Kirche heutzutage ein wichtiges

Organ für die Veränderung der sozialen Bedingungen der mittelamerikanischen Gesellschaft ist. Ihre Vorstellungen und die Predigten über soziale Gerechtigkeit, die Verantwortung des Christentums und die Theologie der Befreiung haben Hunderte von Jugendlichen und Priestern dazu gebracht, sich aktiv für die Veränderungen, die diese Gesellschaften brauchen, einzusetzen und ein starkes Bewußtsein der Lage gefördert.

Die katholische Kirche Mittelamerikas hat in der Bewegung der Katechisten die Verantwortung für die armen Bauern übernommen – und es sind ihre Wortführer und Prediger, die den Bauern bewußt machen, daß die Ungerechtigkeiten und Ausbeutung, in der sie leben, weder menschlich noch christlich ist.

Atahualpa Yupanqui

Kleine Fragen zu Gott

Eines Tages fragte ich:
Großvater, wo ist denn Gott?
Mein Großvater wurde traurig
und gab mir keine Antwort

Mein Großvater starb auf dem Felde
Ohne Beichte und ohne Gebet
Die Indianer setzten ihn bei
Bambusflöte und Trommel

Mit der Zeit fragte ich, Vater
was weißt du über Gott?
Mein Vater wurde ernst
und gab mir keine Antwort

Mein Vater starb in den Minen
Ohne Arzt und ohne Beistand
Das Gold im Besitz des Patrons
ist mit Minenblut gefärbt

Mein Bruder lebt in den Bergen
und kennt keine einzige Blume
Malaria, Schweiß und Schlangen
Dies ist das Leben des Holzfällers

Daß ihn ja keiner frage
ob er wüßte, wo Gott sei
Nie war in seinem Haus
solch bedeutender Herr

Ich singe unterwegs
ich singe auch im Gefängnis
und hör auf die Stimme des Volkes
die besser klingt als die meine

Es gibt etwas hier auf Erden,
das gewichtiger ist als Gott:
Keiner soll Blut spucken müssen
damit andere besser leben

Daß Gott über die Armen wacht
Vielleicht ja, vielleicht auch nein
Sicher ist, daß er zu Mittag speist
an der Seite des Patrons.

Ein Bischof des Volkes

Die Wandlung des Erzbischofs von San Salvador, Oscar Arnulfo Romero, von einer eher konservativen Persönlichkeit zum Sprecher der armen und unterdrückten Bevölkerungsteile El Salvadors, wurde nicht durch die sogenannte Theologie der Befreiung ausgelöst, sondern durch Erfahrungen sozialer Ungerechtigkeit, die ihn dazu brachten, eine sozial-radikale Haltung gegenüber der Regierung und der wohlhabenden Schicht einzunehmen. Allerdings hatten im Jahre 1968 bei der lateinamerikanischen Bischofskonferenz in Medellin (Kolumbien) eine Gruppe von jungen salvadorenischen Priestern beschlossen, sogenannte christliche Gemeinden[5] zu gründen, um eine Selbstorganisierung der Landarbeiter mit dem wesentlichen Ziel der Etablierung von sozialer Gerechtigkeit zu erreichen. Einige Wochen später, nachdem der Priester Romero vom Heiligen Stuhl in Rom zum Erzbischof von San Salvador ernannt wurde, erschoß eine paramilitärische und rechtsgerichtete Gruppe den Priester Rutilio Grande, als er auf dem Weg war, eine Messe in seiner Landgemeinde Aguilares zu zelebrieren. Bald danach wurde der Priester Alfonso Navarro von Unbekannten in der Umgebung der Hauptstadt San Salvador ebenfalls erschossen. Die Gemeinde Aguilares wurde von Militär besetzt und die Kirche des Paters Grande von diesen in ein Gefängnis umgewandelt. Bereits im Juli 1977 startete man eine großangelegte Diffamierungskampagne gegen die katholische Kirche, wobei zahlreiche Priester und Nonnen außer Landes fliehen mußten. Während dieser Zeit gaben rechtsgerichtete Kreise El Salvadors die Parole aus: «Diene deinem Vaterland – töte einen Priester.»[6] Diese Terrorisierung der katholischen Kirche endete vorläufig mit der Ermordung von sieben Priestern, die vermutlich auf das Konto der sogenannten «Vereinigung der weißen Guerilleros» geht.

Erzbischof Romero hat während dieser Zeit seine sonntäglichen Predigten in der Kathedrale von San Salvador dazu verwendet, die Skrupellosigkeit und die verübten Morde seitens rechtsgerichteter und regierungstreuer Gruppen anzuprangern. Seine Predigten wurden durch den katholischen Radiosender YSAX im ganzen Land ausgestrahlt, was ihm eine hohe Zuhörerschaft verschaffte. Da er genauestens über verschollene, verwundete, erschossene und ausgewiesene Menschen in seinen Predigten informierte, galt er als die einzige «zuverlässige Stimme des Volkes», was der Regierung ein Dorn im Auge war.

Im Hirtenbrief zum neuen Jahr schrieb Monsignore Romero folgendes[7]: «Die Übertretung der Menschenrechte – die Hauptquelle allen Übels unseres Volkes – bedeutet eine außerordentliche Verneinung der menschlichen Wahrheit. Die sozio-politischen Systeme, in denen wir leben, haben zur Grundlage materialistische Konzepte, die das christliche Konzept des

Menschen zerstören und verschleiern. Für den Kapitalismus ist der Mensch nur ein Objekt der Ausbeutung und gebunden an den Konsum im Dienste des Gottes Geld. Für die ‹nationale Sicherheit› ist er eine Fußstütze, die immer unter den Füßen der Macht Gottes stehen muß; für den Konsum in dem Sinne, wie unser christlicher Glaube ihn nicht akzeptieren kann und der gewisse Kämpfe unseres Volkes veranlaßte, ist der Mensch auch nur ein Sklave einer materialistischen Diktatur.» Im Januar predigte Monsignore Romero gegen die Regierung der Junta in El Salvador und gegen die reformistische Haltung, «eine Regierung kann sich niemals stabilisieren, die einerseits soziale Gerechtigkeit und Wandel verspricht und sich andererseits täglich immer mehr befleckt, durch alarmierende Nachrichten über brutale Repressionen, durch die das Volk selbst geopfert wird»[8].

Darüber hinaus erlaubte er sich vor Tausenden von Menschen, die jeden Sonntag zu ihm in die Kirche kamen, einen Aufruf an die Militärs zu richten, sie aufzufordern, die Repressionen zu stoppen: «Sie oder viele von Ihnen kommen aus dem Volk, dem die Institution Armee zu Dienste stehen sollte.» Am 17. Februar schickte er einen Brief an Präsident Carter, in dem er um Beendigung der Massaker an seinem Volk und Stopp der Waffenlieferungen bat. Nach dem Urteil vieler Beobachter hat er sich durch seine Predigten gegen den Imperialismus, gegen die Gewalt, aber auch gegen extreme Linksorganisationen viele Feinde gemacht. Am 24. März 1980 wurde er während einer Messe durch die Kugel eines Scharfschützen ermordet. Drei Tage später gab es anläßlich der Beerdigung des Erzbischofs eine nie dagewesene Massenkundgebung. Bei dieser Gelegenheit wurde auf die Teilnehmer geschossen, und es gab viele Tote und Verletzte. Trotz des Mordes an Romero fährt die Kirche in El Salvador fort, sich aktiv am Kampf des Volkes zu beteiligen.

«Was wir suchen, ist soziale Gerechtigkeit»

Das letzte Interview mit Erzbischof Romero am 25. März 1980

Sind für El Salvador jetzt alle friedlichen Wege verschlossen?

ROMERO: Wenn sie verschlossen wären, so hätten wir schon den Krieg. Es gibt immer einen Rahmen der Verständigung, und es gibt immer noch humane und politische Zeichen, auf die eingegangen werden kann. Ein Beispiel sind die angekündigten Reformen; sie sind gut, man muß ihnen jedoch das Unangenehme nehmen: die Repression. Ein anderes Zeichen dafür, daß es einen friedlichen Weg geben könnte, ist die neue Einheit der Volksorganisationen.

Monsignore, welche ist Ihre Verbindung zu den Volksorganisationen?

ROMERO: Es ist die Verbindung eines Hirten zum Volk, eines Hirten, der weiß, daß das Volk ein Recht auf Organisierung hat und dieses Recht verteidigen muß. Ich weiß, daß die Forderungen des Volkes, die von den Volksorganisationen ausgedrückt werden, gerecht und unterstützungswert sind. Ich habe auch die nötige Freiheit, um den Mißbrauch der Organisierung anzuklagen, wenn es Abweichungen auf Wege der unnötigen Gewalt gibt. Das ist meine Beziehung zu ihnen: als Hirte das Gerechte zu fördern und das, was nicht gut ist, anzuklagen.

Was vertritt für Sie, Monsignore, die Rechte?

ROMERO: Die Rechte bedeutet genau die soziale Ungerechtigkeit, und es ist in diesen Ländern nie gerecht, eine rechte Linie zu unterstützen.

Und die Linke?

ROMERO: Ich nenne sie nicht die Linke, sondern «Kräfte des Volkes» und ihre Gewalt kann das Ergebnis der Wut über diese soziale Ungerechtigkeit sein. Was man die «Linke» nennt, das ist das Volk. Es ist die Organisierung des Volkes und ihre Forderungen, die Forderungen des Volkes. Und ich glaube, daß eine Regierung ohne Volksbasis keine Regierung des Volkes ist. Deshalb, wenn sie effektiv sein möchte, muß sie eine Basis haben; sie muß sie finden. Eine Regierung, die Reformen durchführen will, die dem Volk zugute kommen sollen, muß mit einer Verankerung im Volk rechnen können, weil das Volk nicht etwas als seine Befreiung ansehen wird, was man ihm gibt, etwas, was ihm verordnet wird. Das Volk kann die Regierung nicht als etwas ansehen, das gibt, sondern als etwas, das beim Prozeß hilft, den das Volk vorantreibt.

Glauben Sie, Monsignore, daß das, was zur Zeit in El Salvador passiert, eine Übergangsphase zwischen Kapitalismus und Sozialismus ist?

ROMERO: Die Prozesse des Volkes sind immer sehr einmalig. Wir können nicht das Klischee unterstreichen, daß wir vom Kapitalismus zum Sozialismus übergehen. Wenn man es Sozialismus nennen möchte, so ist dies eine Frage der Benennung. Was wir suchen, ist soziale Gerechtigkeit, eine beschützende Gesellschaft, ein Sich-Teilen der Güter. Das ist das, was gesucht wird.

All das, Monsignore, kommt im Regierungsprogramm vor, das von den vier Organisationen BPR, LP-28, FAPU und UDN gemeinsam unterzeichnet wurde. Sind Sie mit diesem Programm einverstanden?

ROMERO: Ich kenne es, und ich erkenne es an als einen Diskussionsvorschlag für das Volk. Es muß eine Spannweite für Kritiken und für Vorschläge aller Sektoren des Volkes haben, damit diese es sind, die die Regierung bestimmen, die sie wollen. Und hier möchte ich als Hirte betonen, daß ich daran interessiert bin, daß die humanen und christlichen Interessen unseres Volkes Beachtung finden.

Glauben Sie, daß die Christdemokratische Partei in diesem Moment in christlicher Hinsicht handelt?

ROMERO: Die christliche Bezeichnung für eine politische Partei bedeutet nicht, daß es eine christliche Partei ist. Was wichtig ist, ist nicht der Name, sondern die Realität.

Sagen Sie noch etwas über die Christdemokratische Partei, Monsignore.

ROMERO: Ich bin kein Experte in Politik und kann nur das wiederholen, was Analytiker erklären. Es ist eine große Gefahr für die Christdemokratische Partei (PDC), in der Regierung zu sein, die zwar bemüht ist, strukturelle Reformen durchzuführen, aber eine schlimme Repression ausübt. Die PDC ist so eine Komplicin des Überfalls auf das Volk. Und in dieser Hinsicht möchte ich euch Journalisten erklären, daß sie ganz klar und objektiv aussagen sollen, was in El Salvador passiert. Ich habe sehr viele Erklärungen von Leuten, die außerhalb sind, gehört, die nicht verstehen, was hier passiert, da sie sagen: «Es gibt die Christdemokraten, es werden Reformen durchgeführt, was wollen sie mehr, warum protestieren sie?» Es muß geklärt werden, daß es sehr wohl stimmt, daß es die PDC und auch Reformen gibt, daß aber das einzige, was das Volk davon erfährt, schlimme Repression ist.

Warum glauben Sie, Monsignore, übt die Regierung Repression aus?

ROMERO: Dies kann nur mit der Absicht erklärt werden, die Organisationen des Volkes zu zerstören.

Monsignore, antwortete Präsident Carter auf Ihre Bitte, keine 50 Millionen Dollar zu gewähren?

ROMERO: Mich suchte jemand von der nordamerikanischen Botschaft hier in El Salvador auf, um zu erklären, daß die Hilfe für das Volk sei und daß die 50 Millionen Militärhilfe nicht direkt für die Sicherheitskräfte wären, sondern für Ausrüstung, die bei der Armee fehlte. Sie erzählten mir den Fall von einer militärischen Operation, die keine Kommunikationsausrüstung besaß.

Ich sagte ihnen, daß ich ihren Willen verstand, wenn man aber berechnet, daß das gleiche Ministerium auf diese Sache aufpaßt und gleichzeitig auch auf die Sicherheitskräfte, wer stellt sicher, daß dieses Geld nicht zur Verbesserung der Repression durch die Sicherheitskräfte beiträgt? Sie versuchten mir zu erklären, daß es Hilfe für das Volk sei.

Sie glauben ihnen, Monsignore?

ROMERO: Nein. Ich sagte ihnen, daß sie objektiver sein sollten, und schlug ihnen vor, die Hilfe für andere Dinge zu verwenden, weil eine Hilfe zur Unterdrückung keine Hilfe für unser Volk ist. Hier haben wir dreihundert Flüchtlinge aus Dörfern, wo die Leute nicht mehr leben können und flüchten mußten, weil sie sonst umgebracht worden wären. Es herrscht Repression, und es ist gut, daß es sich zeigt, daß wir nicht einverstanden sind.

Was würden Sie der venezolanischen Regierung sagen, die die PDC unterstützt?

ROMERO: Es gibt ein Prinzip unserer Kirche: «Die entwickelteren Völker haben die Pflicht, den weniger entwickelten Völkern Unterstützung zu gewähren, müssen aber dabei ihre Selbstbestimmung respektieren.» Von daher schätzen wir die Hilfe aus den USA, Venezuela oder irgendeinem anderen Land. Aber wenn dies eine Einmischung in das Leben des Volkes bedeutet, so wäre das keine Hilfe. Im Gegenteil. Eine intelligente Hilfe wäre, den Prozeß des Volkes zu unterstützen.

Monsignore, die Guerilleros sagen, daß sie sich bewaffnen, um das Volk vor der Repression zu schützen. Welche Bewertung gibt hierzu die Kirche?

ROMERO: In der christlichen Moral gibt es die Legitimität der Verteidigung. Und hierauf kann sich dies stützen, und es wäre legitim, wenn diese Verteidigung nicht mißbraucht wird, denn das Prinzip der Kirche sagt, daß die Verteidigung im Verhältnis zum Angriff stehen muß. In meinem Hirtenbrief steht: «Wenn ich mich mit einem Faustschlag verteidigen kann, so ist es mir nicht erlaubt, einen Schuß abzufeuern.» Die Sünde in der Gewalt zwischen uns liegt darin, daß eine große Unverhältnismäßigkeit zwischen dem Angriff und der Verteidigung liegt. Dies ganz besonders, da es sich um die Armee handelt, die natürlich die stärkere Gewalt ist. Es herrscht das Gerücht, daß «für einen getöteten Nationalgardisten zehn Zivile sterben müssen». Wir werden auch nicht den Mißbrauch der Feuerkraft durch das Volk rechtfertigen. Für mich war es sehr unangenehm zu erfahren, daß in Guasapa, einer nahe gelegenen Ortschaft, ein Mann öffentlich erschossen wurde. Woanders wurde ein anderer öffentlich gestraft. Ich glaube, daß dies ein Mißbrauch der Verteidigung ist.

Was glauben Sie, Monsignore, was passieren wird?

ROMERO: Wenn wir rational und mit unseren hohen Kapazitäten vorgehen, werden wir dies in einer friedlichen Form lösen können. Aber wenn wir uns bei der Polarisierung der Kräfte versteifen, dann wird die Gewaltspirale wachsen und explodieren. Daher ist die Rolle der Kirche die der Vermittlung, der Versöhnung.

Und wenn die Kirche hierbei scheitert?

ROMERO: Nun, dann tritt der Aufstand ein, den die Kirche zuläßt, wenn alle friedlichen Mittel ausgeschöpft sind.

Monsignore, glauben Sie nicht, daß diese Situation bereits vorliegt?

ROMERO: In einer gewissen Hinsicht schon, man kann aber noch nicht von einem Bürgerkrieg sprechen.

Wie ordnen Sie, Monsignore, diese Situation ein? Als «Vor dem Aufstand stehend»?

ROMERO: Das ist eine Frage des Begriffs. Ich weiß nur, daß wir in Gefahr sind, und es noch Zeit gibt ...

Welche Botschaft würden Sie den Völkern der Welt zurufen, Monsignore?

ROMERO: Ich sagte schon vorher, daß eine wichtige Rolle von Ihnen, von den Journalisten, die ist, die Fotos von unserem Volk mitzunehmen, unsere Situation begreiflich zu machen und sich mit dem Prozeß, den das Volk gewählt hat, zu solidarisieren. Unser Widerwille gegenüber der Repression von offizieller Seite und von der Rechten muß verstanden werden, zumal es unvereinbar ist, einerseits Reformen durchzuführen und andererseits das Volk zu unterdrücken.

Lona Rothe-Jokisch

Zum Tode von Erzbischof Romero

Ich kenne dich nicht,
ich las
kaum eines deiner Worte.
Woher dann diese Schmerzen
Als ich hörte sie brachten dich um?
Trauer wo geb ich sie hin?
Ich suche, ich finde – nichts.

Ist es Sehnsucht nach Achtung?
Du setztest
Achtung mitten hinein
in die Welt der Machtverliebten.
Diesen Keim von Respekt
vor der dunklen,
vor unsrer verletzbaren Seite,
unsrer Abhängigkeit
und der Schwäche,
unsrer Angst und Hilflosigkeit,
diesen kleinen Keim von Achtung
gegenüber dem ganzen Leben
setztest du in den Riß
im Asphalt.

Denn in deinem Land
darf sich Schwaches nicht rühren,
sein Wandel prallt ab
an der Losung der Macht,
die spricht: «Stehe still
oder sterbe, denn
je tiefer dein Schmutz
desto heller der Glanz
auf meinem Metall.»

Und verpanzert im Glanz ist der Mächtige
allein mit seiner Angst.
Und ohne Weg nach draußen
kennt er nur eine Richtung,
und die geht er,
immer weiter,
ins Eis.

Und würde Gewalt
das Eis zersprengen
dies heilt kein Brot:
Verachtung.
Wie viele Generationen
werden diese Speise kauen.
Und wer hat den Mut
sie zu schlucken,
zu verdauen
und auszuscheiden?

Ich sehe dich an: den Menschen,
der nicht trennt
sondern Raum gibt für hart
und für weich,
der sich öffnet dem Ganzen,
der sich weitet
– für das Leben.

Und so war auch der Tod,
denk ich mir,
nicht ganz unerbittlich
für dich.
Das möchte ich
so sehr.

Die Unterdrückung der Kirche in Guatemala

Amnesty International

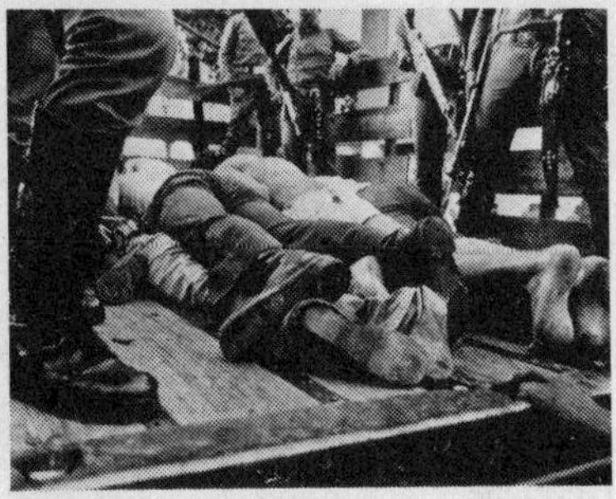

Die überwiegende Mehrheit der guatemaltekischen Bevölkerung ist römisch-katholischen Glaubens. Das gilt auch für die Eingeborenenbevölkerung, die Indios, die daneben an indianischen Bräuchen festhalten.

Die Indios leben fast alle unter dem Existenzminimum. Daß die Kirche sich mit dem Problem der Armut dieser Menschen nur zögernd auseinanderzusetzen beginnt, hat zwei wesentliche Gründe. Ein Grund ist der geringe Anteil von Guatemalteken an der Priesterschaft. Der zweite, wichtigere Grund ist der konservative Einfluß Kardinal Mario Casariegos. Kardinal Casariegos versucht seit seiner Ernennung, unterstützt durch Regierung und herrschende Kreise, mit allen Mitteln, den Kampf der Priester um bessere Lebensbedingungen für die Armen zu verhindern. Die enge Anlehnung der Kirche an die herrschenden Kreise, die seit dem Sturz des sozialreformerischen Regimes Arbenz zu beobachten ist, hat dazu geführt, daß selbst die rechteste der offiziell zugelassenen Parteien, die Christlich-Demokratische Partei, heute nicht mehr an ihre frühere Verbindung mit der offiziellen Kirche erinnert werden möchte.

Die Priester, die sich gegen die Amtskirche für die Belange der Armen einsetzen, sind im «Komitee für Frieden und Gerechtigkeit» zusammengeschlossen. Dieses Komitee, dessen Gründung auf Papst Paul VI. zurückgeht, arbeitet in anderen mittel- und südamerikanischen Ländern unter dem Vorsitz ihrer Bischöfe. In Guatemala wird das Komitee, das von Kardinal Casariegos abgelehnt wird, nicht als legale Organisation anerkannt und muß im Untergrund arbeiten. Seit der mutigen Aufklärungsarbeit im Fall des Panzós-Massakers wurden die Mitglieder des Komitees von Verteidigungsminister General Spiegeler zu Staatsfeinden erklärt. Die Unterdrückung und Verfolgung richtet sich gegen die Priester des Komitees.

Viele dieser Priester verwendeten das nach dem Erdbeben von 1976 gespendete Geld nicht zur Renovierung ihrer beschädigten oder zerstörten Kirchengebäude, sondern zur Gründung oder Unterstützung ländlicher Genossenschaften, die vor allen Dingen die Lage der indianischen Campesinos, des ärmsten Teils der Bevölkerung, verbessern. Seither nahm das Interesse der Indios am kirchlichen Leben deutlich zu.

Eine oppositionelle Haltung ist in Guatemala selbst für Priester gefährlich geworden. Der Schutz ihres geistlichen Amts, der es der Priesterschaft erlaubte, für die Rechte der Indios einzutreten, besteht nicht mehr. Viele ausländische Priester wurden ausgewiesen, andere, die ihr gesamtes Arbeitsleben in Guatemala verbracht hatten, erhielten plötzlich nicht verlängerbare, auf sechs Monate begrenzte Visa. Andere bezahlten mit ihrem Leben.

Bill Woods, ein amerikanischer Priester, sammelte in den USA Geld, um in der westlichen Provinz Huehuetenango Land zu kaufen. Er gliederte über 2000 Familien in eine Kooperative ein, die Vieh, Kaffee und Gewürze erzeugte. 1976 wurde er bei einem mysteriösen Flugzeugabsturz getötet. Kurz vor seinem Tode berichtete er amerikanischen Behörden, daß er sich in Lebensgefahr glaube. Der deutsche Pfarrer Carlos Stetter wurde Nachfolger von Bill Woods und führte seine Arbeit fort. Am 20. Dezember 1978 wurde Pfarrer Stetter entführt, als er mit seinem kleinen Flugzeug in Huehuetenango landete. Er wurde des Landes verwiesen, ohne daß er die Möglichkeit gehabt hätte, seine persönlichen Sachen mitzunehmen oder sich mit seinen Vorgesetzten oder der Deutschen Botschaft in Verbindung zu setzen. Er wurde von Zivilgekleideten in seinem eigenen Flugzeug ausgeflogen. Die guatemaltekische Regierung leugnete, den Aufenthaltsort des Priesters zu kennen. Später wurde Pfarrer Stetter vorgeworfen, ein «unerwünschter Ausländer» zu sein und sich mit «Angelegenheiten außerhalb seines Amts befaßt» zu haben.

Das Priesterkonzil von Quetzaltenango fragte daraufhin, ob die Verteidigung der Armen und der Einsatz für Gerechtigkeit außerhalb des christlichen Auftrags liege.

Fünfzig christliche Organisationen, katholische und evangelische, verurteilten die Ausweisung Pfarrer Stetters und wiesen den Vorwurf der Regierung zurück, er habe mit Guerillas zusammengearbeitet. Sie erklärten, Pfarrer Stetter sei unter Bruch eines deutsch-guatemaltekischen Abkommens und des Art. 53 der Verfassung ausgewiesen worden. Die Regierung reagierte auf diese Proteste mit der Drohung, den rechtlichen Status aller fünfzig Organisationen zu überprüfen und warnte, daß ihre Anhänger zu Mitgliedern illegaler Organisationen erklärt werden könnten.

Im Juni 1978 wurde Schwester Raimunda Alonso, eine spanische Nonne, des Landes verwiesen, nachdem sie eine Nacht im Gefängnis festgehalten worden war. Sie hatte acht Jahre als Katechetin bei den Minenarbeitern und Dorfbewohnern der Cahabon, Alta Verapaz-Region, gearbeitet. Schwester Raimunda wurde beschuldigt, die Bauern dieses Gebiets aufgewiegelt zu haben. Regierungserklärungen wollten sie direkt für die Panzós-Massaker verantwortlich machen.

Später, in demselben Monat, wurde Pater Hermogenes Lopez Coarchita, der zwölf Jahre Priester von San José Pinula nahe Antigua war, von unbekannten Tätern ermordet, als er das Haus eines Sterbenden verließ.

Pater Lopez hatte Bauern bei der Verteidigung ihrer Wasserrechte gegen Gesellschaften geholfen, die vorschlugen, zehn Flüsse zur Versorgung Guatemala Citys umzuleiten. Laut Angaben von Bauernorganisationen wären 40 000 Familien von der Umleitung der Flüsse betroffen worden. Er setzte sich ebenfalls gegen die gewaltsame Rekrutierung indianischer Jugendlicher zur Armee ein. Als er erschossen wurde, untersuchte er gerade Berichte, nach denen von der Regierung unterstützte Impfprogramme zur Sterilisation junger Indios geführt hatten und daß Indiofrauen gegen ihren Willen sterilisiert worden seien.

Am 29. Juni 1978 hatten einige guatemaltekische Zeitungen einen Brief von Pater Lopez an den scheidenden Präsidenten Kjell Laugerud veröffentlicht, in dem er den Wunsch der Mehrheit des guatemaltekischen Volkes nach Abschaffung der Armee zum Ausdruck brachte. Am folgenden Tag erhielten die Zeitungen ein Telegramm, in dem die patriotische Jugend der MLN (Movimiento de Liveracion Nacional), eine rechtsgerichtete politische Partei, ankündigte, sie werde am 30. Juni alle Kommunisten einschließlich kirchlicher Vertreter richten. Am selben Tag wurde Pater Lopez erschossen. Bei der offiziellen Begräbnismesse für Pater Lopez, die Kardinal Casariegos hielt, wurden die politischen Umstände des Mordes mit keinem Wort erwähnt. Ein zweiter Gedächtnisgottesdienst wurde deshalb von Freunden und Mitgliedern seiner Gemeinde organisiert. Über tausend Bauern schlossen sich zu einem siebeneinhalbstündigen Protestmarsch nach Guatemala City zusammen. Darin wird die Spaltung der Kirche und die Isolation ihrer staatstreuen Vertreter von der Bevölkerung deutlich.

Unterdrückung und Widerstand

Schluß mit Hunger, Folter und Mord in El Salvador!

Offener Brief

Täglich sterben in El Salvador Landarbeiter, Angestellte, Arbeiter, Lehrer, Ärzte, Priester. Sie werden erschossen oder zu Tode gefoltert, weil sie sich für ein menschenwürdigeres Leben und für eine gerechte Gesellschaft eingesetzt haben.

Denn die fünf Millionen Einwohner El Salvadors leiden in extremer Weise unter den für viele Entwicklungsländer typischen Strukturen: Auf einem Großteil der landwirtschaftlichen Nutzfläche werden Kaffeebohnen und Baumwolle angebaut, die Devisenerlöse aus dem Export dieser Güter fließen allerdings ausschließlich in die Taschen einer kleinen Schicht von reichen Großgrundbesitzern, denen allein ca. 80 % des bebaubaren Bodens gehören.

Der Widerstand gegen diese elenden Lebensumstände hat in El Salvador eine jahrzehntelange Tradition. Nur durch Wahlfälschungen, Repression und blutigen Terror konnte die Oligarchie der großen Familien ihre Position immer wieder behaupten.

Mitte Oktober 1979 schöpften die Unterdrückten in El Salvador neue Hoffnung; einige putschende Offiziere verkündeten ein umfassendes Reformprogramm und nahmen Sozial- und Christdemokraten in die Regierung auf.

Doch die Hoffnung währte nicht lange: Die große Mehrheit der Militärs boykottierte die Reformen und verstärkte die Repression gegen die Bevölkerung. Erzbischof Romero wurde ermordet.

Schon nach wenigen Monaten schieden Sozialdemokraten und progressive Christdemokraten aus der Regierung aus und schlossen sich mit Gewerkschaften, Bauernverbänden, Studenten-, Lehrer-, Ärzteorganisationen, mit marxistischen Gruppen und Berufsorganisationen des Mittelstands zu einer breiten «Demokratischen Revolutionären Front» zusammen. Ihr erklärtes Ziel: Sturz der regierenden Militärjunta und Aufbau einer freien, gerechten und demokratischen Gesellschaft in El Salvador. Diese Oppositionsfront repräsentiert die Hoffnung des salvadorianischen Volkes. Die von ihr ausgerufenen Generalstreiks legten nach Angaben aller ausländischen Beobachter das öffentliche Leben in El Salvador völlig lahm.

Der wachsenden Opposition begegnet die Junta mit rasch eskalierendem Terror. So fielen seit Mitte letzten Jahres über 8000 Menschen den Aktionen der der Regierung unterstellten Militärs und der mit diesen eng kooperierenden paramilitärischen Verbänden zum Opfer. Mit modernstem aus den USA geliefertem militärischem Gerät werden zahlreiche Dörfer dem Erdboden gleichgemacht, Waldgebiete entlaubt, Flüsse verseucht, um – wie es die *Frankfurter Allgemeine Zeitung* am 4. 8. 1980 formulierte – «die Zivilbevölkerung von der Aussichtslosigkeit einer Volkserhebung zu überzeugen».

Die Militärjunta kann sich heute in El Salvador nur noch halten, weil sie von außen massiv unterstützt wird. So liefern insbesondere die Vereinigten Staaten modernste Waffen nach El Salvador und sind über die Entsendung zahlreicher Berater auch unmittelbar selbst an der Repression beteiligt. Nach Informationen der nationalen und internationalen Presse bemühen sich die USA darüber hinaus um die Aufstellung einer Interventionsstreitmacht; schon jetzt werden mit Unterstützung des CIA in Guatemala und Honduras Söldner für den Einsatz in El Salvador ausgebildet. Das alles fördert die Gefahr eines mittelamerikanischen Afghanistan.

Leider stellt sich die Bundesregierung dieser US-Politik bisher nicht entgegen; es gibt vielmehr Anzeichen dafür, daß sie diese Politik zumindest teilweise zu unterstützen gedenkt. Jedwede Unterstützung politischer oder militärischer Art für die Junta in El Salvador verlängert aber den Leidensweg des salvadorianischen Volkes.

Die Unterzeichneten fordern deshalb die Bundesregierung auf, die politischen und wirtschaftlichen Beziehungen zur Junta in El Salvador abzubrechen.

Die Unterzeichneten bitten alle Leser dieses Aufrufs, durch Geldspenden die Arbeit des Erzbistums von San Salvador zu unterstützen, das unter dem Nachfolger von Erzbischof Romero, Monsignore Rivera y Damas, weiterhin als kritisches Gewissen und «Sprachrohr der Gerechtigkeit» tätig ist.

Das Erzbistum von San Salvador unterstützt die Familien der Ermordeten, bemüht sich um die Versorgung der Verwundeten und der zahlreichen Flüchtlinge vom Lande und informiert die Weltöffentlichkeit unablässig über die Menschenrechtsverletzungen in El Salvador.

Heinrich Albertz, Pfarrer i. R.; Franz Alt, Redakteur; Prof. Dr. Josef Blank; Ingeborg Drewitz, Schriftstellerin; Altbischof Helmut Frenz; Prof. Dr. Helmut Gollwitzer; Prof. Dr. Norbert Greinacher; Richard Hey, Schriftsteller; Norbert Jahn, Studienrat; Peter Janssen, Pfarrer; Prof. Dr. Ernst Käsemann; Ludwig Kaufmann, Journalist; Dr. rer. pol. Klaus Leffringhausen; Hildegard Lüning, Redakteurin; Prof. Dr. Johann Baptist Metz; Prof. Dr. Jürgen Moltmann; Prof. Dr. Karl Rahner; Josef Reding, Schriftsteller; Wolfgang Roth, MdB; Dr. Wilfried Schoeller, Redakteur; Hermann Schulz, Verleger; Prof. Dr. Dorothee Sölle; Prof. Dr. Johano Strasser; Klaus Thüsing, MdB; Prof. Dr. H. Vorgrimmler.

Der Widerstand formiert sich

Von Herbert Becker

Die Volksorganisationen El Salvadors haben sich zum Kampf zusammengeschlossen. Bauern, Arbeiter, Studenten (eine Schule, die letztes Jahr 3000 Studenten hatte, kann heute nur noch 1000 nachweisen)[39] und Arbeitslose befinden sich in den Reihen dieser stets wachsenden Organisationen. Sie haben Kampffronten gebildet, die sich tägliche Scharmützel mit der Armee liefern. Die Übermacht an Waffen und Ausbildung auf seiten der Armee ist offensichtlich, wogegen der Vorteil der Guerillas darin besteht, daß sie sehr beweglich sind, schnell auftauchen und sich zurückziehen können.

Kurze Gefechte mit 20 Toten oder Verwundeten auf beiden Seiten gehören zum Alltag. Eine Straße wird kontrolliert, ein Dorf besetzt, der Ort gewechselt, dort dann ein kurzes Gefecht durchgeführt. Dies ist die derzeitige Taktik. Die Zahl der Gefechte in El Salvador nimmt zu, die Kampfverbände vergrößern sich, und die Bewaffnung wird immer schwerer (Mörserkanonen und Jagdbomber). Zeitungsinformationen zwischen dem 31. 7. und 2. 8. 1980 berichten von heftigen Kämpfen in der Region Guazepa, 30 km von der Hauptstadt El Salvadors entfernt, wo es nicht weniger als 200 Tote gab.[1]

In Guatemala sehen die Kämpfe nicht viel anders aus. Hier besteht der Kern der Guerillas aus Bauern und Indios. Sie ist das Ergebnis der Erfahrungen und Enttäuschungen, die die Bevölkerung in der Vergangenheit durchmachte, und entwickelte sich langsam in den Gebirgen des Nordens des Landes, in der Region von Quiché und Huehuetenango. Die Aktivitäten der Bewegung verbreiten sich heute wie ein Ölteppich auf dem Hochland. Der Reisende, der die Region durchquert, wird zuerst von Kontrollposten der Armee kontrolliert und später von den Guerillas; die einen verlangen Papiere, die anderen übergeben Propaganda oder verlangen den Identitätsnachweis. Ein paar Stunden später gibt es wieder ein Gefecht, und man trifft die Kontrollposten ein paar Kilometer weiter. Die beliebteste Taktik der Guerillas heutzutage ist es, mit einer kleinen Gruppe in ein Dorf einzumarschieren. Dort bekommen sie dann etwas zu essen oder neue Soldaten, es werden politische Veranstaltungen abgehalten (in der Sprache der Einheimischen), und von der Erde und den Bauern, die ihn bearbeiten, von den Reichen und den Armen gesprochen. Zuletzt wird von der Notwendigkeit des Kampfes geredet, dann ziehen sich die Guerillas wieder in die Berge zurück. Später folgt die Armee, die stets von ihren Beauftragten oder einem Deserteur anvisiert wird. Es beginnen Hausdurchsuchungen, die Vernehmungen der Bevölkerung, die Festnahmen der Verdächtigen und das Durchkämmen der ganzen Region. Finden sich Waffen oder Propaganda, werden ganze Familien umgebracht. Bleiben die Guerilleros aber im Dorf, entwickeln sich unweigerlich Gefechte, bei denen das Dorf dann durch Napalm total vernichtet wird. Nichts ist im Hochland mehr, wie es einmal war. Jeden Tag werden Bauern verschleppt. Die ununterbrochenen Vernehmungen, Verdächtigungen und Denunzierungen nehmen zu, sie werden nur noch von den anonymen Drohungen gegen Gemeindevorsitzende übertroffen. Geistliche, Ärzte, Krankenschwestern und Lehrer sind am meisten gefährdet. Flüchten sie nicht rechtzeitig, werden sie mit ziemlicher Sicherheit ermordet.

Inzwischen baut die Regierung eine ideologische Offensive auf. Plakate, Filme und Indoktrinationsschulungen verkünden, daß «das Schlechte», nämlich die Guerilla, vernichtet werden muß. Zur gleichen Zeit werden zivile Aktivitäten wie Impfungen und ärztliche Untersuchungen kostenlos durchgeführt. Die Bauern nehmen manchmal daran teil, und es kommt vor, daß sie bei ihrer Rückkehr in ihrem Dorf eine Versammlung antreffen, in der Guerillaaktionen vorbereitet werden. So ist das tägliche Leben der Bauern zur Zeit geprägt von Landarbeit, Teilnahme an Aktionen, wieder Landarbeit, Waffen verstecken in den Bergen usf.

Die FAR (Revolutionäre bewaffnete Kräfte), die EGTP (Guerillaarmee der Armen) und die ORPA (Organisation des Volkes in Waffen), beherrschen einige Regionen und bauen die Unterwanderungstaktik weiter aus.

Obwohl die Priester unterdessen die Greuel anzeigten, erfährt man in der Stadt nur sehr wenig darüber. Die Bulletins einiger Gewerkschaften werden zum Schweigen verurteilt, und die Veröffentlichungen der Universität von San Carlos Guatemala werden aus Angst vor Repressalien von den Zeitungen nicht mehr angenommen: Der Kreis des Schweigens schließt sich. Nur auf dem Land hört man immer häufiger den Lärm der Waffen, und ausschließlich wenn der Kampf sehr groß war und es unmöglich machte, die Verluste der Armee zu verschweigen, geht dies aus den Bulletins der Armee hervor, wie es anläßlich der Ereignisse von Cotzal und San Juan Ostuncalco geschah. Ab und zu, wenn ein Mitglied der Rechten oder eine Militärpatrouille in der Stadt selbst angegriffen wird, gibt es Schießereien und einige Tote.

Die Gewerkschaften

Die Entwicklung der Gewerkschaften sowohl in Guatemala als auch in El Salvador hat sich in den letzten fünf Jahren in beachtlicher Weise verstärkt. Honduras machte diese Entwicklung schon früher durch und gilt als am fortgeschrittendsten auf diesem Gebiet.

Die Forderungen der Gewerkschaften richten sich gegen die Repressionen, denen sie ausgeliefert sind. So ist die Mitgliedschaft in einer gewerkschaftlichen Organisation in den letzten Jahren sowohl in Guatemala als auch in El Salvador ein sicherer Weg für Verfolgung und Tod durch paramilitärische Banden gewesen.

In El Salvador sind die gewerkschaftlichen Organisationen eine der wichtigsten Komponenten der Volksorganisationen in ihrem Kampf gegen die derzeitige Junta. In Honduras sind sie eine nicht zu übersehende politische Kraft, und die Arbeiter von Honduras, vor allem aus dem Norden des Landes, sind sich dessen sehr bewußt. Im September 1980 initiierten sie eine Streikbewegung, die den ganzen Norden erfaßte. In Guatemala versuchte man während der Jahre 1977 und 1978 eine Wiederbelebung der Gewerkschaftsorganisation. Der Höhepunkt war der Marsch der Minenarbeiter von Istahuacán und Oxec. Diese Arbeiter wanderten mehr als 300 km, um ihren Forderungen nach mehr Lohn in der Hauptstadt Gehör zu verschaffen. Ein anderes Beispiel war der Kampf der städtischen Gewerkschaften, der eine Erhöhung der Transportkosten in der Hauptstadt stoppen sollte.

Zur Zeit befindet sich die Gewerkschaftsbewegung in Guatemala unter höchstem Druck. Sie hofft, aus dem Untergrund ein Signal geben zu können. Die Gewerkschaftsorganisationen von El Salvador gaben solch ein Signal, als sie verschiedene Generalstreiks veranstalteten, um gegen die Verletzung der Menschenrechte durch die Junta zu protestieren. Außerdem wurde anläßlich der Ermordung einiger Ärzte und Kranker innerhalb von Hospitälern im ganzen Land ein Streik aller Krankenhausangestellten als Antwort auf die Aggression durchgeführt.

Am 21. 6. 1980 ließ die Regierung von Guatemala 36 Arbeiter, die sich in einem Versammlungsort der CNT (Nationales Zentrum der Arbeiter) befanden, als Reaktion auf die Forderungen zum 1. Mai entführen. Trotz vieler nachfolgender Proteste und Streiks erfuhr man nie wieder etwas von ihnen.

Die Universitäten

Im Juni 1980 hat die Regierungsjunta von El Salvador den Befehl erlassen, die Universität zu besetzen. Panzer, schwere Ausrüstung und 4000 Soldaten nahmen an der Operation teil. Die 3000 Studenten, die sich auf dem Campus befanden, wurden zunächst einmal festgenommen und 100 unter Arrest gestellt. Es gab zwanzig Tote und zwölf Verletzte.[2]

Die Regierung Romero hatte die Universität schließen lassen, weil sie in ihr ein subversives Zentrum sah. Das politische Ergebnis war widersprüchlich, da nun viele der Studenten, die keine Beschäftigung mehr hatten, in den Untergrund gingen. Angesichts dieser Tatsache wurde die Universität wieder geöffnet, um sie im Juni 1980 endgültig zu schließen.

In Guatemala wurde während einer antikommunistischen Kundgebung in Quetzaltenango die Universität San Carlos als «Kommunistenfabrik» angeprangert. Der Minister des Innern, Donaldo Alvarez Ruíz, vertrat in der Öffentlichkeit die Meinung, daß besagte Universität ein Zentrum der Subversion sei.[3] In den ersten sechs Monaten des Jahres 1980 wurden auf den Straßen Guatemalas 36 Universitätsprofessoren ermordet. Die Zahl der Studenten und Angestellten, die ebenfalls umgebracht wurden, ist darin noch nicht berücksichtigt. Der Rektor Saul Osorio sowie weitere 90 Professoren der verschiedensten Disziplinen mußten ins Exil gehen. Jeder einzelne von ihnen erhielt Morddrohungen. In der Universität kreisten anonyme Namenslisten der zum Tode verurteilten Lehrenden und Studenten. Am 14. Juli schließlich um 9 Uhr morgens drangen einige Wagen voll mit bewaffneten Männern auf den Campus der Universität. Die Männer schossen mit Maschinengewehren auf Studenten, die gerade aus einem Bus stiegen, auf den Gärtner, der vor dem Gebäude seine Arbeit tat, und auf alle zufällig vorübergehenden Passanten. Das Ergebnis dieser morgendlichen Attacke waren achtzehn Tote.

Warum war die Universität das spezielle Angriffsobjekt der Regierung? Eine Antwort finden wir in der Haltung der mittelamerikanischen Universitäten. Sie waren stets Zufluchtsort für die freie Diskussion aller Ideen, auch der marxistischen und der liberalen. Gleichzeitig zogen sich die Universitäten durch kritische Veröffentlichungen den Zorn der Regierungen zu.

So beispielsweise die Universität von San Carlos in Guatemala, die sich energisch den Ölverhandlungen entgegenstellte, die die guatemaltekische Regierung geführt hatte. Außerdem ist nicht zu bestreiten, daß viele Studenten sich den verschiedenen Volksbewegungen anschließen mit dem Ergebnis, daß heutzutage in El Salvador und Guatemala Student sein heißt, politisch staatsgefährdend zu sein.

Die privaten Universitäten, die direkt von privaten Unternehmungen getragen werden und Studiengänge auf technischem und ideologischem Gebiet für die Söhne und Töchter der Bourgeoisie (falls diese nicht im Ausland studieren) anbieten, hat man von den Verfolgungen ausgenommen. Im Fall der katholischen Universitäten muß hervorgehoben werden, daß zwischen El Salvador und Guatemala erhebliche Unterschiede bestehen. Während die Universität Simeón Canas von El Salvador die Belange des Volkes unterstützt und sich mit der kritischen Einstellung der Kirche es Landes im allgemeinen identifiziert, nimmt die Universität Rafael Landiva von Guatemala eine absolut reaktionäre Haltung ein und ist das Sprachrohr der Regierung.

Man kann feststellen, daß die Repressionstechniken in beiden Ländern verschieden sind: In El Salvador herrscht die direkte und brutale Einmischung vor, wogegen in Guatemala der Mechanismus des Terrors in der Lähmung der Universität von innen besteht. Beide Methoden sind gleich wirksam. Als der Rektor der Universität von San Carlos in Guatemala sein Amt niederlegte, veröffentlichte er in einer Zeitung folgendes: «Die Universität ist nicht schuld daran, daß es nötig ist, eine Situation anzuprangern, auf Grund derer unser Land sich als eines der sozial unterentwickeltsten des Kontinents darstellt.»[4]

Die Guerillas

Im November 1971 durchquerte eine kleine Kolonne von fünfzehn Mann den heißen Urwald an der Nordgrenze zwischen Guatemala und Mexiko. Es war eine unwirtliche, fast bevölkerungsleere Gegend. Die Gruppe bestand zum großen Teil aus guatemaltekischen Bauern und wurde von Guerillaveteranen der sechziger Jahre angeführt. Die Mitglieder waren ausschließlich damit beschäftigt zu überleben und den Bewohnern der wenigen Eingeborenendörfer, auf die sie trafen, mit Respekt zu begegnen. Nach langen Monaten des Umherziehens, als ihre Anzahl zugenommen hatte, wagten sie sich aus dem Urwald heraus auf die Berge, wo das Klima besser, die Gegend aber dichter besiedelt und polizeilich stärker bewacht war. Es wurde für sie lebensnotwendig, das Vertrauen der Einheimischen zu gewinnen, da sie von ihnen Nahrung, Schutz und Rekruten erhielten; gleichzeitig traten im Süden und weiter nördlich des Landes weitere Gruppen in Erscheinung. Neun Jahre später hatten die Guerillas ein dichtbesiedeltes Gebiet in der guatemaltekischen Hochebene fast vollständig unter ihrer Kontrolle.

Heute berichten die Zeitungen täglich von Zusammenstößen der Guerilleros mit dem Militär. Ihre Taktik besteht darin, Dörfer aufzusuchen, um dort ein Treffen zu veranstalten, auf dem sie in einfacher Eingeborenensprache die Zustände von sozialer Ungerechtigkeit, die im Land herrschen, anprangern.

Sie erhalten Lebensmittel und Sympathiebekundungen aus der Bevölkerung und diskutieren lokale Schwierigkeiten. Wenn sie dann das Dorf verlassen, ist ihre Zahl gewachsen. In der Ortschaft bleibt oft der Keim einer neuen Kampfgruppe zurück. Später wird das Militär erscheinen und Verdächtige gefangennehmen, die es dann «verschwinden» läßt. Ihre Leichen werden, mit deutlichen Anzeichen von Folterungen, Tage oder Wochen später auftauchen. Dies schürt aber nur den Haß, der auch dann unaufhaltsam zunimmt, wenn nach einem Kampf, als Sicherheitsmaßnahme, ein ganzes Dorf von Regierungstruppen bombardiert oder dem Erdboden gleichgemacht wird. Auf die Bomben folgt eine wahrhaft schreckliche Stille, aus der der Indio erwacht und der Guerilla beitritt.

Heutzutage ist die Stärke der in drei Hauptgruppen geteilten Guerilla schwer festzustellen. Man spricht von der Vereinheitlichung ihrer Strategien und vom Einfluß marxistischer und im Christentum verwurzelter Gedanken, die in einzigartiger Mischung ihre Äußerungen und Handlungen bestimmen. Der Einfluß christlicher Gedanken, insbesondere der Gedanke der demokratischen Gerechtigkeit, werden in Zukunft eine immer größere Rolle spielen.

Wie ein nordamerikanischer Journalist in einem Artikel, den *Time* im August 1980 veröffentlichte, schrieb, seien die Guerillas «wie die Vulkane der Gebirge, die erwachen, und niemand weiß, wann sie explodieren werden».

Natürlich ist es im Augenblick schwer zu sagen, wie die nahe Zukunft der Guerillas und Volksorganisationen aussehen wird. Eines steht fest: Sie bekommen immer mehr Zulauf und stärkere Unterstützung seitens der Bevölkerung und treten dem Militär jedesmal entschlossener entgegen. In El Salvador hat der Kampf die Gestalt eines echten Aufstands angenommen. Über große Teile des Landes hat das Militär die Kontrolle bereits verloren; sie befinden sich jetzt in den Händen der Guerillas. Täglich kommt es in den Städten und auf dem Land zu Kämpfen, wobei im Durchschnitt dreißig Menschen umkommen.[5]

Todesschwadronen in Guatemala

Amnesty International

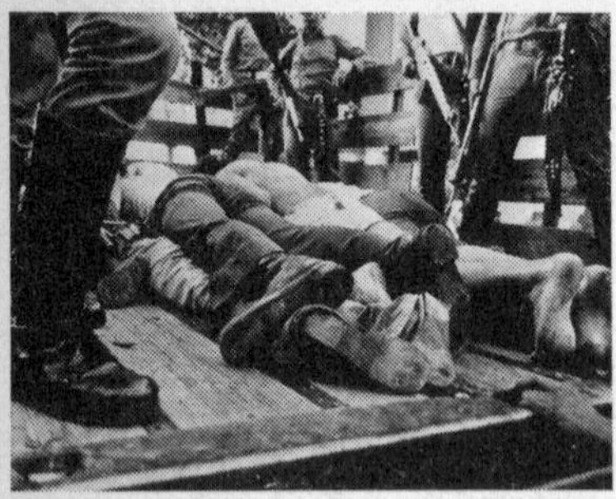

«Hier sterben mehr Leute als in Nicaragua, aber niemand weiß, daß hier ein Krieg gegen die Bevölkerung geführt wird. Wir schätzen, daß es in den letzten drei Monaten 2000 Morde gegeben hat.»

Diese Sätze stammen von Colom Arguetas, dem früheren Bürgermeister von Guatemala City, der in demselben Interview, aus dem diese Aussagen entnommen sind, auch seine eigene Ermordung voraussagte. Am 22. März 1979 wurde seine Vorahnung Wirklichkeit: Zwanzig bewaffnete Männer stoppten seinen Wagen und schossen ihn nieder.

Nach Schätzungen aus verschiedenen Quellen sind seit dem Sturz der Regierung Arbenz Guzman vor 25 Jahren ca. 70000 Menschen dem Terror der Todesschwadronen in Guatemala zum Opfer gefallen. Die wirkliche Zahl dürfte jedoch noch höher liegen. Niemand ist vor der mörderischen Bedrohung sicher, ob einfacher Landarbeiter oder hoher Politiker, ob Gewerkschafter oder Student. Wer nur den Ansatz einer politischen Opposition gegen die herrschenden Gruppen und das Militär zeigt, setzt sich einer tödlichen Bedrohung aus. Die Urheber der Gewalttaten sind geheime Organisationen, sogenannte Todesschwadronen, die sich ESA (Geheime antikommunistische Armee), CERO, FADA, Escuadron de la muerte (Todesschwadron) und Comando Seis (Kommando sechs) nennen. Es handelt sich bei ihnen um paramilitärische Verbände, die ihre Mitglieder hauptsächlich aus der Armee, der Polizei und dem Geheimdienst rekrutieren. Sie sind teilweise Nachfolgeorganisationen von Mordkommandos, die in den sechziger Jahren zur Bekämpfung der Guerillas in den Städten gebildet wurden. Nach der Vernichtung der Guerillatruppen wurden diese Mordkommandos nicht aufgelöst, sondern üben weiter, zum Teil unter neuem Namen, politischen Terror aus.

Die Regierung bestreitet hartnäckig jegliche Verwicklung von Geheimdienstkräften mit den Todesschwadronen, obwohl diese oft über Informationen verfügen, die nur aus Regierungsquellen stammen können. Außerdem operieren die Todesschwadronen vor den Augen der Polizei mit solcher Offenheit, daß zumindest eine Duldung der Morde seitens der Regierung angenommen werden muß. So kann als sicher gelten, daß die Todesschwadronen unter dem Kommando und nach Anleitungen von Oberst German Chupina, dem Chef der Guardia Nacionalen, und Manuel de Jesus Valiente, dem Geheimdienstchef, handeln.

Einen Höhepunkt erreichte die Welle der Ermordungen und Entführungen im Jahre 1978. Der Journalist Saul David Olive berichtet von 770 nichtidentifizierten Leichen, die in den ersten sechs Monaten des Jahres auf dem Friedhof von Guatemala City begraben wurden.

Am 18. Oktober 1978 schickte die ESA eine Liste mit Personen an die Presse, die sie bei einem Standgericht zum Tode verurteilt hatten. In der Reihe der selbsternannten Todesschwadronen ist die ESA eine der jüngsten. Viele glauben, daß diese Gruppe ESA als Decknamen benutzt und daß die Verantwortlichen bei dem Personal des Sicherheitsdienstes zu finden sind.

Als Hinweis auf die Komplicenschaft offizieller Stellen sind Zeitungsberichte über Ermordungen und Entführungen zu deuten, in denen Reporter erwähnen, daß die Entführer militärisch gekleidet waren oder als Mitglied eines besonderen Sicherheitskommandos erkannt wurden.

Von der ESA werden Drohbriefe an alle Gewerkschaften, die mit der CNUS (Nationaler Gewerkschaftsverband) zusammenarbeiten, verschickt. Daß es bei den Drohungen nicht bleibt, bewies die Ermordung von Oliviero Castaneda, dem Präsidenten der Studentenvereinigung der San Carlos-Universität, dessen Namen auf der Todesliste stand, und der zwei Tage später, am 20. Oktober 1978, auf offener Straße erschossen wurde.

Auf der berüchtigten Liste finden sich außerdem die Namen von Gewerkschaftsmitgliedern, Akademikern, Journalisten und Arbeiteranwälten. Inzwischen sind mehrere von ihnen verschwunden oder ermordet worden. Versuche, offiziellen Schutz für die Bedrohten von den Behörden zu erhalten, sind fehlgeschlagen. Die Regierung beantwortet alle Hilfeersuchen mit dem lakonischen Hinweis, die Betroffenen hätten selbst für ihren Schutz zu sorgen. Diese bedrohliche Lage hat dazu geführt, daß viele der potentiellen Opfer der Todesschwadronen das Land verlassen oder Zuflucht in ausländischen Botschaften gesucht haben. Einige legten ihre Gewerkschaftsposten nieder. Nach der ersten von der ESA erstellten Todesliste im Oktober 1978 tauchten weitere solcher Listen auf, und die Attentate und Morde gehen weiter.

Massaker am Sumpul-Fluß

Öffentliche Erklärung von 38 Nonnen und Priestern aus Santa Rosa de Copán (Honduras)

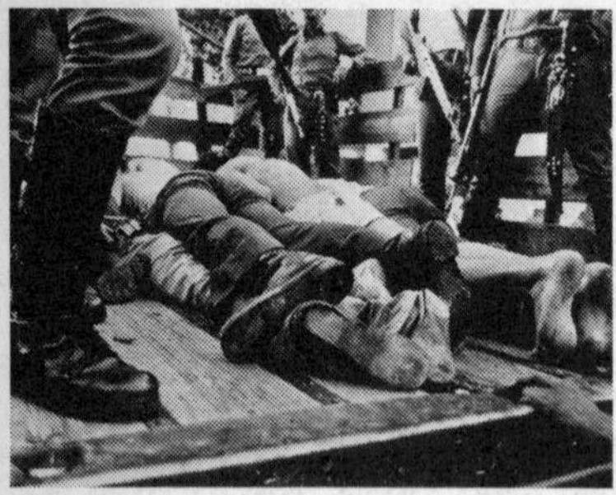

Die Priesterschaft und die Nonnen der Diözese Santa Rosa de Copán geben der Öffentlichkeit angesichts der schmerzhaften Lage, in der sich unsere salvadorianischen Brüder befinden, die in der Gegend von Guarita Zuflucht gesucht haben, welche zu unserer Diözese gehört, folgendes bekannt:

Die Tatsachen

Seit dem vergangenen Januar suchen eine große Anzahl von Salvadorianern, in der Mehrzahl Kinder, Frauen und alte Menschen, in unserem Land Zuflucht. Auf ihrer Flucht werden sie von der salvadorianischen Guardia Nacional systematisch angegriffen. Das eklatanteste Beispiel für diese Angriffe und Grausamkeiten hat sich am 14. Mai dieses Jahres abgespielt. Am Tag zuvor kamen verschiedene Lastwagen und andere Fahrzeuge des hondurenischen Heeres, die mit Soldaten vollgestopft waren, nach Guarita. Sie fuhren 14 km weiter, ohne im Dorf anzuhalten, bis in die Nähe des Sumpul, der die Grenze zwischen Honduras und El Salvador bildet, und riegelten sein linkes Ufer in der unmittelbaren Nähe der hondurenischen Siedlungen Santa Lucia und San José ab. Mit Megaphonen wurde in salvadorianische Richtung gerufen, daß es verboten sei, die Grenze zu überschreiten.

Auf der gegenüberliegenden Seite begann ungefähr um 7 Uhr morgens in der salvadorianischen Siedlung La Arada und Umgebung das Massaker. Mindestens zwei Hubschrauber, die salvadorianische Guardia National, Soldaten und die paramilitärische Organisation ORDEN schossen auf die wehrlosen Menschen. In diesem kriminellen Massenmord sah man zum Beispiel Frauen, die gefoltert wurden, ehe sie den Gnadenschuß erhielten, und Kleinkinder, die als Zielscheiben in die Luft geworfen wurden. Die Salvadorianer, die den Fluß überschritten, wurden von den hondurenischen Soldaten in das Gebiet des Massakers zurückgebracht. Gegen Mittag hatte das Morden ein Ende, mindestens 600 Tote blieben zurück.

Tage zuvor hatte nach Berichten der hondurenischen Presse in der Grenzstadt Ocotepeque an der Grenze zwischen Guatemala und El Salvador ein geheimes Treffen hoher Militärs der drei Länder stattgefunden. Die Meldung wurde kurz darauf dementiert. Die mehr als 600 Leichen, die nicht beerdigt wurden, dienten tagelang Hunden und Aasgeiern zum Fraß. Andere verschwanden im Fluß. Ein hondurenischer Fischer fand fünf Kinderleichen in seinem Fischernetz. Der Sumpul-Fluß war ab der Siedlung Santa Lucía verseucht.

Die OEA, die seit zehn Jahren von den beiden Regierungen finanziert wird, nahm das Ereignis nicht zur Kenntnis.

Seit diesem tragischen 14. Mai hat die Zahl der Flüchtlinge beträchtlich zugenommen, und so befinden sich in der Grenzzone der Diözese ca. 1500 Salvadorianer in absoluter persönlicher Ungewißheit. Sie hören diffuse Gerüchte und Anweisungen, daß sie in ihr Land zurückkehren sollen oder daß die Guardia Nacional kommen wird, um sie schließlich umzubringen. Tatsächlich drang die salvadorianische Guardia Nacional in der Gegend von Corozal in unser Land ein und schüchterte unsere Landsleute ein. Ein salvadorianischer Hubschrauber überflog außerdem die hondurenischen Siedlungen Talquinte und San José.

Die Hondurener dieses armen Landstrichs, die von Anfang an alles, was sie besaßen, mit den Flüchtlingen teilten, werden belästigt, vor Gericht zitiert und registriert. Einige der Leute, die ihre Tiere zur Verfügung stellen, um Lebensmittel aus den Lagern der Caritas zu transportieren, werden bedroht.

Diese Situation verschlimmert sich angesichts dessen, daß immer wenn irgendeine internationale Organisation oder ausländische Journalisten die Aufenthaltsorte der Flüchtlinge besuchen wollen, diese eingeschüchtert und aufgefordert werden, die Häuser zu verlassen und sich in den Bergen zu verstecken. So dringt die traurige Realität der Flüchtlinge nicht an die Öffentlichkeit. Ruhr, Wechselfieber, Mumps und Hautinfektionen gefährden die Bevölkerung, vor allem die Kinder. Die Caritas schickt deshalb Medikamente. Die Anwesenheit einer Medizinbrigade wurde von der hondurenischen Regierung verboten. Die letzten verbleibenden Nahrungsmittel reichen, wenn man sie gleichmäßig auf die 3000 Flüchtlinge und bedürftigen Hondurener verteilt, noch ca. zehn Tage.

Christliche Überlegungen

Es ist nicht unsere Aufgabe, in eine Diskussion über politische Vorgänge einzutreten. Unsere Pflicht ist es, die Stimme Gottes zu interpretieren, der sagt: «Ich habe die Unterdrückung meines Volkes in Ägypten gesehen, ich habe seine Klagen gegen die Unterdrücker gehört, ich habe seine Leiden wahrgenommen, und ich bin gekommen, es zu befreien» (Exodus 3,7).

Deswegen sehen wir uns gezwungen, angesichts dieser Situation auf energische Art und Weise zu protestieren. Wir werden dazu angetrieben von unserer christlichen Auffassung von einem Gott des Lebens und nicht einem Gott des Todes, der erklärt: «Der Räuber kommt nur, um zu rauben, zu töten und zu verlieren. Ich bin gekommen, damit ihr lebt und voller Leben seid» (Johannes 10,10).

Erleuchtet durch das Wort Gottes und die Lehren der Kirche erklären wir, daß sowohl das Massaker an den Salvadorianern als auch die Lage der Flüchtlinge aus diesem Land, die sich auf unserem Territorium befinden, inhuman und unchristlich sind.

1. Man tritt die grundlegendsten Rechte der Menschen mit Füßen, so zum Beispiel das Recht auf Leben, auf Gesundheit, auf Sicherheit usw.

2. Man tritt das christliche Gebot der Nächstenliebe mit Füßen, das grundlegend für alle ist, die unserem Erlöser Jesus Christus nachfolgen wollen.

3. Man tritt die herkömmliche Lehre der Kirche mit Füßen, von der uns Monsignore Romero eine prophetische Zusammenfassung hinterlassen hat, in der es heißt: «Angesichts eines Befehls zu töten, den ein Mensch ausspricht, muß das Gesetz Gottes Vorrang haben, das sagt: Du sollst nicht töten!»

4. Man mißachtet den Aufruf der lateinamerikanischen Bischöfe, die sich in Puebla getroffen haben, in dem es wörtlich heißt: «Die Kirche richtet einen dringenden Aufruf an das Gewissen der Völker und an die humanitären Organisationen, damit das Recht auf Asyl gestärkt und weiter verbreitet wird ... Die Länder sollen die Aufnahmequoten für Flüchtlinge erhöhen» (Nr. 1292).

5. Es zeigt sich der Grad der Entwürdigung, an dem die Situation der institutionalisierten Sünde angekommen ist, in der unsere mittelamerikanischen Völker leben.

Aus diesen Gründen sehen wir uns gezwungen, als Unterdrücker und Beteiligte am Massaker am Sumpul-Fluß zu denunzieren:

1. Die salvadorianische Oligarchie und ihr Heer, die die Henker eines ganzen Volkes sind.

2. Die OEA, die, indem sie angesichts des Vorfalls die Augen verschloß, am Massaker mit beteiligt war.

3. Die hondurenische Regierung als Komplice des Vorfalls und seiner späteren Vertuschung.

4. Die politischen Parteien und andere Institutionen, die angesichts der Tragödie Schweigen bewahren.

Angesichts dieser Sünden und Brutalität richten wir einen Aufruf zur Bekehrung unseres ganzen Volkes. Gott unser Vater wird uns nach der konkreten Liebe richten, die wir für unsere Brüder empfunden haben

(Matthäus 25,31 ff). Nur dadurch, daß wir das Leben verteidigen, werden wir den wahren Frieden erlangen.

Forderungen in der jetzigen Situation

1. Wir fordern unsere christlichen Gemeinden dazu auf, daß sie sich des vorliegenden Problems annehmen und es zur Quelle ihrer Überlegungen und Aktionen machen.

2. Wir bitten unsere Schwesterndiözesen, daß sie uns helfen sollen, unsere christliche Pflicht gegenüber den Armen noch besser zu erfüllen.

3. Wir fordern von unserer Regierung die sofortige Anwendung des Internationalen Flüchtlingsstatuts für die Salvadorianer, die sich in unserem Land befinden.

4. Wir drängen auf die Entsendung einer Medizinerbrigade.

5. Wir laden die politischen, gewerkschaftlichen, studentischen und sozialen Organisationen ein, sich die Lage bewußt zu machen und zur Lösung des Problems beizutragen.

6. Wenn die Regierung aus Mangel an Ärzten die Flüchtlinge nicht aufnehmen kann, fordern wir, daß von offizieller Seite aus Länder gesucht werden, die die Flüchtlinge aufnehmen können. Das ist kein Hindernis dafür, daß unsere salvadorianischen Brüder solange im Land bleiben können und entsprechend ihrer menschlichen Würde behandelt werden.

Wir unsererseits haben ein Komitee gebildet, das sich im Bezirk Guarita aufhalten wird. Ein weiteres Komitee mit Sitz in der Caritas in Santa Rosa de Copán wird Informationen annehmen und weiterleiten und mit jeder anderen Organisation zusammenarbeiten, solange sich die Regierung und andere geeignetere Institutionen nicht um die Lage kümmern.

Die tatsächliche Umsetzung dieser und anderer geeigneter Punkte wird die Existenz eines wahrhaft christlichen Bewußtseins und einer Neutralitätspolitik unseres Landes beweisen.

Der Gott des Friedens und des Lebens sei mit Euch! (Römer 15,33)

Santa Rosa de Copán, 19. Juni 1980

Ana Guadalupe Martínez

Meine Verschleppung

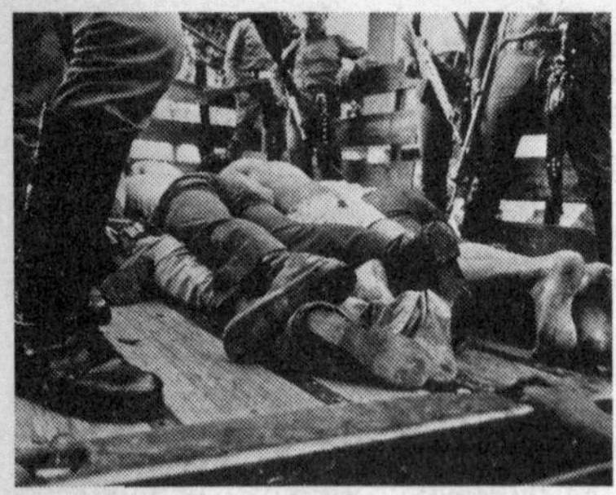

Es geschah am 5. Juli 1976.

Es war nachmittags, ungefähr drei Uhr, und ich befand mich etwas außerhalb von San Miguel auf der Straße nach San Salvador.

Ich ging in Richtung San Miguel, als plötzlich neben mir ein Fahrzeug scharf anhielt. Mehrere in Zivil gekleidete und bewaffnete Männer stiegen aus. Einer ging auf mich zu, griff mich von hinten an, packte mich mit einem Griff, der als «Schwitzkasten» bekannt ist und entriß mir mit der anderen Hand meine Tasche.

Daraufhin entspann sich ein Kampf; ich wollte mich loswinden, er mich vollends in die Gewalt bekommen. Es gelang mir, ihn auf den Boden zu werfen und für einige Sekunden loszukommen, allerdings dauerte das nur kurze Zeit, weil die übrigen Männer, die bei diesem Einsatz dabei waren, sich sofort auf mich stürzten. Ich war unbewaffnet.

In diesem speziellen Augenblick empfand ich wie nie zuvor ein Gefühl der Ohnmacht, das Gefühl, mich nicht verteidigen zu können, die Notwendigkeit, eine Waffe bei mir zu tragen, und begriff vollständig, daß man nur mit der Waffe in der Hand dem Feind die Stirn bieten kann.

Anschließend versuchten alle, mich in den Griff zu bekommen und mich ins Auto zu laden, wogegen ich mich wehrte, so gut es ging. Da erst sah ich einen früheren Genossen der Organisation, dessen politischer Name Valle und richtiger Name Juan José Yánez ist, im Auto sitzen. Ich begriff, daß ich dem Feind von einem Verräter ausgeliefert worden war.

Inzwischen ging das Ringen weiter, und schließlich schafften sie es, mich halb ins Auto zu schieben und mir Handschellen anzulegen, aber meine Beine ragten noch aus dem Auto, und dadurch konnte ich mich gegen die Wagentür stemmen und verhindern, daß sie geschlossen wurde.

Nun sagte einer der Männer: «Knallt diese Hure ab, damit wir die Tür zumachen können.»

«Beeilt euch, es gibt hier zuviel Aufsehen», sagte ein anderer. «Macht die Tür zu und ab!»

Einer sagte: «Nein, nein. Haltet ihr die Nase zu und dreht ihr den Kopf herum. Nicht so zimperlich!»

Nun versuchte einer, meinen Fuß mit Gewalt von der Wagentür wegzubekommen, schaffte es aber nicht. In diesem Moment begannen sie, von allen Seiten mit ihren Waffen auf mich einzuschlagen. Zwei stürzten sich auf mich. Einer hielt mir die Nase und den Mund zu, und der andere drehte mir den Kopf herum. Als mir die Luft ausging, gaben meine Muskeln nach, und sie konnten die Tür schließen.

Sie fesselten mir die Füße und banden mir sofort einen Fetzen Stoff um den Kopf. Dann warfen sie mich in den rückwärtigen Teil des Wagens, und derjenige, der als erster versucht hatte, mich zu schnappen und den ich auf den Boden geworfen hatte, setzte sich auf mich. In seiner Eitelkeit gekränkt, begann er wütend auf mich einzuschlagen und mich zu beschimpfen.

Während dieser Vorgänge fragte ich sie, warum sie mich verhafteten, und einer von ihnen antwortete mir:

«Du weißt schon, warum wir dich verhaften, du Nutte.»

«Wer sind Sie?» fragte ich.

«Wir sind von der Geheimpolizei, die ihr die politische Polizei nennt.»

Als das Fahrzeug losfuhr, sagte einer der Männer zu mir: «Und du bist also eine Guerillera, nicht wahr?»

«Um eine Guerillera zu sein, muß man Mut haben», antwortete ich.

Der andere sagte daraufhin: «Du hast doch Mut, oder was ist mit den ganzen Gardisten, die du umgebracht hast?»

«Du heißt Norma Guadalupe Martínez und wirst ‹Tiburcia› genannt. Wir werden dich schon ficken. Sieh mal einer an, diese Nutte hat einen guten Arsch.»

«Fahren wir zum Flußufer. Dort werden wir dich ficken, du Nutte.» Sie fuhren mit dem Auto einige Male hin und her, und schließlich hielten sie außerhalb von San Miguel.

«Wo wohnst du? Wo sind deine Genossen?» lauteten die ersten Fragen.

«Ich wohne bei meiner Familie. Ich weiß von nichts. Sehen Sie in meinem Personalausweis nach. Ich heiße Paula Caridad Martínez, und ich wohne in San Salvador.»

«Lügen! Wir wissen schon, wer du bist. Wo sind deine Genossen?»

Ich antwortete wieder: «Ich weiß von nichts.»

«Du wirst sterben, Nutte, wenn du nicht sprechen willst», drohte mir einer.

Dann warfen sie den Motor des Wagens wieder an, und ich konnte hören, wie sie zum Fahrer sagten, daß er zur Abzweigung nach El Delirio fahren sollte, wo man auf die Küstenstraße in Richtung Usulután kommt.

Von Anfang an fesselten sie mich und warfen mich auf den Boden des Fahrzeugs in den Zwischenraum zwischen den beiden Sitzen. Ein Mann setzte sich auf mich, der mich von Anfang an schlug, an mir herumfummelte und mir Obszönitäten sagte und was sie mit mir anstellen würden.

Die sexuelle Bedrohung war der erste Druckmechanismus, den sie einsetzten, um mich zu demoralisieren und mich in Schrecken zu versetzen. Dies ist eine der wichtigsten Foltermethoden, mit der die Frauen unter Druck gesetzt werden sollen.

Ich habe ein Detail vergessen: die sorgfältige Durchsuchung meiner gesamten Kleidung und meines Körpers nach einer Giftkapsel, von der sie eine bei mir vermuteten.

Sie sagten: «Durchsucht sie gut, nicht daß diese Nutte noch eine Pille dabei hat und sich vielleicht umbringen will.»

Bevor wir zur Abzweigung kamen, hielt das Fahrzeug an, und ich wurde in ein kleineres Auto umgeladen. Dabei warfen sie mich auf den Boden. In diesem Auto saßen drei Männer: zwei, der Fahrer und ein anderer, vorne; und einer hinten, der mich bewachen sollte. Ich versuchte nun, den Fetzen Stoff Stück für Stück von meinem Gesicht herunterzubekommen, woraufhin der vorne sitzende Mann in drohendem Tonfall sagte:

«Hör auf, die Binde wegzunehmen, um mein Gesicht zu sehen, das nützt dir nichts.»

Er fragte nach meiner Handtasche und nahm aus ihr den Personalausweis heraus, den ich bei mir hatte; dann fing er an, mich nach den Daten des Ausweises zu fragen.

«Wie, sagst du, heißt du?»

«Paula Caridad Martínez», antwortete ich.

«Aha. Und wo wohnst du?»

«In Villa Delgado.»

«Aber wie ist die genaue Anschrift?»

«Pasaje Guadalupe Nr. 10.»

«Wer sind deine Nachbarn? Wo ist deine Mutter im Augenblick?»

«Zu Hause», sagte ich zu ihm.

Er beharrte auf seiner Frage: «Wer sind deine Nachbarn?»

Ich sagte ihm einige Namen: die kleine Maria, Don Chepe, die ersten, die mir in den Sinn kamen.

«Das sind alles Lügen! Wir werden das schon herausbekommen. Du bist Ana Guadalupe Martínez und bist aus Metapán», sagte er mit Nachdruck.

Das Auto fuhr weiter auf der Küstenstraße in Richtung San Salvador. Als wir zum «Puente de Oro» kamen, deckten sie mich mit leeren Eierkartons zu und sagten, daß hier ein paar Busse hielten und die Leute mich sehen könnten. Sie sagten zum Fahrer, daß er zügig über die Brücke fahren sollte.

Ich versuchte während dieser Zeit, mich in eine andere Lage zu bringen. Ich lag nämlich auf dem Boden des Fahrzeugs, das sehr klein war und nur zwei Türen hatte. Der Boden des Wagens war heiß geworden, und da meine Hände auf dem Rücken gefesselt waren, drückte das Gewicht meines Körpers auf sie und bewirkte, daß die Handschellen mir ins Fleisch schnitten. Arme und Beine waren infolge der fehlenden Blutzirkulation eingeschlafen, und die Hitze des Fahrzeugbodens versengte mir den Rücken.

Wir erreichten Zacatecoluca und fuhren in die Stadt hinein. Diese Strekke war mir sehr gut bekannt: sie gehörte zu der Region der Parteiarbeit, für die ich verantwortlich war.

Zu diesem Zeitpunkt waren alle diese Männer mir unbekannt, aber im Laufe der Zeit, als ich weiter als Gefangene in ihrer Macht war, erfuhr ich von einigen, wer sie waren. Lieutenant Garay und Lieutenant Castillo überwachten den Einsatz meiner Gefangennahme. Zu diesem Zeitpunkt waren sie Chefs der politischen Polizei bzw. der Spezialpolizei der Guardia Nacional.

Garay sagte: «Ich werde vom Büro der Rentenverwaltung aus anrufen.» Sie fragten dem Sergeant Rosales (genannt «La Perica»), der bei mir war, ob er sich daran erinnerte, wo dieses Büro war. Sie fuhren schließlich eine mit Steinen gepflasterte Straße entlang und hielten dann, so vermute ich, vor dem Büro. Castillo und Garay stiegen aus. Garay konnte das Telefon des Büros problemlos benutzen, weil er Chef der Zollpolizei war.

Der Sergeant Rosales sagte zu ihnen: «Beeilt euch.»

Bevor wir nach Zacatecoluca hineinfuhren, hatten sie mich wieder mit Eierkartons zugedeckt, und in diesem Zustand blieb ich, bis wir wieder aus der Stadt hinausgefahren waren. In der Zeit, in der nur Rosales bei mir im Auto geblieben war, um auf mich aufzupassen, trat jemand an den Wagen heran und fragte durch das Fenster: «Wozu ist der Lieutenant hier ausgestiegen?»

«Um zu telefonieren», antwortete ihm Rosales, «um Oberst Molina anzurufen, und mich haben sie hier mit dieser Ziege allein gelassen. Geh und sage ihnen, daß sie sich beeilen sollen, es kommen so viele Leute vorbei.»

Sie glaubten, daß ich in diesem Augenblick ohnmächtig war. Sofort anschließend kamen die beiden zum Auto zurück. Rosales fragte sie: «Und was hat der Oberst gesagt?» Einer der beiden antwortete, daß, als er ihm erzählt hatte, wen sie erwischt hätten, ein zufriedenes Lachen von ihm zu hören gewesen sei, ein Lachen, wie er es von sich gebe, wenn er sich über etwas freue. «Außerdem haben wir zur Verstärkung ein Fahrzeug für unseren Schutz angefordert.»

Sowohl Garay als auch Castillo kannten Molina wirklich sehr gut, denn die Tatsache, daß sie sogar wußten, wie sein Lachen war, wenn er sich über etwas freue, zeigt, in welch enger Verbindung sie mit dem Präsidenten der Republik standen. Später konnte ich herausbekommen, das das Verstärkungsfahrzeug mit mehreren Männern gekommen war und unter dem Befehl eines Sergeant Navas stand.

Bei der Guardia Nacional

Wir fuhren weiter in Richtung San Salvador, wo sie mich zu einer Garnison brachten, der Hauptgarnison der Guardia Nacional. Der Wagen hielt an.

Als Sergeant Rosales sah, daß man sich mit dem Öffnen des Tores Zeit ließ, sagte er: «Diese Hurensöhne, wenn sie sich beeilen sollen, trödeln sie herum», und meinte damit natürlich die Gardisten, die das Tor der Guardia Nacional bewachten. Die Guardia Nacional ist die Institution, die in den letzten fünfzig Jahren in der Landesgeschichte am meisten mit der Unterdrückung zu tun hatte.

Das Fahrzeug fuhr langsam weiter, bis es schließlich anhielt. Dann hörte ich einen Befehl: «Bringt einen Umhang, damit wir diese Nutte einwikkeln können.» Das galt natürlich mir. «Wir müssen sie ausladen, sie ist ohnmächtig. Mach die Tür auf und halte den Sitz fest, damit ich sie ausladen kann. Beeil dich! So was Unbewegliches!» Das alles sagte Sergeant Rosales.

Man brachte den Umhang. Es war einer, wie ihn die Polizisten und die Gardisten bei Regen benutzen. Sie riechen stark nach Wachs und haben eine Kapuze aus demselben Material. Sie packten mich an den Füßen und zogen mich hoch, bis sie mich schließlich aus dem Auto heraushatten. Das Auto hatte nur zwei Türen und war sehr eng, was die ganze Sache erschwerte, aber sie bekamen mich heraus, indem sie mich anhoben. Von jedem Ruck schmerzte mir der ganze Körper, ich schlug mit dem Kopf gegen die Sitze und Türen. Als ich schon draußen war und zwischen der Wagentür und dem Boden hing, versetzten sie mir Fußtritte, um zu sehen, ob ich bei Bewußtsein oder ohnmächtig war. Als sie sahen, daß ich mich auf die Schläge hin nicht rührte, warfen sie mir den Umhang über und setzten mir über den Stoffetzen, den ich um den Kopf gewickelt bekommen hatte, die Kapuze auf. Dann zog mich jemand an einem Arm hoch und warf mich über die Schulter. Das tat am Arm sehr weh, weil er durch die Schläge verrenkt war.

Sie stiegen mehrere Treppen hoch, bis wir schließlich in einem Raum ankamen. Dort warfen sie mich auf den Boden und nahmen mir den Umhang und die Kapuze ab.

«Seht mal, sie ist ja schon wach!»

Dann schoben sie mir den Stoffetzen vom Gesicht und griffen mir an die Nase.

«Ja, sie atmet.»

«Setz dich», sagte eine Stimme, zu mir gerichtet.

«Setzt sie hin und zieht ihr die Kleider aus!»

«Bringt Watte und Klebestreifen!»

Sie begannen mir die Kleider auszuziehen und Obszönitäten zu sagen.

«Laßt sehen, wer will sie zuerst ficken?»

«Mit dem würdest du es schon machen, nicht wahr?»

«Die gesamte Kleidung, Lieutenant?»

«Ja, alles, nehmt sie ihr weg. Nehmt ihr die Handschellen ab, solange ihr sie auszieht.»

Die, die mich auszogen, benutzten jede Gelegenheit, um an mir herumzufummeln, meine Brüste, mein Geschlechtsteil, meine Beine zu berühren, und machten darüber Witze.

«Ganz hübsch, diese Nutte!»

«Wer hätte das gedacht, daß die so aussehen, die die Gardisten umbringen!»

«Faß ihr mal die Beine an, wie hart die sind. Die Nutten verbringen die ganze Zeit mit Übungen.»

«Die kann sicher Karate. Bestimmt war sie in Korea und hat einen Kurs gemacht.»

«Der Körper ist noch ganz knackig, da die ja keine Kinder haben.»

«Die lassen sie keine Kinder kriegen.»

«Da kommt die Watte und der Klebestreifen.»

«Mach zwei Teile aus der Watte und hilf mir, sie ihr draufzutun.»

Sie legten mir ein Stück Watte auf jedes Auge und umwickelten dann den Kopf mehrere Male mit Klebestreifen.

Rechtshilfe des Erzbischofsamts San Salvador

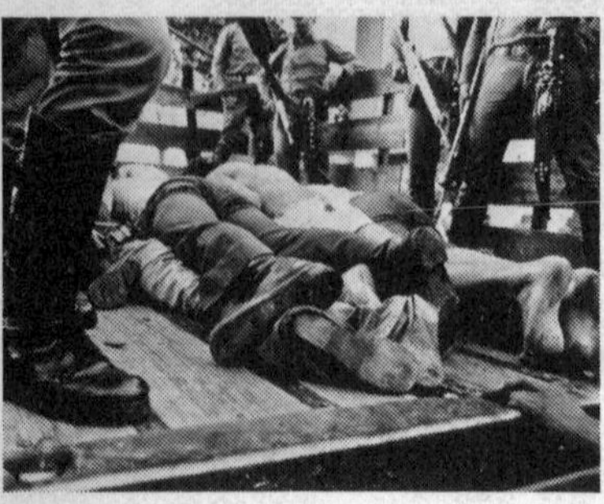

San Salvador, 1. Oktober 1980
Die Unterdrückung durch das nationale salvadorianische Heer, die Militärorgane der Nationalen Sicherheit (Guadia Nacional, Polcia Nacional, Hacienda) und paramilitärischen Organisationen (Todesschwadron, Geheime Antikommunistische Armee, ORDEN), die von der christdemokratisch-militärischen Junta getragen werden. Zeitraum vom 1. Januar 1980 bis 28. September 1980.

Aus den zahllosen Fällen, von denen das Rechtshilfebüro des Erzbischofsamts Kenntnis erhalten hat, haben wir für dieses Jahr einige ausgewählt, die die Unterdrückung und Ausrottung der vorwiegend ländlichen Bevölkerung zeigen sollen.

1. 17. April 1980: Mehrere hundert Mitglieder der paramilitärischen Organisation ORDEN, geschützt durch die Fuerzas Armadas Nacionales und Angehörige der Guardia Nacional, fallen militärisch in die christlichen Bauerngemeinden von El Pajal, Tehuiste arriba, El Salto, San Lucas, Ulapa, Santa Lucia, Tepechame in den Kreisen San Vincente und La Paz ein, die in den östlichen Departements des Landes liegen. In Tehuiste arriba ermorden die Invasoren den Bauern Bernardo Guzman und einen anderen, der auf Grund von Foltern nicht zu identifizieren war. In Llano Grande nehmen elf Angehörige der Guardia Nacional und Mitglieder von ORDEN die Bauern Jose Orellana und Fidencio Alfaro gefangen und köpften sie danach. In der kleinen Bauerngemeinde Alférez nehmen sie die alte Frau Francisca Espinoza (77 Jahre) gefangen und köpfen sie. Den Kopf legen sie zwischen die Beine der Leiche. In El Pajal ermorden sie die Bauern Napoleón Hernandez, Francisco Hernandez, den Sohn des vorgenannten, Andreas Abrego, Jose Luis Servellon, Antonio Sánchez, Jose de Paz und German Argueta; in Tehuiste arriba ermorden die Invasoren außerdem das Ehepaar Manuel Vilches und Dolores de Vilches, Teofilo Morales und Elena Saravia. Bevor sie sich zurückziehen, zünden sie in San Lucas den Hof des Bauern Manuel Osorio an.

2. 18. April 1980: Auf der Landstraße, die nach San Salvador führt, wurde der Leichnam der Bäuerin Matilda Fuentes gefunden, der grausame Folte-

rungen aufwies. Einen Tag zuvor war sie von Angehörigen der Guardia Nacional in Suchitoto (38 km nordöstlich von San Salvador) festgenommen worden. In dieser Bauernregion nahmen Mitglieder der paramilitärischen Organisation ORDEN die Bäuerin Maria Julia López gefangen, die aus der Gemeinde El Libano im Kreis Suchitoto stammt. Ihr Leichnam wurde an einem Baum aufgehängt gefunden; ihre Brüste waren abgeschnitten, sie wies außerdem zahlreiche Einschüsse auf. Sie hinterließ sechs Kinder als Waisen, da ihr Mann am 11. Februar 1980 ebenfalls von Mitgliedern von ORDEN ermordet worden war. Am selben Tag hatten Mitglieder von ORDEN und Soldaten des Fuerzas Armadas Nacionales den Bauern Adan Morales Rivas gefangengenommen. Seine Familienangehörigen wissen bis heute nicht, wohin sie ihn gebracht haben. Er gilt als verschwunden.

3. 24. April 1980: Wenigstens 1000 Angehörige der Guardia Nacional, der Fuerzas Armadas Nacionales und der paramilitärischen Organisation ORDEN fallen unter dem Schutz bewaffneter Hubschrauber und Panzerfahrzeugen in die Bauerndörfer El Campanario, San Benito, Angulo, Llano Grande, El Obrajuelo, Las Lomas, La Joya, La Pita, Santa Amalia ein, die alle im Kreis San Vincente (66 km östlich der Hauptstadt) liegen. Mehrere Augenzeugen erklärten, gesehen zu haben, wie auf die Häuser mit Granaten und ständigem Maschinengewehrfeuer geschossen wurde. Im Verlauf dieser grausamen Invasion wurden die Bauern Pablo Henriquez (50 Jahre), Alonso Mijango (14 Jahre), Jose Dimas (22 Jahre), Sebastian Chaves (45 Jahre), Antonio Mijango (59 Jahre), Olinda Evora (16 Jahre), Lucio Henriquez (26 Jahre), Luisa und Edith Cornejo (15 und 16 Jahre), Miguel Valle (35 Jahre), Alejandro Linares (42 Jahre), Rudolfo Hernández (30 Jahre), Francisco Marinero (34 Jahre), Felipe Cleofes, Miriam Comasagua, Martin Marinero, Pastor Andrade (30 Jahre), Domingo Espinoza (60 Jahre) und Narciso Ramos (50 Jahre) ermordet. Als Folge dieser grausamen Militärinvasion wurden außerdem zahlreiche Bauern verletzt, ohne daß die genaue Zahl bekannt wäre.

4. 30. Mai 1980: Eine Landkooperative in Guajayo im Departement Santa Ana, 110 km westlich der Hauptstadt, wurde von Angehörigen der Guardia Nacional überfallen. Zwölf Bauern wurden ermordet. Die Kooperative wurde von der Unión Comunal Salvadorena verwaltet, der einzigen Bauernorganisation, die von der Regierung getragen wird. Die Militärjunta zögerte nicht, die politisch-militärischen Organisationen des Volkes als Verantwortliche für dieses Verbrechen hinzustellen. Die UCS dementierte später diese offizielle Erklärung. Sie stellte fest, daß die Erschießung von zwölf Bauern in Guajayo von Angehörigen der Guardia Nacional begangen wurde. Die Bauern waren einer nach dem anderen in ihren Häusern festgenommen und kollektiv von den Angehörigen der Guardia Nacional erschossen worden.

5. 22. Juni 1980: Der nationale Lehrerverband, ANDES 21 de Junio, gab die Ermordung von 69 Lehrern seiner Organisation seit dem 1. Januar dieses Jahres bekannt. Der Lehrer Bladimir Barrios (35 Jahre), Leiter der Schule Dr. José Trinidad Garay des Stadtteils La Parroquia in Tecapán im Kreis Usulután im Osten des Landes wurde vor seinen Schülern von stark bewaffneten, mit militärischen Schußwesten ausgerüsteten Personen erschossen, die sich als Mitglieder der Todesschwadron ausgaben. Die Schülerin Blanco Lidia Orellana wurde schwer verletzt.

6. 7. Juli 1980: Das kleine Dorf Ojo de Agua, im Kreis Cojutepeque im Departement Cuzcatlán (35 km östlich der Hauptstadt), wurde von neuem von Angehörigen der Guardia Nacional und Mitgliedern der paramilitärischen Organisation ORDEN überfallen. Hier ermordeten sie Marcelino Ramirez (28 Jahre), Teresa Garcia (28 Jahre), Simona Fabian (20 Jahre), Antonio Garcia (40 Jahre), Hipolito Palacios (25 Jahre), Francisco Mendoza (20 Jahre), Christina Hernandez (26 Jahre), Manuel Asencio (25 Jahre), Jose Cruz (22 Jahre), Victor Manuel Henriquez (14 Jahre) und das Kind Maritza Henriquez (8 Jahre). Danach zogen die Invasoren in die benachbarten Orte San Martin, San Antonio, Soledad, El Carmen, San Andrés und Candelaria. Auf ihrem Weg zerstörten sie die Felder und plünderten die Häuser der Bauern.

7. 7. Juli 1980: 30 schwerbewaffnete und mit Schußwesten, wie die Mitglieder der Fuerzas Armadas Nacionales benutzen, ausgerüstete Personen, die ihre Gesichter mit Masken verdeckt hatten, auf denen «Todesschwadron» zu lesen war, nahmen in der Landgemeinde San Lorenzo im Kreis San Vicente (66 km östlich der Hauptstadt) mehrere Bauern fest, die sich in ihren Häusern befanden. Gegen 5 Uhr morgens, nachdem sie Elisio Arbaiza (57 Jahre) und seine beiden Söhne Jorge Alberto und Rodolfo (19 und 17 Jahre), Pedro Flores (51 Jahre) und seine beiden Söhne, Jorge Alberto Alvarado (21 Jahre) und Carlos Rivas (28 Jahre) gefangengenommen hatten, folterten sie sie und zwangen sie, zum Dorfausgang zu gehen, wo sie sie erschossen. Nachdem sie dieses Verbrechen begangen hatten, nahmen sie die junge Bäuerin Romilia Hernández (21 Jahre), die aus der Nachbargemeinde Santa Elena stammt, gefangen, vergewaltigten sie und köpften sie danach. Die Familienangehörigen begruben ihren Kopf, da der Rest des Körpers von den Mördern verbrannt worden war. Die Verbrecher legten den Kopf der Bäuerin vor das Haus ihrer Familie. Die Mitglieder der vermeintlichen Todesschwadron wurden noch am selben Tag nach diesen Handlungen von einem Hubschrauber der Fuerzas Armadas Nacionales zurückgeflogen.

8. 9. Juli 1980: 31 Mitglieder der Bauernfamilie Mojica Santos, die alle in dem kleinen Dorf Mogotes bei San Pablo Tacachio im Kreis La Libertad

Verantwortliche für die politischen Morde während drei Monate: Juni, Juli und August 1980

	Juni	Juli	August
1. Angehörige des nationalen Heeres in Verbindung mit militär. Sicherheitsorganen	354	377	261
2. Nationale Polizei	25	10	36
3. Nationalgarde	42	55	78
4. Sonderpolizei	29	14	7
5. Heer während seiner Operationen	100	44	69
6. ORDEN (Organización Democrática Nationalista)	53	56	31
7. Todesschwadron	105	76	32
8. Geheime Antikommunistische Armee	52	54	1

Vom Heer und militärischen Sicherheitsorganen gefangengenommene Personen, die danach verschwanden. Januar bis August 1980

Januar	10
Februar	14
März	15
April	13
Mai	22
Juni	35
Juli	21
August	81
Gesamt politische Verschwundene	211

Politische Morde von Januar bis September 1980
Verantwortlich: Nationales Heer, militärische Sicherheitsorgane und paramilitärische Organisationen

Beruf	Januar	Febr.	März	April	Mai	Juni	Juli	Aug.	Sept.	Gesamt
Bauern	129	126	203	198	800*	365	423	297	270	
Studenten	4	22	47	61	34	111	57	54	44	
Arbeiter	8	9	31	30	30	24	16	24	40	
Lehrer	5	6	2	12	19	9	3	1	5	
Selbständige	–	4	7	1	5	4	3	1	3	
Bewohner v. Elendsvierteln	5	5	1	–	–	13	–	–	13	
Öff. Angest.	2	–	1	–	32	30	23	27	31	
Pfarrer	–	–	1	–	–	1	1	–	–	
Opposition	2	–	–	–	–	–	–	–	–	
Bürgermeister Kl. Händler	–	–	–	–	5	22	11	–	11	
Berufsangabe nicht bekannt	110	64	194	179	272	184	145	142	220	
Gesamt	265	236	487	480	1197	763	682	556	637	
										5303

* Am 14. und 15. Mai fand das Massaker an Bauern am Sumpul-Fluß in der Grenzregion zu Honduras statt. Wenigstens 600 Bauern wurden vom Nationalen Heer der Nationalgarde und der paramilitärischen Organisation ORDEN ermordet.

(31 km von der Hauptstadt entfernt) wohnten, wurden von Mitgliedern der paramilitärischen Organisation ORDEN erschossen. An ihre Mütter geklammert, wurden fünfzehn Kinder erschossen, die alle jünger als zehn Jahre waren. An diesem Tag besetzte die Fuerzas Armadas Nacionales und Angehörige der Guardia Nacional das Dorf und begannen eine Razzia in den Bauernhäusern. Die gewalttätige paramilitärische Organisation ORDEN führte unter starkem Schutz des Heeres die kollektive Erschießung der Familie Mojica Santos durch. Für humanitäre Organisationen war es an diesem Tag unmöglich, in das Dorf Mogotes zu gelangen. Die Namen der ermordeten Personen: ein kleines Mädchen von 15 Tagen der Familie Mojica, noch ohne Namen, Rene Santos (2 Monate), Bladimir Santos, Hernan Mojica Santos, Eduardo Santos (3 Jahre), Hugo Mojica Santos (4 Jahre), Sergio Mojica, Elmer Mojica (5 Jahre), Moreilia Mojica Santos (6 Jahre), Joaquina Mejia Santos (8 Jahre), Orbelina Mojica (9 Jahre), Walter Santos (8 Jahre), Delmy Santos, Marcos Mojica (10 Jahre), Beatriz Santos (12 Jahre), Esmilda Mojica Santos (13 Jahre), Sonia Mojica (14 Jahre), Venecia Santos (15 Jahre), Victoria Santos (15 Jahre), Dora Alicia Cruz (20 Jahre), Genoveva Cardoza (22 Jahre), Teresa Santos (25 Jahre), Tomasa Santos (30 Jahre), Hermina Santos (30 Jahre), Rosa Santos, Elba Santos, Rosa Mojica, Agrippina Mojica (32 Jahre), Manuel Cruz (45 Jahre), Domitila Santos (45 Jahre), Santos Quintanilla (50 Jahre), Mercedes Cruz (60 Jahre), Claudia Flamenco Santos (75 Jahre), Rosa Mojica (85 Jahre).

9. 19. Juli 1980: Wenigstens 1000 schwerbewaffnete und mit Schußwesten ausgerüstete, maskierte Männer und mit den Symbolen, die sie als Mitglieder der «Todesschwadron» auswiesen, überfielen in Begleitung von Angehörigen der Fuerzas Armadas Nacionales und der Guardia Nacional die Hazienda «Mirador», auf der die Mehrheit der Bauern zur Union Comunal Salvadorena gehörten. Die Hazienda liegt in dem Dorf Isletas im Kreis Coatepeque im Departement Santa Ana im Westen des Landes. Augenzeugen berichten, das Angehörige der Guardia Nacional und Personen mit verdeckten Gesichtern 60 Bauern erschossen hätten. Sie hätten sie aus vorher 300 gefangengenommenen Kooperativenbauern ausgewählt. Den Hilfsorganisationen verwehrte man den Zutritt in die Zone, die völlig vom Militär besetzt ist.

10. 20. Juli 1980: Eine Delegation nordamerikanischer Ärzte, die der American Public Health Association angehören, die kürzlich El Salvador besuchte, wies auf die Einschränkung für die im Gesundheitsbereich Tätigen und die Patienten sowie auf die Verletzung der Neutralität von Krankenhäusern und Gesundheitszentren hin. Wenigstens zehn Ärzte sind seit dem 1. Januar dieses Jahres ermordet worden; die Krankenhäuser seien überfallen worden und ihre Patienten gefangengenommen und verschwunden, andere sind ermordet worden. Am 24. Mai wurden die Ärzte Jose Calixto Benitez und Raul Pino in San Miguel, der drittgrößten Stadt im Osten El

Salvadors, niedergeschossen. Leonel Menéndez Q., ehemaliger Professor der zentralamerikanischen Universität, wurde am 21. Mai 1980 von einer Gruppe maskierter Ziviler entführt, als er im Nationalkrankenhaus «Rosales» lag, um einen chirurgischen Eingriff vornehmen zu lassen. Zwei Patrouillenfahrzeuge der Guardia Nacional und ein Lastwagen der Fuerzas Armadas Nacionales erwarteten in der Nähe des Krankenhauses die Entführung von Menéndez. Von dem Tag an ist sein Aufenthaltsort unbekannt. Wenigstens zwanzig Patienten, die sich unter ärztlicher Betreuung in verschiedenen Krankenhäusern befanden, sind unter ähnlichen Umständen ermordet worden. Schwerbewaffnete und mit Schußwesten ausgerüstete Männer dringen in die Krankenhäuser ein und führen die Morde aus, nachdem sie das Bett des Patienten gefunden haben.

11. 25. Juli 1980: Angehörige der Guardia Nacional und Mitglieder der paramilitärischen Organisation ORDEN ermordeten den katholischen Pfarrer Jose Otsmaro Caceres – der gerade seine Priesterweihe erhalten hatte –, als er sich in dem Dorf Platanares im Kreis Suchitoto nordöstlich der Hauptstadt befand. Er war mit mehreren Bauern aus dem Ort damit beschäftigt, eine kleine Kirche für die Messen zu bauen. Bei dieser Aktion ermordeten die Soldaten und Mitglieder der paramilitärischen Organisation dreizehn Bauern ... Nach der Ermordung von Monsignore Oscar Arnulfo Romero y Galdamez wird die Kirche wegen ihrer «bevorzugten Parteinahme für die Armen» ständig grausam verfolgt. Der italienische Priester Cosme Spezzotto wurde in der Kirche von San Jose Nonualco am 14. Juni 1980 ermordet. Zahllose Laienprediger sind ermordet worden, in nicht wenigen Fällen nach langen Folterungen. Katholischen Schulen wie «La Sagrada Familia», die im Zentrum San Salvadors liegt, sind illegal vom Heer besetzt worden (20. Juli 1980). In diesem Fall wurde eine Nonne durch die Guardia Nacional gefangengenommen und Bilder von Monsignor Oscar Romero, die sich am Eingang des Gebäudes befanden, zertrümmert.

12. 8. August 1980: Ein Angehöriger der Fuerzas Armadas Nacionales, der sich im höheren Stockwerk eines Gebäudes befand, ermordete den mexikanischen Journalisten Ignacio Rodriguez Terrazas. Die nationale Presse der Opposition und mehrere Korrespondenten der internationalen Presse sind in diesem Jahr beschossen, festgenommen oder ermordet worden. Am 1. April 1980 wurden ein holländisches Kamerateam im Zentrum der Hauptstadt von der Guardia Nacional unter Feuer genommen. Zwei von ihnen wurden schwer verletzt. Am 24. April wurde der Korrespondent der Radiostation WHUR aus Washington, D. C., Rene Tamsen, verhaftet. Seine Familienangehörigen schreiben der Hazienda-Polizei die Verhaftung zu. Seitdem ist er verschwunden. Nach ihrer Festnahme und grauenvollen Folterungen wurden am 11. Juli der damalige Direktor der nationalen Oppositionszeitung *La Crónica del Pueblo*, Jaime Suarez Quemain,

und der Fotograf desselben Blatts, Cesar Najarro, ermordet. Nach seiner Gefangennahme wurde der Rundfunkjournalist von *Radio Cadena Central*, Juan Antonio Rodruiguez, am 5. August diesen Jahres ermordet. Der Direktor der Oppositionszeitung *El Independiente* ist Ziel mehrerer Attentate gewesen. Jorge Pinto wurde bei mehreren Gelegenheiten beschossen. Wunderbarerweise ist ihm nichts geschehen.

Regierungsprogramm für eine demokratisch-revolutionäre Regierung in El Salvador

vom 30. Oktober 1980

Die demokratisch-revolutionäre Regierung wird sich aus Vertretern der Volksbewegung und revolutionären Bewegung der Parteien, Organisationen, demokratischen Gruppen und Einzelpersonen zusammensetzen, die bereit sind, dieses Regierungsprogramm mitzutragen.

Diese Regierung wird sich auf eine breite soziale und politische Basis stützen können. An erster Stelle sind hier die Arbeiterklasse, die Landarbeiterschaft und die fortschrittlichen Teile der Mittelschicht zu nennen. Eng mit ihnen verbunden sind alle diejenigen sozialen Schichten, die bereit sind, dieses Programm zu verwirklichen: kleinere und mittlere Industrielle, Händler, Handwerker, landwirtschaftliche Produzenten (kleinere und mittlere Kaffeeproduzenten und Unternehmer aus der Landwirtschaft). Genauso werden dazugehören ehrliche und aufrechte Akademiker, der fortschrittliche Teil des Klerus, die demokratischen Parteien wie z. B. die MNR, die fortschrittlichen Teile der Christdemokratischen Partei, die würdigen und aufrechten Offiziere des Heeres, die bereit sind, den Interessen des Volkes zu dienen, und alle anderen Gruppen, Personen oder Teile der Gesellschaft, die für eine umfassende Demokratie für die Volksmassen, für eine unabhängige Entwicklung El Salvadors und für die Volksbefreiung eintreten.

Alle diese Kräfte sind zur Zeit dabei, sich in einem demokratischen und revolutionären Bündnis zusammenzuschließen, innerhalb dessen die politischen und religiösen Anschauungen aller Beteiligten respektiert werden. Der organische Ausdruck dieses Zusammenschlusses, der sich in den Dienst des salvadorianischen Volkes stellen will, wird in Übereinkunft mit allen Beteiligten geschaffen werden.

Sofortmaßnahmen im politischen Bereich

1. Sofortige Einstellung sämtlicher Unterdrückungsmaßnahmen gegen das Volk und Freilassung der politischen Gefangenen.

2. Aufklärung von Verhaftungen und Verschwinden von Gefangenen seit 1972 und Bestrafung derjenigen (Militärs oder Zivilisten), die für die Verbrechen verantwortlich sind, die gegen das Volk begangen wurden.

3. Entwaffnung und vollständige Auflösung folgender Unterdrükkungsorganisationen: ANSENAL, ORDEN, Guardia Nacional, Hazien-

dapolizei, Zollpolizei und ihrer jeweiligen «Spezialabteilungen», der «Schule für *counter-insurgency*» in Gotera und des sogenannten «Ausbildungszentrums für Ingenieure der Streitkräfte (CIIFA)» in Zacatecoluca, sämtlicher Kontrollpatrouillen der Armee in Landkreisen und Vorstädten, der privaten paramilitärischen Banden der Oligarchie und aller Organisationen, die de facto oder von ihrer Zielsetzung her sich mit kriminellen Aktionen und Verleumdungen gegen das Volk und seine Organisationen beschäftigen.

Die jetzt noch mit dem wenig passenden Namen «Sicherheitskräfte» bezeichneten Behörden werden durch eine zivile Polizeibehörde ersetzt.

4. Auflösung der derzeitigen Staatsgewalten (Exekutive, Legislative und Judikative), Außerkraftsetzung der Verfassung und aller Gesetze und Dekrete, die sie abgeändert oder teilweise ersetzt haben.

Die demokratisch-revolutionäre Regierung wird ein Verfassungsgesetz ausarbeiten und den Staat so aufbauen, daß die Rechte und Freiheiten darin garantiert und die übrigen Ziele und Aufgaben der Revolution erfüllt werden können. Hierbei wird sich die demokratisch-revolutionäre Regierung der UNO-Menschenrechtserklärung anschließen.

Dieses Verfassungsgesetz wird so lange in Kraft bleiben, bis sich das salvadorianische Volk eine Verfassung gegeben hat, die seinen Interessen entspricht.

5. Die Gemeindeorgane werden auf eine solche Art und Weise wieder geschaffen werden, daß sie eine breite Beteiligung der Massen an der Verwaltung des Gemeinwesens ermöglichen und zu wirklichen Organen der neuen Volksmacht werden.

6. Die demokratisch-revolutionäre Regierung wird intensiv an einem zur Freiheit hinführenden Erziehungswesen und an der kulturellen Bildung und Organisierung der Volksmassen auf breitester Ebene arbeiten, damit sich diese bewußt an der Entwicklung, Stärkung und Verteidigung des revolutionären Prozesses beteiligen.

7. Verstärkung und Ausbau des Volksheeres, in das diejenigen Teile der Truppe, Unteroffiziere, Offiziere und Führer des jetzigen Heeres eingegliedert werden, die ein tadelloses Verhalten zeigen, den ausländischen Interventionsdrang gegen den revolutionären Prozeß ablehnen und den Befreiungskampf unseres Volkes unterstützen.

Das neue Heer wird ein echter bewaffneter Arm des Volkes sein. Es wird ihm zu Diensten stehen und seinen Interessen und seiner Revolution absolut treu und ergeben sein. Es wird eine wahrhaft patriotische Streitmacht sein, die unsere Souveränität und unser Selbstbestimmungsrecht verteidigt und entschieden für das friedliche Zusammenleben der Völker eintritt.

8. Unser Land wird aus dem CONDECA, dem TIAR und allen anderen militärischen und politischen Bündnissen austreten, die dem Interventionismus dienen.

9. Die demokratisch-revolutionäre Regierung wird diplomatische und

wirtschaftliche Beziehungen zu anderen Ländern aufnehmen, ohne nach verschiedenen sozialen Systemen zu unterscheiden. Dies soll auf der Grundlage der Gleichheit, des friedlichen Zusammenlebens und der Respektierung des Selbstbestimmungsrechts geschehen.

Besonderer Wert wird auf die Schaffung freundschaftlicher Beziehungen zu den restlichen mittelamerikanischen Ländern einschließlich Panama und Belize gelegt, die die Sicherung des Friedens und die Achtung des Prinzips der Nichteinmischung anstreben. Besonders werden die freundschaftlichen Beziehungen zu Nicaragua erweitert und vertieft werden, die Ausdruck der gemeinsamen Interessen und Ideale unserer Revolution und der sandinistischen Revolution sind. Unser Land wird der Bewegung der blockfreien Staaten beitreten und eine Politik betreiben, die unerschütterlich auf die Verteidigung des Weltfriedens und auf weltweite Entspannung ausgerichtet ist.

Strukturelle Veränderungen

Die demokratisch-revolutionäre Regierung wird folgende Schritte unternehmen:

1. Verstaatlichung des gesamten Banken- und Finanzwesens. Diese Maßnahme wird die Spareinlagen und sonstigen Guthaben nicht betreffen.

2. Verstaatlichung des Außenhandels.

3. Verstaatlichung der Elektrizitätsversorgung und derjenigen Elektrizitätswerke, die sich in privater Hand befinden.

4. Verstaatlichung der Ölraffinerien.

5. Je nach Lage unserer nationalen Interessen Enteignung der Monopolunternehmen in der Industrie, im Handel und im Dienstleistungsbereich.

6. Durchführung einer umfassenden Landreform, die das Land, das sich jetzt noch in Händen der Großgrundbesitzer befindet, denjenigen zur Verfügung stellt, die es bearbeiten. Diese Reform wird mit Hilfe eines Programms durchgeführt werden, das die große Mehrheit der armen Bauern und lohnabhängigen Landarbeiter begünstigt und die Entfaltung der landwirtschaftlichen Produktion fördert.

Die Landreform wird die kleineren und mittleren Landbesitzer nicht angreifen, sondern ihnen Unterstützung gewähren, damit sie mit der Zeit mehr und besser produzieren.

7. Durchführung einer Bodenreform in den Städten, die der großen Mehrheit der Bevölkerung zugute kommt, ohne die kleinen und mittleren Hausbesitzer anzugreifen.

8. Vollständige Veränderung des Steuersystems mit dem Ziel, die Arbeiter von hohen Steuern zu entlasten. Die indirekten Steuern auf lebensnotwendigen Verbrauchsgütern und Dienstleistungen werden gesenkt.

Dies wird möglich sein, weil nicht nur die Steuerreform durchgeführt wird, sondern auch der Staat aus dem verstaatlichten Bereich der nationalen Wirtschaft viel höhere Einnahmen haben wird.

9. Wirksame Hilfeleistung durch Kredite sowie wirtschaftliche und technische Unterstützung für kleinere und mittlere Privatunternehmen sämtlicher Wirtschafszweige El Salvadors.

10. Ausarbeitung eines wirksamen Wirtschaftsplanungssystems, das es ermöglicht, eine ausgeglichene Wirtschaftsentwicklung in Angriff zu nehmen.

Maßnahmen im Sozialbereich

Die demokratisch-revolutionäre Regierung wird sich bei ihrer Arbeit im sozialen Bereich an folgenden Zielvorstellungen orientieren:

1. Schaffung von Arbeitsplätzen, um die Arbeitslosigkeit in möglichst kurzer Zeit zu beseitigen.

2. Umsetzung einer gerechten Lohnpolitik durch:

- Lohnausgleich unter Berücksichtigung der Lebenshaltungskosten;
- energische Preiskontrolle und Preissenkungen bei den für die Lebenshaltung notwendigen Gütern;
- wesentliche Ausweitung der sozialen Leistungen für die große Masse der Bevölkerung (Sozialversicherung, Erziehungswesen, kulturelle Vergnügungen, Gesundheitswesen etc.).

3. Durchführung eines breitangelegten Wohnungsaufbauprogramms.

4. Aufbau eines einheitlichen nationalen Gesundheitswesens, das der Bevölkerung in Stadt und Land eine ausreichende medizinische Versorgung mit dem Schwerpunkt auf der Prävention bieten kann.

5. Durchführung einer umfassenden Alphabetisierungskampagne, die in möglichst kurzer Zeit das soziale Übel des Analphabetismus bekämpfen wird.

6. Entwicklung eines nationalen Erziehungswesens, das allen Bevölkerungsteilen im schulpflichtigen Alter die Grundschulausbildung ermöglicht, die Kapazitäten im Real-, Gymnasial- und Universitätsbereich wesentlich erweitert und gleichzeitig die Qualität und wissenschaftlich-technische Vielfalt auf sämtlichen Bildungsebenen erhöht sowie in zunehmendem Maße kostenlos in Anspruch genommen werden kann.

7. Förderung kultureller Aktivitäten und Fortentwicklung auf breitester Ebene, indem Künstler und Schriftsteller unseres Landes unterstützt und gefördert werden, unser kulturelles Erbe bewahrt und fortentwickelt wird und gleichzeitig die besten Elemente der Weltkultur darin aufgenommen werden. Es soll der gesamten Bevölkerung ermöglicht werden, sich in allen nur denkbaren Formen am kulturellen Leben zu beteiligen.

Es besteht unter den demokratischen Kräften unseres Landes absolute Einigkeit darüber, daß nur mit Hilfe der Verwirklichung der in diesem Programm enthaltenen Maßnahmen die tiefgreifende strukturelle und politische Krise unseres Landes gelöst werden kann. Dies wird zum Wohle des Volkes von El Salvador geschehen. Lediglich die Oligarchie, der nordamerikanische Imperialismus und diejenigen, die deren antipatriotischen Interessen dienen, widersetzen sich diesen Veränderungen.

Seit dem 15. Oktober 1979 haben verschiedene Parteien und andere Gruppen vergeblich versucht, einen Großteil der von uns genannten Maßnahmen in die Praxis umzusetzen. Diese Versuche wurden unternommen, ohne vorher die überkommene reaktionäre und unterdrückerische Machtstruktur zu beseitigen und eine wahrhaft revolutionäre Volksmacht zu konstituieren.

Diese Erfahrung hat deutlich gezeigt, daß solche Veränderungen nur durch eine vereinigte revolutionäre Bewegung mit Hilfe des Zusammenschlusses aller demokratischen Kräfte erreicht werden können. Die Stunde dieses historischen Moments, in dem die Befreiungskräfte den Sieg erringen werden, für den das Volk von El Salvador gekämpft und in seinem mutigen Kampf so viel Blut geopfert hat, ist nicht mehr fern. Nichts und niemand wird sie mehr aufhalten können.

Lima, 30. Oktober 1980

Die Indianer Guatemalas

Das Land der Mayas, Guatemala, hat trotz viereinhalb Jahrhunderten der Beherrschung, erst durch die Spanier, danach durch Nachfahren und Mischlinge, die Ladinos, immer noch mehrheitlich indianische Bevölkerung. Doch nach jahrhundertelanger Verfolgung spielten die Indianer in der Geschichte des Landes häufig nur noch als Opfer eine Rolle.

Im Februar 1980 richteten sich alle 23 Indianervölker Guatemalas in der gemeinsamen «Erklärung von Iximché» an die Weltöffentlichkeit, um auf diese seit viereinhalb Jahrhunderten andauernde Unterdrückung, die sie zu erleiden haben, aufmerksam zu machen. Unmittelbar vorausgegangen war der Erklärung eines der vielen Massaker an der indianischen Bevölkerung Guatemalas, der militärische Überfall auf die von Ixil- und Quiché-Indianern besetzte spanische Botschaft.

Anklage der Indianer Guatemalas

In Iximché, der ehemaligen Hauptstadt der Cakchiquel, in der Nähe von Tecpan, in der Provinz Chimaltenango, fand in der zweiten Februarhälfte 1980 ein Treffen von Vertretern aller 23 indianischen Ethnien aus dem ganzen Land statt. Auf diesem Treffen wurde folgendes Dokument erstellt und Vertretern der Demokratischen Front gegen die Repression (FDCR – eine Zusammenfassung vieler oppositioneller Gruppen) übergeben.

Die indianischen Völker Guatemalas geben vor der Welt eine Erklärung ab und zeigen vier Jahrhunderte Diskriminierung, Verleugnung, Unterdrückung, Ausbeutung und Massaker an, durchgeführt von ausländischen Eindringlingen und ihren barbarischen und verbrecherischen Nachkommen.

Unter dem Vorwand, für Ordnung sorgen zu müssen, kamen 1975 Sonderkommandos der Fuerzas Armadas Nacionales und später Soldaten Somozas nach Nebaj in die Provinz Quiché. Aber die Wahrheit ist, daß diese Region hineinreicht in das Gebiet, das man unter dem Namen «Transversal del Norte» (nördlicher Querstreifen) kennt, ein Gebiet, reich an Bodenschätzen wie Nickel und Erdöl, außerdem geeignet für Viehzucht und Holzausbeutung. Einen großen Teil dieses Gebiets bewohnen Indianer. Die Bevölkerung von Nebaj und Umgebung arbeitet saisonal auf den Plantagen der Südküste; ca. 75% der arbeitenden Bevölkerung sind als Saisonarbeiter tätig. Diese größtenteils indianische Bevölkerung hat begonnen, ihre Rechte zu fordern, die seit Jahrhunderten von Großgrundbesitzern und Regierungen mit Füßen getreten werden. Die Anwesenheit der Armee war der Anfang vieler Ausschreitungen: Es wurden Hütten und Ernten verbrannt, Geld und Haustiere geraubt, Frauen mit Waffen bedroht, um sie zu vergewaltigen, Indianern, die auf dem Feld arbeiteten, wurde das Mittagessen gestohlen; unsere Brüder aus den Ixil- und Quiché-Gemeinden wurden entführt und gefoltert, sie blieben verschwunden, ja, sie wurden ermordet und es wurden Massaker an ihnen verübt. Die Dörfer, in denen dies geschieht, sind von der Fuerzas Armadas Nacionales besetzt.

Wegen dieser kriminellen und ungerechten Taten der Armee machten Ende 1978 etwa 50 Frauen von Cotzal eine Anzeige und forderten die Rückgabe ihrer verschwundenen Ehemänner, unter denen sich Führer der «Katholischen Aktion» und Genossenschaftsführer befanden. Die Frauen wurden von den Behörden nicht angehört, und die Armee fuhr fort, unsere Brüder in diesem Gebiet zu ermorden.

Aber das indianische Volk kämpfte weiter, und am 14. August 1979 führten Männer und Frauen in Uspantán eine Demonstration durch und stellten über den Bürgermeister an die Armee die Forderung, ihre verschwundenen und von eben dieser Armee verschleppten indianischen Brüder herauszugeben. Ähnliche Ereignisse fanden in Cotzal und anderen Dörfern dieser Region statt. Aber die Armee antwortete mit Spott, Schlägen, Drohungen und weiteren Verschleppungen, zum Beispiel mit der Verschleppung von neun Brüdern aus Uspantán. Wegen dieser neuen kriminellen Aktion der Fuerzas Armadas Nacionales gingen 50 indianische Brüder aus Uspantán in die Hauptstadt zum Kongreß der Republik, um die Herausgabe ihrer von der Armee verschleppten Brüder zu fordern. Die Antwort des Kongresses war, wie üblich, Hohn und Spott und die Aufforderung, den Kongreß zu verlassen. Beim Hinausgehen wurden einige der Arbeiter und Studenten, die sie begleiteten, von der Geheimpolizei, eine der repressivsten Kräfte der Regierung und der Reichen, festgenommen und verschleppt. Sie wurden später ins Exil geschickt.

Im Dezember wurde ein Massaker an sechs indianischen Brüdern von Uspantán und einem aus Cotzal in Chajul verübt; ihre Verschleppung war bereits im September angezeigt worden. Voller Verzweiflung entschlossen sich erneut 100 indianische Brüder aus Uspantán, Chajul, Cotzal und Nebaj, in die Hauptstadt zu gehen, um die schlimme Unterdrückung, die die Armee in diesem Gebiet ausübt, anzuzeigen und deren Ende zu fordern. Aber sie wurden von den Behörden nicht angehört; auch die Massenmedien wollten nichts veröffentlichen, denn deren Mitarbeiter waren bereits mit dem Tod bedroht worden, falls die Ungerechtigkeiten öffentlich bekannt gemacht würden. Die Regierung beschuldigte unsere Ixil- und Quiché-Brüder, Terroristen, Umstürzler und Guerilleros zu sein und behauptete, die seien keine Indianer, da sie Spanisch sprachen und keine *guarachas* (typische indianische Sandalen) trugen. Das sagten sie, weil es den Reichen und ihrer Regierung ungelegen kommt, daß das arme Volk und die ganze Welt die Wahrheit darüber erfahren, was die Armee im Norden von Quiché anrichtet.

Die Menschen, die mit unseren indianischen Brüdern mitlitten und mitkämpften, waren Arbeiter, die Siedler der Elendsviertel, die wahren Christen, die engagierten Studenten und demokratische Institutionen, die alle gemeinsam einen anderen Weg suchten, um ihrer anklagenden Stimme Gehör zu verschaffen, indem sie friedlich die Botschaft Spaniens besetzten, um dadurch dem armen Volk Guatemalas und der ganzen Welt die Wahrheit zu sagen und darum zu bitten, daß eine Delegation von vertrauenswürdigen Personen die repressiven Vorkommnisse, unter denen das Volk der Ixil und Quiché leidet, zu untersuchen. Konkret forderten sie, daß die sieben indianischen Brüder, die die Armee in Chajul ermordet hatte, ausgegraben und untersucht würden. Deshalb befahl die mörderische Regierung von Lucas ihren repressiven Kräften, unsere indianischen Brüder und alle, die sich ihrem Kampf angeschlossen hatten, lebendig zu verbrennen und zu erschießen.

Die Regierung verbreitete über Radio, Presse und Fernsehen viele Lügen, um uns wieder einmal zu verwirren, was dieses barbarische Massaker an unseren Ixil- und Quiché-Brüdern angeht. In diesem Massaker fielen 39 Menschen, in der Mehrheit Indianer, ein armer Ladino, ein Arbeiter, ein Elendsviertelbewohner und vier Studenten, die vor unserem Volk und der Welt ein deutliches Zeugnis liefern für die verbrecherische und mörderische Haltung der Reichen und ihrer Regierung in Guatemala, die nicht einmal das Leben ihrer eigenen Leute und von Diplomaten achtet. Der indianische Bruder Gregorio Yujá Xoná konnte sich vor dem Verbrennen retten; er wurde später aus dem Krankenhaus verschleppt, dann gefoltert und durch die Regierung ermordet, damit keine Zeugen übrigblieben. Alle diese Vorfälle in der spanischen Botschaft zeigen die Bestialität der Regierung von Lucas, der es nichts bedeutet, auch die Rechte einer fremden Nation in unserem Land mit Füßen zu treten.

Das Massaker in der spanischen Botschaft ist kein Zufall, sondern Glied in einer Kette von Massakern

Das Leiden unseres Volkes dauert seit Jahrhunderten an, genaugenommen seit 1524, als der Mörder und Kriminelle Pedro de Alvarado in unser Land kam. Das erste Massaker an Quiché-Indianern fand an den Ufern des Flusses Tonalá statt; es folgten:

- das Massaker von Xetulul,
- das Massaker an 3000 Indianern in Chuaraal;
- das Massaker an den Ufern des Flusses Olintepeque zwischen Quetzaltenango und Totonicapan im Februar 1524,
- die Verbrennung der Könige und Führer der Quiché im März desselben Jahres auf Befehl von Pedro de Alvarado, außerdem die Verbrennung der Stadt Chi-Gumarcaaj;
- das Massaker an den Tzutujil am See Atitlan,
- das Massaker von Itzcuintlán, wo in einer Nacht die verbrecherischen Eindringlinge in die Stadt kamen und mit Messern alle Bewohner erstachen,
- das Massaker von Cuscatlán im Mai desselben Jahres,
- das Massaker an der Cakciquel in Iximché im Februar 1526,
- das Massaker an den Cakciquel in Chij Xot, dem heutigen Comalapa im März 1527,
- 1540 wurde der Führer der Cakciquel, Chuuy Tziquinu, erwürgt,
- 1541 wurden die Führer Chicbal und Nimba Quejchun erwürgt.

Die herrschsüchtigen und mörderischen Eindringlinge begingen viele Massaker.

Als die Jahre der fortwährenden Massaker vorüber waren, begann eine Zeit voller Leid für unsere Vorfahren, die die Massaker überlebt hatten. Es begann ein Leben unter Ausbeutung, Diskriminierung, Unterdrückung, Verfolgung und Ablehnung, die so weit ging, daß man behauptete, unsere Vorfahren seien keine menschlichen Wesen. Das Streben der verbrecherischen Eindringlinge nach Reichtum kannte keine Grenzen, und so zwang der Mörder Pedro de Alvarado die Indianer, Gold zu schürfen und zu waschen, Kirchen und öffentliche Gebäude zu errichten, wobei viele indianische Brüder starben wie Beleje Qat, ein Führer der Cakciquel. Das Leid war sehr groß, es wurden hohe Tribute von unseren Großvätern gefordert; man raubte ihnen all ihren Schmuck und ihre fruchtbaren Ländereien; ihre Frauen und Töchter wurden von den feindlichen Eindringlingen vergewaltigt. Weil diese Übeltaten noch nicht ausreichend erschienen, verbrannten sie die religiösen und wissenschaftlichen Schriften, in denen alle Erkenntnisse unserer Großväter aufgeschrieben waren. Damit beabsichtigten sie, eine ganze Kultur zu zerstören und verschwinden zu lassen, die sie mit der Blindheit ihres Überheblichkeitskomplexes nicht anerkannten.

Schließlich wurden unsere Vorfahren versklavt; man behandelte sie schlimmer als die Lasttiere; man kennzeichnete sie mit heißem Eisen und zwang sie zur Arbeit, damit die Invasoren zu essen hatten und sich auf Kosten unserer Großväter und Großmütter bereichern konnten. Als Gegenleistung für die harte Zwangsarbeit erhielten unsere Vorfahren Schläge, Beleidigungen, Mißachtung, Ablehnung ihrer Kultur und ihrer Menschlichkeit, Hunger und Tod. Ihre grundlegendsten Rechte und ihre Würde wurde mit Füßen getreten. Man weiß, daß 1533 ein indianischer Sklave in Mexiko 40 Pesos und in Guatemala 2 Pesos kostete. So vergingen die Jahre, die Eindringlinge und ihre Nachkommen bereicherten sich und unsere Väter lebten in größerem Elend, als wir es kennen, sie arbeiteten hart und lebten in den Bergen, wo das Land fast unfruchtbar ist.

So kam das Jahr 1821, die Söhne der Eindringlinge sagen, daß damals die Unabhängigkeit erreicht wurde, aber die Lage der Indianer blieb die gleiche. Was ab diesem Zeitpunkt passierte, war, daß die Nachkommen der Eindringlinge, die Kreolen, die Reichtümer und die Regierungsmacht nicht mehr mit dem König von Spanien teilten: von diesem Zeitpunkt an gehörte der gesamte Reichtum, den unsere Großväter mit ihrer Arbeit erzeugt hatten, den habgierigen Nachkommen der Eindringlinge.

Die Unabhängigkeit des indianischen Volkes wurde bis heute nicht erreicht. Warum? Weil nach der sogenannten Unabhängigkeit von 1821 der Raub unseres Landes, die Diskriminierung und Ablehnung des indianischen Volkes, die Ausbeutung, seine Ausbeutung, die Ermordungen und Massaker nicht aufhörten. Die Reichen änderten nur ihre Methoden, mit denen sie ihre Untaten begehen.

Massaker wurden auch nach der Unabhängigkeit der Kreolen im Jahre 1821 begangen:

- 1944 das Massaker an den Cakciquel in Patziciá,

– 1978 das Massaker von Sansirisay,
– im Mai 1978 das Massaker an den Kekchi in Panzós,
– von 1975 bis heute Massaker an den Ixil und Quiché in Chajul, Uspantán, Cotzal, Cunén und anderen Orten,
– am 31. Januar das Massaker an den Ixil und Quiché in der spanischen Botschaft;

warum werden so viele Massaker am indianischen Volk verübt?

Die Antwort ist sehr einfach:

Die Habgier des verbrecherischen Eindringlings zeigt sich auch bei seinen Nachkommen.

Um mit dem Raub von Land und Arbeitskraft der Indianer fortfahren zu können, schufen diese verbrecherischen Reichen in der Zeit des Räubers Justo Rufino Barrios die Fuerzas Armadas Nacionales. Das war 1872. Wir nennen ihn Räuber, weil er unseren Dörfern viel Gemeindeland wegnahm, um Kaffeeplantagen anzulegen, die den Reichen von heute das meiste Geld bringen. Er war es auch, der unser Volk, besonders im Gebiet der Mam, San Marcos, zwang, keine indianischen Familiennamen mehr zu verwenden.

Von 1872 bis 1974 diente die Fuerzas Armadas Nacionales dazu, die Reichtümer einer kleinen Gruppe von Reichen zu schützen. Mit der Armee in ihren Diensten konnten sie die Indianer und armen Ladinos berauben, ihre Reichtümer erhalten und anwachsen lassen, indem sie deren Arbeitskraft in den Kaffee-, Zuckerrohr- und Baumwollplantagen und in den Fabriken benutzten. Seit 1974 aber will die Armee nicht mehr nur Hüter des Geldes und der Interessen der Reichen sein; die Generale und Obersten wollen sich ebenfalls bereichern.

Deshalb bemächtigten sie sich der Regierung und begannen unserem Volk Land zu rauben und schmutzige Geschäfte zu machen, um zu Geld zu kommen. Beispiele dafür sind die mörderischen und verbrecherischen Militärs Arana Osorio, Laugerud, die Militärs von Cobán wie Spiegeler und Lucas Garcia, der einer der reichsten Großgrundbesitzer in der Region der «Transversal del Norte» ist, und andere hohe Militärchefs. Sie teilen den größten Teil der «Transversal del Norte» und große Teile der Petén (nördliches Urwaldgebiet) unter den hohen Militärchefs und anderen Reichen auf. In diesen Gebieten leben seit einigen Jahrhunderten unsere Brüder, die Ixil, die Quiché, die Achi, die Kekchi, die Pocomchi, und sie sind am meisten durch den Landraub, die Bedrohungen, die Verschleppungen, die Morde und Massaker von seiten der Armee und der Großgrundbesitzer betroffen.

In Komplicenschaft mit reichen Ausländern verschleppen, foltern, rauben, diskriminieren und ermorden die Reichen in Staatsämtern und ihre Regierung das indianische Volk und die übrigen Armen Guatemalas. Dabei dient ihnen nicht nur die Fuerzas Armadas Nacionales, sondern auch die Mobile Militärpolizei, die Guardia de Hacienda (kontrolliert offiziell, ob schwarz Schnaps gebrannt wird), die Bezirks- und Guardia Nacional, das Kommando 6, der Modelltrupp, der G–2 (kontrolliert Offiziere) und andere, im ganzen dreizehn repressive verbrecherische Organisationen. Dieselben treten unter anderen Namen auf wie «Mano Blanca» (Weiße Hand), «Escuadron de la Muerte» (Todesschwadron), «Ojo por Ojo» (Auge um Auge), «ESA» (Geheime Antikommunistische Armee), «FUA» (Vereinigte Antikommunistische Front). Außerdem gibt es Phantomgruppen, die die verbrecherischen Taten der Regierung unterstützen wollen. Alle diese repressiven mörderischen Kräfte werden durch Gringos oder in den USA selbst ausgebildet, und zwar mit Mitteln, die in vielen Fällen von der AID (Agentur für internationale Entwicklung der USA, in Lateinamerika durch ihre Aktivitäten und direkten Verbindungen zum CIA hinreichend bekannt) stammen, und Ausbildern von der CIA.

Eine andere Art, uns zu töten, ist die Sterilisation unserer Frauen, die bei der Familienplanung betrogen werden.

Sie töten auch unsere Söhne, wenn sie sie mit Tritten und Schlägen in die Kasernen treiben, wo sie ihre menschlichen Gefühle abtöten, die unser edles Volk kennzeichnen, und sie in Mörder verwandeln. Und diese edlen Söhne benutzen die Reichen und hohen Militärs zu Morden am eigenen Volk.

Die Reichen und ihre Regierung sind die schlimmsten Lügner, denn sie morden uns nicht nur auf verschiedene Arten, sie wollen uns auch betrügen, indem sie Folklorefeste veranstalten, wie den Tag von Tecun Uman, den Tag der Rasse, Festivals wie die von Cobán und Sololá, Huehuetenango und anderen Orten, um lächerliche Medaillen, Diplome, Freundlichkeiten und süßes Lächeln an einige Vorzeige-Indianer zu vergeben. Ihre Betrügereien beenden sie mit Reden voller Lügen und einigen Fotos, die INGUAT für den Tourismus ausbeutet.

INGUAT ist die Institution, die mit Touristenwerbung im Ausland beauftragt ist. Sie malt ein sehr romantisches und farbenprächtiges Bild von Guatemala mit Maya-Ruinen, Webarbeiten, Tänzen und Traditionen; der Indianer wird dadurch ein Objekt für den Tourismus, ein Geschäftsobjekt. Die einzigen Nutznießer dieses Geschäfts sind die Hotelketten, die Unternehmen für den Touristentransport, die Zwischenhändler von indianischem Kunsthandwerk, außerdem die Regierung. Aber wir Indianer sind es, die am wenigsten von den Wohltaten des Tourismus verspüren, der in den letzten Jahren den zweiten Platz in der Wirtschaft des Landes eingenommen hat.

Andere Betrügereien der Reichen, ihrer Regierung und der Armee sind die Lügen, die sie unseren Söhnen in den Kasernen erzählen. Sie erklären ihnen nämlich, daß sie die nationale Souveränität, das Vaterland, die Freiheit und die Religion verteidigen müßten, was alles nicht stimmt. Sie betrügen uns durch ihre geschwätzigen Politiker; sie betrügen uns durch ihre religiösen Sekten, die uns predigen, daß Gott Reiche und Arme schuf, daß der Hunger, das Elend, die Ausbeutung und die Massaker Gottes Willen entsprechen, daß man den Behörden, auch den verbrecherischen und mörderischen, gehorchen muß. Dieser Gott und diese Prediger kommen den Reichen und ihrer Regierung gelegen. Aber wenn mutige Menschen auftreten, die ihre Verbrechen und Schamlosigkeiten aufzeigen, dann behaupten diese Reichen, daß jene «Propheten» sich in die Politik einmischen und Komplicen der Kommunisten seien; all das, weil sie nicht wollen, daß unser Volk die Wahrheit kennt und Gerechtigkeit fordert. Deshalb starben viele Katechisten und wurden viele Christen aus dem Land ausgewiesen.

Trotz alldem geht unsere Stimme und unser Kampf mit festem Schritt der Befreiung entgegen

Trotz der barbarischen Taten der Invasoren, ihrer Nachkommen und deren Regierung, die Komplicen in anderen Ländern wie den USA hat, trotz der Verfolgung, der Bedrohungen, Foltern, des Landraubs, der Betrügereien und der Massaker, durchgeführt von der Fuerzas Armadas Nacionales und Polizeieinheiten, Mörderbanden, politischen Schwätzern und Spitzeln, die nach unserem Wissen in allen Dörfern sind, trotz alldem hat unser Volk seinen Kampf weitergeführt: die Geschichte und die Gegenwart sind ein Beispiel unseres nicht endenden Kampfes: seit dem Eindringen der Spanier 1524 kämpften unsere Großväter der Quiché, der Tzutujil, der Pocomam, der Mam, der Kekchi und anderer Völker entschieden und mutig um ihr Leben, ihr Land und ihre Kultur zu verteidigen. Die Cakciquel zwangen die Eindringlinge, die erste Hauptstadt von Guatemala zu verlassen, indem sie von den Bergen herab einen Krieg gegen sie führten.

Zu den wichtigsten Aufständen nach dem Eindringen der Spanier gehören folgende:

- 1708 in Chipas,
- 1743 Aufstand der Mam von Ixtaguacán,
- 1760 Aufstand von Santa Lucia Utatlán,
- 1764 Aufstand der Chakciquel in Tecpan,
- 1770 Aufstand der Kekchi in Cobán,
- 1813 Aufstand von San Martin Cuchumatanes, von Santiago Momostenango, von Ixtaguacán,
- 1820 Aufstand der Quiché unter Anastasio Tzul in Totonicapan,
- 1838 Aufstand von Jumay,
- 1839 Aufstand von Ixtaguacán,
- 1898 Aufstand der Canjobal in San Juan Ixcoy,
- 1905 Aufstand der Cakciquel in Patzicia,
- 1971 Aufstand in Xejuyu zwischen Solalá und Suchitepequez,

und viele andere Aufstände.

Dies zeigt, daß unser Volk nie aufgehört hat zu kämpfen ...

Um den Untaten der Nachkommen der Eindringlinge und ihrer Regierung ein Ende zu bereiten, müssen wir gemeinsam mit den Arbeitern, den armen landlosen Ladinos, den engagierten Studenten, den Siedlern der Elendsviertel und anderen demokratischen Gruppen des Volkes kämpfen und Einheit und Solidarität zwischen Indianern und armen Ladinos stärken; denn die Solidarität der Volksbewegung mit dem Kampf der Indianer wurde in der Botschaft Spaniens mit ihrem Blut besiegelt.

Das Opfer dieser Leben bringt uns heute mehr als früher einer neuen Gesellschaft, einem indianischen Auferstehen näher.

Das Blut unserer indianischen Brüder und ihr Beispiel im aufrechten und mutigen Kampf soll uns Indianer alle stärken, damit wir für ein Leben in Gerechtigkeit kämpfen.

Wir wollen kämpfen:
- für eine Gesellschaft der Gleichheit und Achtung,
- für die Entwicklung der von den verbrecherischen Eindringlingen zerstörten Kultur durch unser indianisches Volk,
- für eine gerechte Wirtschaft, in der keiner den anderen ausbeutet,
- für den Besitz des Landes durch die Gemeinde, so wie bei unseren Vorfahren,
- für ein Volk ohne Diskriminierung,
- für die Beendigung aller Unterdrückung, Folter, Verschleppung, Mord und Massaker,
- für die Beendigung der gewaltsamen Rekrutierung,
- für das gleiche Recht aller auf Arbeit,
- für ein Ende unserer Verwendung als Objekte des Tourismus,
- für die gerechte Verteilung und Nutzung unserer Reichtümer wie in den Zeiten, als das Leben und die Kultur unserer Vorfahren blühten.

Wir müssen uns auch darüber klar sein, daß, während wir für all das kämpfen, uns die Reichen und ihre Regierung immer beschuldigen werden, Kommunisten, Terroristen, Verbrecher, Umstürzler, Guerilleros usw. zu sein. Aber trotz dieser Verleumdungen und Lügen der Reichen und ihrer Regierung wird unser indianisches Volk sich Schritt für Schritt erheben und triumphieren, denn:

das Blut unserer getöteten Helden vom 31. Januar, das Leben, der Kampf und das Blut aller getöteten Indianer und armen Ladinos, das auf dem Weg unseres Kampfes fließt, hat unserer Hoffnung und unserem Kampf Nahrung gegeben und ihn gestärkt.

Wir rufen alle Diskriminierten und Ausgebeuteten Indianer der Welt,
alle Arbeiter der Welt,
alle freien und demokratischen Völker,
alle wahren Christen der Welt,
und bitten sie, sich mit dem Kampf des indianischen Volkes und der anderen Ausgebeuteten Guatemalas zu solidarisieren.

«Alle sollen sich erheben, alle sollen gerufen werden, es soll niemanden unter uns geben, der hinter den anderen zurückbleibt!» Pop Wuj

Iximche, Februar 1980

«Sie sangen, wenn sie folterten»

Zeugenaussage eines indianischen Bauern aus Huehuetenango, einer Provinz im Norden von Guatemala

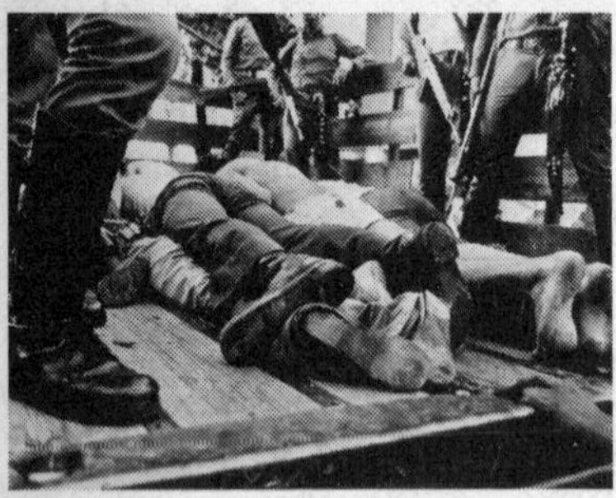

Wo wurden Sie verhaftet?

In Santa Ana Huista, in meinem Haus, um 7 Uhr abends.

Wer hat Sie festgenommen?

Am Anfang war mir nicht klar, daß es Militärs waren. Denn sie waren in Zivil und bis an die Zähne bewaffnet. Sie kamen mit einem Lieferwagen. Während der Fahrt erzählten sie mir ständig, ich sei ein Verräter, und ich hätte einige Genossen verraten. Sie taten so, als seien sie Guerilleros. Auf der Fahrt nach Huehuetenango wußte ich zunächst nicht, wohin sie mich bringen würden. Aber ich bin ja von hier und kenne mich in der Gegend hier aus. Wir fuhren auf Wegen, die ich sogar mit verschlossenen Augen kenne. Den Lieferwagen hat es hin und her geworfen, weil er nicht beladen war. Als wir an eine Querstraße kamen, erkannte ich den Platz wieder, den wir die «Vier Wege» nennen, so wußte ich genau, wo wir waren. Gegen halb zehn abends kamen wir nach Huehuetenango.

Wann wurden Sie verhaftet?

Am Freitag, dem 15. Februar 1980.

Was passierte bei der Verhaftung?

Sie haben mich ausgetrickst. Sie kamen zu meinem Haus und fragten nach einer Person, die es gar nicht gibt. Und da ich von nichts wußte, ging ich auf die Straße, und sie sagten mir, ich solle mitkommen. Ich ging einfach auf die Straße, da zielten sie mit ihren Gewehren auf mich, sie schlugen auf mich ein und stießen mich auf den Lieferwagen. Dann fuhren sie sofort los, denn sie hatten mit laufendem Motor gewartet.

Wohin hat man Sie gebracht?

Zuerst wußte ich nicht, daß sie mich zum Militärstützpunkt von Huehuetenango gebracht hatten. Aber am darauffolgenden Morgen sperrten sie mich in einen winzigen Raum. Ich hörte Trompeten spielen, ich hörte eine Militärkapelle marschieren, Laufschritt und Befehlsschreie. Da wußte ich, daß ich im Militärstützpunkt war.

Können Sie den Raum beschreiben, in den Sie eingesperrt waren?

Es war ein großer Raum, ein Schlachtraum. Er hatte ein Klo und ein anderes winziges Zimmer. Im Inneren waren zwei Wassertröge und zwei Türen, eine führte ins Innere des Stützpunktes, die andere auf die alte Straße hinaus. Der Raum, in den sie mich eingesperrt hatten, war einer, in dem Vieh geschlachtet wird. Aber er war noch unbenutzt, denn der besagte Militärstützpunkt befindet sich noch im Bau.

Wieviel Gefangene waren an diesem Ort?

Als ich hinkam, waren es neun.

Kannten Sie einen der Gefangenen? Deren Namen? Haben sie sie ermordet?

Es war einer aus meinem Dorf dort, der schon seit einem Jahr verschwunden war. Aber wir hatten gedacht, er sei in Mexiko, um dort zu arbeiten ... sie haben ihn umgebracht. Ich weiß nicht, wann sie ihn umbrachten. Aber sie zeigten mir seinen Leichnam, zusammen mit den Körpern der anderen Gefangenen.

Wie wurden Sie behandelt, was das Essen oder Schlafen angeht?

Sie brachten uns das Essen zu keiner bestimmten Uhrzeit. Sie brachten Brot und Wasser, und manchmal, wenn sie daran dachten, nachmittags etwas Reis und noch ein Glas Wasser. Was das Schlafen anbelangt, so schlief ich sehr schlecht, denn ich war zwischen zwei Betonpfeilern festgebunden.

Haben Sie gesehen, wie sie die anderen Gefangenen gefoltert haben?

Sie benutzten verschiedene Techniken. Sie gaben einem Elektroschocks, während man in einem Wassertrog steht. Einem setzten sie eine Kapuze mit Kalk auf und einen anderen hängten sie an seinen Hoden auf. Ich sah auch, wie sie einen Jungen, der 17 Jahre alt war, aufhängten. Sie hängten ihn an den Hoden auf, und ein Offizier spaltete ihm mit seinem Messer den Kiefer in zwei Teile, schlitzte ihm die Handgelenke auf und schabte am Knochen. Und ich glaube, der Junge hat am Anfang noch geschrien, danach aber nicht mehr, denn er verlor das Bewußtsein.

Ich sah auch, wie sie einen jungen Mann mit den Händen und den Füßen nach hinten gebunden hochhoben und ihn dann auf den Betonboden fallen ließen. Ich sah, wie ihm die Zähne herausfielen und das Blut in Strömen aus seinem Mund floß. Dann brachen sie ihm die Rippen. Und gerade so, wie einer hinfällt und daliegt, treten sie ihn mit ihren Stiefeln. Das machten sie auch mit mir ... sie hoben mich zwar nicht hoch, aber sie traten mir in die Rippen, in den Mund und in den Magen, bis ich das Bewußtsein verlor.

Welche Foltern wandten sie bei Ihnen an?

Nachdem sie mich an den Hoden aufgehängt hatten, mich mit gefesselten Armen mit dem Kopf voraus in den Wassertrog gesteckt hatten, setzten sie mir die Kapuze mit Kalk auf. Dabei benutzten sie mit Kalk gefüllte Autoreifen, die sie einem dann in die Nase pressen. Man hat das Gefühl zu sterben und schließlich verliert man das Bewußtsein. Nach so einer Folter wird man entweder lügen oder die Wahrheit sagen, nur um überhaupt etwas zu gestehen.

Wessen hat man Sie beschuldigt?

Sie beschuldigten mich, Guerillero zu sein. Ich sollte ihnen sagen, wo die Verstecke der Guerilla seien, wer meine Genossen sind und wie man uns indoktriniert. Das war ihre Anklage. Aber in Wirklichkeit verhafteten sie mich, weil ... nun, das einzige Problem, in das ich mich in meinem Dorf gebracht hatte, ist die Tatsache, daß ich Vorsitzender eines Sportkomitees bin. Und da es zwei weitere Sportkomitees in meinem Dorf gibt, mit denen wir in Streit geraten waren, vermuten wir bzw. es besteht kein Zweifel darüber, daß diese anonym eine Anzeige beim Militärstützpunkt gemacht haben, daß ich Guerillero sei. Denn ich hatte mich gegen die beiden anderen Komitees gewehrt, die den Basketballplatz dazu benutzten, Geschäfte mit Tanzveranstaltungen zu machen. Ich hätte nie etwas gesagt, wenn sie ihn zum Nutzen des Sports benutzt hätten und nicht für ihren eigenen Profit. Einige konnten sich mit dem Geld schöne Häuser bauen. Als wir das bemerkten, versuchten wir dem Einhalt zu gebieten, und damit begannen die Probleme.

Wurden Gefangene in Ihrer Gegenwart getötet?

Ja, direkt vor meinen Augen ermordeten sie drei. Sie hängten sie auf. Sie töteten sie in der Form, daß sie sie mit einem Stück Seil um den Hals an einen Pfahl banden, eine Art Drehkreuz, dabei waren sie gefesselt und wurden dann mit dem Kopf in einen Wassertrog getaucht. Als sie dort rauskamen, hatten sie die Augen geöffnet. Die Augen waren schwarzblau.

Ich sah auch, daß sie einen Jungen von diesen dreien so lange auf den Betonboden warfen, bis er fast tot war. Als sie ihm die nasse Kleidung vom Leib zogen, sah ich, daß er sich noch bewegte. Da befahl einer der Offiziere, ihm noch einmal den Strick und das Drehkreuz anzulegen, bis er aufhörte, sich zu bewegen. Die anderen sechs Leichen zeigten sie mir nur und sagten, es würde mir genauso gehen, wenn ich sie hinters Licht führe.

Sahen Sie Leichen? Wie viele?

Ich sah die sechs und die drei, die sie vor meinen Augen umbrachten.

Wissen Sie, was sie mit den Leichen taten?

Nein, genau weiß ich es nicht, aber ich kann es mir denken. Denn sie öffneten die Tür, ein Lieferwagen stand davor, die hintere Tür des Lieferwagens stand offen. Zwei Männer stellten sich daneben und deckten die Tür mit einer Plane zu, während sie die Leichen holten und in den Lieferwagen warfen. Dann verschlossen sie die Tür. Ich nehme an, daß sie die Leichen dann zu einem Hubschrauber brachten, um sie irgendwo abzuwerfen. Denn etwa 15 Minuten später hörte ich einen Hubschrauber, der sehr tief über dem Stützpunkt flog. Ich weiß nicht, wo sie hinflogen, aber ich denke, daß sie die Leichen wegbrachten.

Konnten Sie mit jemandem sprechen, über die Zahl der Toten? Trafen Sie jemand, der schon länger dort gefangengehalten wurde?

Nein, ich konnte mit niemandem reden.

Wissen Sie, ob sie einen Gefangenen von dort jemals freigelassen haben?

Nein. In einer Unterhaltung meiner Bewacher hörte ich sie sagen, daß jeder arm dran sei, der hierhergerate, weil er nicht mehr freikomme. Und selbst wenn Gefangene Hoffnung hätten, von dort wegzukommen, sagten sie, hätte das keinen Erfolg. Denn sie würden vor Zivil- oder Militärgerichte gestellt, je nachdem.

Hatten Sie die Hoffnung, dort lebend herauszukommen?

Nein, ich hatte ja die Leichen gesehen und wußte, daß sie keine Zeugen haben wollten. Ich war mir darüber im klaren, daß sie mich umbringen würden.

Ich floh aus dem einfachen Grund, weil ich gesehen hatte, in welcher Art und Weise sie die anderen Gefangenen, die vor mir da waren, ermordet hatten. Ich wußte, wie schrecklich ein solcher Tod ist, und zog es eher vor, bei dem Versuch, meine Freiheit wieder zu erlangen, erschossen zu werden.

Nur Gott hat mir geholfen. Ich tat so, als ginge es mir schlecht; ich sagte zu der Wache, daß ich aufs Klo müßte. Die aber mißhandelte mich und sagte: Warum denn, wenn du am nächsten Tag sowieso nichts mehr brauchst? Denn die Offiziere hatten bereits untereinander beschlossen, daß ich als nächster dran sei. Ich war total verzweifelt. Ich betete und bat Gott, daß er mir helfe. Und schließlich kam mir die Idee, alles auf eine Karte zu setzen. Ich tat, als sei ich krank, als hätte ich Durchfall, und ich sagte zu der Wache, daß ich unbedingt aufs Klo müsse. Schließlich ließ sie sich doch dazu bewegen, mich von dem Pfahl, an dem ich angebunden war, loszubinden, damit ich aufs Klo gehen konnte. Das war meine Chance.

Ich versetzte ihm einen festen Schlag, einen, der ausreichte, daß er einen Augenblick ziemlich dumm dastand. Ich entriß ihm die Maschinenpistole und schlug ihm mit dieser zweimal in den Nacken. Der Mann schrie nicht. Ich sah nur das Blut, daß ihm aus Mund und Nase lief. Ich nehme an, daß er tot war. Ich öffnete die Tür – man konnte sie von innen öffnen – und nahm die Maschinenpistole mit. Ich sah ein Stück weiter weg zwei weitere Wachen. Ich ging langsam hinaus und lief nicht, um keinen Verdacht zu erwecken. Als ich außerhalb der Reichweite der Scheinwerfer war, begann ich zu laufen, bis ich auf die alte Straße kam. Dort warf ich die Maschinenpistole weg, weil sie mich behinderte. Außerdem weiß ich sowieso nicht, wie man damit umgeht.

Wurden Sie auch in der darauffolgenden Zeit gesucht? Wissen Sie, welche Maßnahmen das Militär ergriff, um Sie wieder zu fangen?

Ja, es war ein großer Aufruhr in der gesamten Provinz, und sie durchsuchten am folgenden Tag alle Ortschaften, die in der Nähe des Militärstützpunkts liegen. Die Militärs behaupteten dort, sie würden nach schwarzgebranntem Schnaps suchen. Sie standen an den Ortseinfahrten mit mehreren Lastwagen voller Soldaten, ließen alle Fahrgäste aus den Autos und Bussen aussteigen und ließen sich von jedem die Handgelenke zeigen. Denn sie wußten, daß meine Hände von den Spuren der Fesseln gekennzeichnet waren.

Wie lange waren Sie in dem Militärstützpunkt?

Elf Tage.

Wer hat Sie gefoltert? Die Soldaten?

Nun, die Offiziere selbst folterten und die, die sie dort zum Töten angestellt haben. Es sind Männer mit langem Haar, die alle gleich aussehen, von denen man aber nichts Schlechtes vermutet.

Welchen Beweis haben Sie dafür, daß Sie in einem Stützpunkt des Militärs waren?

Ich kenne die Gegend, da ich aus Huehuetenango bin. Als ich floh, erkannte ich die Wachttürme und hörte die Befehlsstimmen der Offiziere, die Rekruten ausbildeten. Ich möchte auch hinzufügen, daß die Herren, während sie folterten, einen Cassettenrecorder auf Höchstlautstärke stellten und selber laut sangen, damit die Soldaten nichts davon merken, was drinnen passiert. Deshalb hört man die Schreie draußen nicht, wenn jemand schreit, der gefoltert wird. Man hört nur die Musik, die sie laufen lassen.

Ich sah auch, wie ein Gefangener vor dem Chef von dort, einem Oberst, gefoltert wurde. Der Gefangene bat den Oberst, ihm doch den Gnadenschuß zu geben und ihm nicht dies alles anzutun. Aber der Oberst sagte, tot nütze er ihm gar nichts, er wolle ihn lebend und erst, wenn er alles wisse, würde er ihm den Gefallen tun, ihn zu töten.

Der Überfall auf die spanische Botschaft

Eine Zusammenstellung von Infopres vom 7. 11. 1980

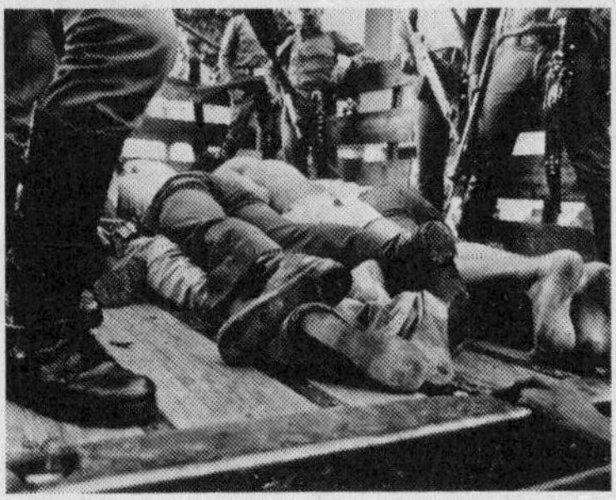

Die Besetzung

«In den Morgenstunden des 31. Januar 1980 wurden verschiedene Medien von anonymen Anrufern unterrichtet, daß eine Gruppe von Campesinos aus El Quiché, die sich seit zwei Wochen in der Stadt befand, um elf Uhr morgens am Sitz der spanischen Botschaft in der Absicht eintreffen würde, gegen die schlechte Behandlung, der sie in den Gemeinden von Nebaj, Uspantán, Cotzal und Chajul ausgesetzt waren, zu protestieren und daß sie die Botschaft friedlich besetzen würden, um zu verlangen, daß die Armee ihre militärischen Abteilungen aus den erwähnten Gemeinden abzieht» (*Nuevo Diario*).

«In Übereinstimmung mit der von der Morgenzeitung *Prensa Libre* angenommenen Version fand sich um elf Uhr eine Gruppe von 30 Personen (Männer und Frauen) überraschend in der Botschaft ein, besetzte die Kanzlei der Botschaft Spaniens, die in der 10. Straße 6–20, Zone 9, gelegen ist, und erklärte, daß alle Personen, die sich in diesem Augenblick in der Kanzlei aufhielten, als Geiseln festgehalten würden. Die Akademiker Eduardo Cáceres Lehnhoff und Adolfo Molina Orantes sowie der Arzt Mario Aguirre Godoy, die in die Botschaft gekommen waren, um Diplomaten zu besuchen, blieben ebenfalls gefangen. Die Eindringlinge hängten am Eingang der Kanzlei Plakate auf, auf denen sie die Praktiken der Armee und der Regierung verurteilten.

Gegen 11 Uhr 15 erschienen zahlreiche Polizeieinheiten, ausgestattet mit uniformierten und speziell gekleideten Beamten, die die Eindringlinge anwiesen, sich zu ergeben, wobei sie Lautsprecher benutzten. Die Besetzer der Botschaft beachteten die Aufrufe nicht und drängten die Polizei ihrerseits, sich zurückzuziehen, indem sie vorbrachten, daß die Protestbewegung gerecht sei, daß es nur mit Mitteln der Tat möglich sei, von der Regierung gehört zu werden.»

Der Botschafter verlangt den Rückzug der Sicherheitskräfte

«Ca. 40 Minuten später» – fährt die Chronik von *Prensa Libre* fort – «benutzte der spanische Botschafter die Lautsprecher der Besetzer, um die Sicherheitskräfte aufzufordern, sich zurückzuziehen, da Verhandlungen bereits im Gange seien. Es sprachen auch die Akademiker Cáceres Lehnhoff und Molina Orantes, um deutlich zu machen, daß sie sich der Petition des Botschafters anschlossen. Die Sicherheitskräfte hörten nicht auf den Aufruf des Diplomaten und auf die ehemaligen guatemaltekischen Beamten. Zahlreiche Polizisten begannen in den diplomatischen Sitz einzudringen, während die übrigen Beamten ihre Waffen auf die Türen und Fenster der Botschaft richteten.»

Die Besetzer entschlossen, mit ihren Geiseln zu sterben

Prensa Libre fährt fort: «Zuvor schrie einer der Besetzer, daß, wenn die öffentliche Gewalt sich nicht zurückzöge, sie entschlossen wären, bis zu den letzten Konsequenzen zu gehen, und daß sie gemeinsam mit ihren Geiseln sterben würden. Die Polizei nahm hiervon keine Notiz; im Gegenteil, sie beschlagnahmte Lebensmittel, Kleidung, Medikamente und Süßigkeiten, die die Eindringlinge mitgebracht hatten, um die erwähnte Kanzlei mehrere Tage in ihrer Gewalt zu behalten. Die Beamten machten gleichzeitig sechs Brandbomben ausfindig, die sich in der Gewalt der Eindringlinge befanden und aus Benzinflaschen, Wachstüchern, Zündschnüren und *wipe* bestanden. Die Minuten vergingen, und gegen 14 Uhr kam, zum Erstaunen der Hunderte von Polizisten, der Arzt Mario Aguirre Godoy aus der Botschaft heraus, wurde sofort in ein Fahrzeug gebracht und vom Schauplatz des Geschehens entfernt.

Mehrere Pressevertreter versuchten, ihn zu interviewen, doch Mitglieder der Sicherheitskräfte erlaubten es nicht und nahmen den Reportern die Tonbandgeräte weg. Weitere Minuten vergingen, während die Polizei jedesmal weiter in die Nähe des Raums vordrang, in dem sich die Eindringlinge mit ihren Geiseln eingeschlossen hatten. Der spanische Botschafter richtete Aufrufe an die Autoritäten, daß sie sich zurückziehen möchten, indem er sie daran erinnerte, daß er diplomatische Immunität genösse und daß die Botschaft unverletzlich wäre» (*Prensa Libre*, 1. Februar).

Man kündigt die Evakuierung der Besetzer und der Geiseln an

Kurz nach 14 Uhr nachmittags erlaubte die Polizei den Journalisten das Betreten des Gartens der Kanzlei, indem sie ankündigte, daß Geiseln und Besetzer herausgehen wollten. Bereits im Innern des kleinen Gartens trafen Kameraleute des Fernsehens, Fotografen und Journalisten diverser Zeitungen mehrfache Vorkehrungen – sie bildeten gemeinsam mit der Polizei einen Kordon –, um das Herausgehen der Personen, die sich im Innern des Arbeitszimmers des spanischen Botschafters befanden, zu filmen. Auf dem Höhepunkt der Ereignisse trafen am Ort des Geschehens der Präsident des Roten Kreuzes, Dr. Augusto Bauer Arzú und Frau Odette Arzú sowie ein anderer Direktor derselben Institution, Herr Ibarra, ein, und betraten ebenfalls den Garten.

Über diese Augenblicke berichtete *La Nación* folgendes: «14 Uhr 25. Die Besetzer und andere Personen, die sich im Innern aufhielten, erbaten unter Schreien, da sie nicht mehr über Lautsprecher verfügten, die Vermittlung des Präsidenten des guatemaltekischen Roten Kreuzes, der wiederum kein Interesse zeigte, weil er, so seine Argumentation, die im Innern befindlichen Personen nicht kannte. Ein Vorfall ereignete sich am Haupteingang der Botschaft, als ein hoher Vertreter des guatemaltekischen Roten Kreuzes die Polizei bat, verschiedene Journalisten zu entfernen, die am Ort waren und darauf warteten, daß die Campesinos erscheinen würden.»

Gemäß der Version von *Nuevo Diario* versuchte der Präsident des Roten Kreuzes das Gebäude zu betreten, doch die Polizei hinderte ihn daran. *Nuevo Diario* fährt fort: «Mehrere Journalisten versuchten auch zu vermitteln. In dem Maße, in dem die Zeit fortschritt und die Situation sich verschärfte, vor allem angesichts der Weigerung der Besetzer, das Gebäude zu verlassen und die Geiseln – bis dahin eine unbekannte Anzahl – freizugeben, in dem Maße verlangten die Campesinos, durch Rufe vom Fenster aus, nach Vermittlung der Journalisten, die sich in der Nähe der Botschaft befanden.» Dem Bericht von *Nuevo Diario* zufolge kamen einige Journalisten – nachdem sie die Erlaubnis der Polizei dazu erhalten hatten – in den zweiten Stock, wo es ihnen gelang, durch ein Loch in der Tür zum Büro, das Polizisten mit Beilhieben verursacht hatten, mit dem Botschafter Cajal y López zu sprechen. Im Laufe der Verhandlungen mit dem Botschafter und den Besetzern wiederholten diese ihre Forderung, die Polizei solle sich zurückziehen, und erboten sich, als Gegenleistung das Gebäude zu verlassen, und zwar in Paaren zu je einer Geisel und einem Campesino.

Andererseits bestand der Botschafter darauf, nicht die Polizei zu rufen, und gab seiner Besorgnis Ausdruck, es könne dadurch ein Blutbad entstehen. Als die Journalisten diese Forderung den Autoritäten übermittelten, erhielten sie zur Antwort, die Besetzer hätten das Gebäude unverzüglich zu räumen» (*Nuevo Diario*, 1. Februar).

Schüsse, Feuer und Erscheinen des spanischen Botschafters

Nach dem Bericht von *Prensa Libre* «hörte man, einigen Zeugen zufolge, um 15 Uhr 20 zwei Schüsse, und plötzlich war eine Rauchsäule zu sehen, die aus einem Fenster der Botschaft stieg. Unmittelbar danach erschien der spanische Botschafter, der sich wie durch ein Wunder retten konnte, mit verbrannten Händen und verbranntem Gesicht. Es entstand ein allgemeines Geschrei und Durcheinander. Wie Zeugen berichteten, konnte man von der Straße aus eine Frau sehen, die verzweifelt schrie. Eine oder zwei Minuten später hörten die Schreie auf, und es entstand eine allgemeine Stille. Zehn Minuten später traf, in der Absicht, das Feuer zu löschen und die Opfer zu retten, die Feuerwehr ein, aber sie hatten nichts mehr zu tun. In dem kleinen Zimmer, in dem sich die Geiseln und die Besetzer befunden hatten, fand man nur noch eine ungeheuerliche Masse von verbranntem Menschenfleisch. Wie durch ein Wunder war ein Mann, der bisher noch nicht identifiziert werden konnte und der unter zehn verkohlten Leichen lag, noch am Leben. Die Feuerwehr und das Rote Kreuz legten ihn auf eine Bahre und brachten ihn ins Krankenhaus» (*Prensa Libre*). Später wurde dieser Mann als der eingeborene Campesino Gregorio Yujá Shona aus San Pablo el Baldió, Uspantán (Quiché) identifiziert. Er wurde auf Wunsch des Botschafters in das angesehene Krankenhaus Herrera Llerandi eingeliefert und am darauffolgenden Tag von unbekannten bewaffneten Männern entführt. Später wurde seine Leiche – zusammen mit der eines anderen unbekannten jungen Mannes – vor das Rektorat der Universität geworfen. Die Studenten begruben ihn auf dem Universitätsgelände mit der Begründung, sie hätten Angst, von der Armee überfallen zu werden, wenn sie seine Leiche zum Friedhof bringen würden. Das Begräbnis Yujás auf dem Universitätsgelände ist, laut den für diese Fälle geltenden Bestimmungen, illegal, und das Innenministerium erwägt entsprechende Maßnahmen.

«Die Existenz der Indianer ist verfassungsfeindlich»

Klaus-Dieter Tangermann im Gespräch mit einem guatemaltekischen Indianer

Comandante Joel, warum haben Vertreter aller 23 Indianervölker Guatemalas diese gemeinsame Erklärung verfaßt?

Es war kurz nach dem Sturm auf die spanische Botschaft, die Medien hatten verschwiegen, was der Grund der Besetzung gewesen war: Im Oktober 1979 hatte die Armee neun indianische Bauern entführt und sie zwei Monate im militärischen Ausbildungslager festgehalten und gefoltert. Zwei von ihnen konnten fliehen und erzählten, was geschehen war. Die anderen sieben wurden erschossen und in einen Morast geworfen, als man aus ihnen nicht herausbekam, was man wissen wollte. So etwas geschieht häufig. Danach waren etwa 100 Bauern aus der Quiché-Provinz mit der Bitte in die Hauptstadt aufgebrochen, die Medien sollen darüber berichten und es solle eine Untersuchungskommission eingerichtet werden. Als sie das nicht erreichten, besetzten sie friedlich die spanische Botschaft. Was dann geschah ist bekannt.

In welchen Formen findet die Diskriminierung und Ausbeutung der Indianer statt?

Schon in den ersten Momenten des Lebens beginnt die Diskriminierung. Man verweigert uns oft unseren indianischen Nachnamen. An mehreren Orten hat die Regierung versucht, unsere Namen durch westliche zu ersetzen.

Als Kinder werden wir in den Schulen diskriminiert. Man sagt uns, wir seien Wilde und müßten zivilisiert werden. Man erzählt uns, unsere Geschichte sei wertlos und berichtet von der Geschichte des Ausbeuters, des Eroberers. Wir bekommen nie von dem zu hören, was unsere Vorfahren gemacht haben, welchen friedlichen Widerstand sie für ihr Überleben geleistet haben.

Dann in den Stellen der Regierung, etwa den Gerichten: Indianer erhalten keine Gerechtigkeit, weil sie Indianer sind. Wenn jemand *ladino* ist, sind die Gerichte für ihn da. Selbst wenn er gegen einen Indianer schuldig ist, wird *er* freigelassen. Wenn einer von uns eine Beschwerde hat, nehmen sie sie nicht an. Sie sagen, wir sollen morgen wiederkommen oder nächste Woche. Kommt aber ein *ladino* oder ein Westler mit Krawatte, hören sie ihn sofort an.

In den Transportmitteln, den Bussen, wird die Zurücksetzung auch deutlich; oft müssen wir sogar zu Fuß gehen. Wenn aber eine elegante

Dame oder ein eleganter Herr kommen, verlangen die Helfer des Busfahrers vom Indianer, daß er aufsteht. So ist es immer ...

Man sagt uns auch, daß unsere Sprache zu nichts tauge, daß wir unsere Gewohnheiten ändern müßten. Statt in unserer Art zu denken, sollten wir andere Arten nachahmen und auch andere Arten zu leben, die weder für uns noch für irgend jemanden sonst taugen. Die Diskriminierung findet auch im Militärdienst statt, wohin die jungen Indianer mit Gewalt gezwungen werden, oft dorthin entführt werden. Sie werden dort geschlagen, nur um die Reichen und ihre Ländereien zu verteidigen. Viele von uns sterben in den Kasernen.

Auch in der Kirche: Sie sagen uns, wir seien Helden und müßten unsere Art zu sein aufgeben und die christliche Religion oder was weiß ich für eine annehmen, und oft sagen sie uns, das Zeichen der Christen sei, sich gut anzuziehen und Spanisch zu sprechen. Jemand, der nur seine Sprache spreche, sei kein Christ, habe keine Religion.

In allen Bereichen findet die Diskriminierung statt, selbst auf den Märkten, wo wir uns treffen. Und wenn eine Person diskriminiert wird, wenn sich jemand für viel weniger als andere hält, wenn einem gesagt wird, man tauge zu nichts und die eigene Kultur sei wertlos, die eigene Geschichte, dann fängt man an, seine gesamte Kultur und seine Geschichte abzulehnen. Man läßt sich leichter von den Politikern oder etwas anderem verführen und kann seine Rechte nicht mehr fordern. Und dann kommt die Ausbeutung.

Man hat den Indianern das Selbstvertrauen, das Gefühl eigener Würde geraubt?

Ja, sie haben immer unser Wesen und unsere Kultur mißachtet. Selbst wenn einer eine Krawatte trägt und Geld hat, bleibt er Indianer und wird deswegen diskriminiert. Darum gehen wir auf unsere Kultur zurück, beleben sie wieder und geben ihr mehr Wert. Wir ermutigen, die Wurzeln zu suchen, als Indianer zu leben, in der *comunidad* [Gemeinde]. Sie ist eine der Grundlagen der indianischen Kultur. Die *comunidad*, die Familie, die gegenseitige Hilfe und das gemeinsame Land sind unsere historischen Züge. Es ist Widerstand, hierhin zurückzugehen, um von neuem ein verschiedenes Leben anzunehmen.

Wie kam die «Erklärung von Iximché» zustande und was bedeutet der Zusammenschluß von Iximché für diesen Widerstand?

Die meisten Toten der spanischen Botschaft waren indianische Bauern. Um sie zu ehren, trafen wir uns in Iximché, einer heutigen Ruine. Die Stadt war während der *conquista* [spanischen Eroberung] niedergebrannt worden. Wir haben uns dort getroffen, um zu zeigen, daß der Indianer sich nicht ergeben hat, sondern zu kämpfen bereit ist. Wir verfaßten den Aufruf und benutzten die Worte aus dem heiligen Buch unserer Ahnen, des *Popol Vuh:* «Alle sollen sich erheben, alle sollen gerufen werden. Es soll weder einen noch zwei unter uns geben, der hinter den anderen zurückbleibt.» Sie haben uns vierhundert Jahre schlafen gemacht; es ist Zeit zum Aufwachen.

Ist die Erklärung inzwischen im Land bekannt?

Auf bestimmten Ebenen ja. Sie wird zur Analyse benutzt.

Wie fördert ihr das Selbstbewußtsein, das sich in der Erklärung ausdrückt, in den Gemeinden?

Iximché war eine kleine Erklärung. Diese Bewußtwerdung gibt es überall. Auf Treffen, in den Arbeitsstätten und überall werden die nationalen Ereignisse in bezug zu unserer Geschichte gesetzt. Wir wissen, daß die Massaker keine isolierten Ereignisse waren, sondern daß unsere Geschichte voll von Massakern und Kämpfen ist.

Iximché ist die erste nur aus Indianern bestehende Organisation. Eine Zeitlang haben wir uns sehr abgeschlossen, aber inzwischen laden wir auch Mitglieder der Frente Democrático contra la Represión [Zusammenschluß von 160 demokratischen gewerkschaftlichen und politischen Organisationen gegen die Unterdrückung] ein.

Ist die Organisation Iximché legal?

Nein, wir sind verfassungswidrig. Die Verfassung Guatemalas sagt, daß es nur Guatemalteken gibt und keine Indianer. Sie akzeptieren die Tatsache nicht, daß es Indianer gibt. Deshalb verbieten sie auch die Bildung indianischer politischer Parteien.

Ihr seid immerhin die Mehrheit des Volkes.

Ja. Aber von oben wird die Existenz der Indianer nicht akzeptiert.

Und die demokratischen politischen Organisationen? Wie steht die Frente Democrático zu eurer indianischen Sicht der Geschichte?

Wir wehren uns gegen zweierlei gleichzeitig, gegen die Diskriminierung, die die Verneinung der Person ist, und gegen die Ausbeutung, die Verneinung der Rechte, besonders der wirtschaftlichen. Wir haben noch keine klare Vereinigung mit den anderen Organisationen erreicht; wir reden noch darüber, wie wir mit ihnen in einen Dialog eintreten können. Sie sind noch nicht bereit, über die Diskriminierung zu reden.

Wir glauben, daß wir für eine Veränderung der Lage ein Bild von unserem Land und Boden, von unserem Volk haben müssen. D. h., ich bin Indianer, ich habe eine Geschichte, die nicht zu Ende ist, die sich fortsetzt. Wenn es diese Grundlage unseres Indianerseins als ethnischer Gruppe mit eigener Geschichte und Kultur nicht gibt, weiß man nicht, wofür man kämpft. Man kann wohl für einige Centavos mehr kämpfen, aber das reicht nicht. Eine Person lebt nicht nur von den Centavos, sie lebt auch davon, daß sie identifiziert wird und sich mit einer Gruppe identifiziert.

Wo siehst du die gesellschaftlichen Grenzen: Kann man von Klassenkampf und einer Schichtung gemäß einem Klassenschema sprechen oder eher gemäß einem Schema ethnischer Gruppen?

Man kann nicht einfach sagen, es handle sich um einen Gegensatz zwischen Arm und Reich, einen Klassenkonflikt, obwohl das ein Teil der Realität ist. Gleichzeitig gibt es zwei Kulturen, zwei verschiedene Geschichten, die des *ladino* und die des Indianers. Der Klassenkampf hebt unsere Diskriminierung nicht auf, und der Kampf gegen die Diskriminierung verändert nicht unsere ausgebeutete Lage. Für uns gehört beides zusammen.

Gewerkschaften und linke Parteien initiierten nach euren Aufrufen eine Kampagne zum Tourismusboykott. Was erwartet ihr euch von einer Unterstützung?

Natürlich benötigen wir oft Geld. Wenn jemand zu einer Versammlung gehen will, kann er einen Tag nicht arbeiten, um dorthinzugelangen.

Aber es gibt Organisationen, die den Indianern aus verschiedenen Motiven helfen. Manche kommen mit der Vorstellung, daß man den Indianern etwas schenken muß, weil sie so arm sind. Das schwächt uns, denn der Wunsch, für Sachen zu kämpfen, schläft ein, wenn man sie geschenkt bekommt. Andere Organisationen gehen auf unsere Führer zu und geben ihnen wichtige Posten. Aber grundsätzlich verändert sich dadurch nichts.

Wieder andere bemühen sich, den indianischen Kampf zu verstehen. Sie wollen nicht nur geben, sondern auch unsere Kultur und Geschichte begreifen. Dadurch helfen sie uns. Um was wir bitten, ist keine paternalistische Hilfe, sondern uns die Hand zu geben, wie bei einer schweren Last, die der Indianer nicht allein heben kann, aber zu zweit. Das ist, um was wir bitten, was wir erwarten.

Die Lebenssituation der Landbevölkerung

Die Hoffnungslosigkeit der Besitzlosen

Von Rodrigo Jokisch

Die zum Teil unvorstellbaren Lebensverhältnisse der Landbevölkerung und des Stadtproletariats in El Salvador, Guatemala und Honduras sind für Europäer schwer nachzuvollziehen. Touristische Besuche sollen den Reisenden entspannen und ablenken. So werden die Lebensverhältnisse der armen Schichten, in erster Linie der Land- und Stadtrandbevölkerung, als folkloristische Erscheinung des Landes gedeutet. Hinzu kommt die Tatsache, daß die Touristen in der Regel in Hotels und Pensionen unterkommen, die abgeschirmt genug sind von der sozialen Wirklichkeit der Armen.

Die Ideologie der Mittel- und Oberschichten geht von der Vorstellung aus, daß die Land- und Stadtrandbevölkerung in der Regel faul, träge und dumm sei. Sobald man ihnen etwas mehr Lohn gäbe, würden sie diesen beim Spielen verlieren oder in Alkohol umsetzen. Eine solche Ideologie dient dem Selbstschutz. Sie unterstellt, daß die ärmeren Schichten an ihrem Elend selbst schuld seien, was eine materielle und ausbildungsbezogene Hilfe überflüssig mache; bekämen sie dagegen Hilfe, begriffen sie ihre elende Position und rebellierten. Eine solche Meinung kann man innerhalb der wohlhabenden Schichten immer wieder hören, so offensichtlich platt und entlarvend sie auch klingen mag.

In El Salvador[1] besitzen 1,9 % der Bevölkerung 57,5 % des Landes; 30 % der Landbevölkerung ist landlos. Die durchschnittliche Lebenserwartung beträgt 46 Jahre; der Protein- und Kalorienverbrauch pro Kopf und Tag beträgt jeweils 45 Gramm und 1800 Kalorieneinheiten. Auf etwa 10000 Einwohner kommen 17 Krankenhausbetten und drei Ärzte. Fließend Wasser haben insgesamt nur 37 %. Die Arbeitslosigkeit betrug im Jahre 1976 50 % auf dem Land und 22 bis 25 % in den Städten. Unter dem Existenzminimum leben etwa 80 % auf dem Lande und 30 % in den Städten; der Landesdurchschnitt beträgt somit 60 %.

In Guatemala beläuft sich die durchschnittliche Lebenserwartung auf 40 Jahre; die Alphabetisierungsrate hatte 1970 40 % erreicht; 2 % der Grundbesitzer verfügen über 65 % des bebaubaren Bodens (Latifundien)[2], während etwa 90 % der Landeigentümer 20 % des Ackerlandes (Minifundien) besitzen. Die Minifundien haben im Durchschnitt eine Größe von 1 bis 4 Hektar und befinden sich in der Regel in ungünstig gelegenen Gebieten. Mit solchen kleinen und unproduktiven Parzellen kann der Bauer nicht einmal seinen notwendigen Nahrungsbedarf decken, so daß er gezwungen ist, als Saisonarbeiter auf Plantagen zu arbeiten. 5 % der oberen Schichten beziehen etwa 34,5 % der gesamten Einkünfte, 70 % der Bevölkerung muß sich mit einem jährlichen Durchschnittseinkommen von 75 DM begnügen. Der tägliche «Höchstlohn» beträgt in den Städten 2,50 DM und auf dem Lande weniger als 2 DM. Etwa nur 1,2% der Lohnabhängigen sind gewerkschaftlich organisiert und 7% der ökonomisch aktiven Bevölkerung, was etwa 21% der Gesamtbevölkerung beträgt, sind sozialversichert. Etwa die Hälfte der guatemaltekischen Gesellschaft besteht aus Indios, während die andere Hälfte sich aus *ladinos* (Mischlinge) zusammensetzt. Von wenigen Ausnahmen abgesehen gehört die gesamte indianische Bevölkerungsgruppe der Unterschicht an. Neben den Indios zählen dazu auch die kleinen Landbesitzer, die Handwerker und die einfachen Arbeiter. Die Mittelschicht wird auf 17% der Bevölkerung geschätzt. Sie besteht aus kleinen Industriellen, mittleren Handwerkern, Geschäftsleuten, Hausbesitzern, Angestellten, Angehörigen des Militärs und Beamten.

Die soziale Struktur Honduras unterscheidet sich nicht wesentlich von der Guatemalas und El Salvadors. 1970 verfügten 5% der Bevölkerung über ein Drittel des Volkseinkommens, während sich 50% mit nur 13% begnügen mußten. Etwa 35% der städtischen und 80% der ländlichen Bevölkerung sind Analphabeten. Im Jahre 1969 wurden nicht einmal 75% der schulpflichtigen Kinder eingeschult.

Bereist der ausländische Tourist die inneren Gebiete eines mittelamerikanischen Landes, so wird er bald feststellen, daß die Menschen bisweilen scheu und distanziert sind. Hier ist nicht viel zu merken von dem klischeeartigen lateinamerikanischen Pfiff, bei dem man sich die Menschen lachend und tanzend vorstellt. Die Zurückhaltung der Campesinos, der Landarbeiter, beruht auf der langjährigen Erfahrung, daß «sein» Großgrundbesitzer und Arbeitgeber eine unvorstellbare überdimensionale Macht besitzt, die keinen Raum für irgendwelche private Bedürfnisse und Nöte läßt. Andererseits kommt die Zurückhaltung und Scheu daher, daß die Armut den Bauern mit so einer Hoffnungslosigkeit überfällt, die jegliche Initiative lähmt. Wenn die herrschende Schicht dann behauptet, die Landarbeiter seien träge und faul, so steckt dahinter ein ungeheurer Zynismus: Die denunzierte Trägheit ist das Ergebnis eines Armutsprozesses, der auf nichts mehr hoffen läßt. Arm sein bedeutet in diesem Sinne nicht nur, kein Geld zu haben. Arm sein bedeutet, keine reale Hoffnung haben zu können auf ein besseres Leben, weder hier noch in irgendeiner vorstellbaren Zukunft. Die staubigen Straßen der Umgebung behalten ihre riesigen Löcher, der Bürgermeister des Orts kollaboriert mit den Großgrundbesitzern und mit der verhaßten Guardia Nacional; das eigene Grundstück ist zu klein und besteht aus roter, unproduktiver Lehmerde; das ehrlich verdiente Geld reicht nicht aus, um die laufenden Unkosten zu decken; will man mehr verdienen, so geschieht dies in der Regel durch Tätigkeiten, die sich am Rande der Legalität bewegen; die eigene Frau ist ständig schwanger, und die katholische Kirche verbietet jegliche Art von Abtreibung; die Kinder sind genauso unwissend wie ihre Eltern, weil ein geregelter Schulbesuch wegen der finanziellen Nöte nicht möglich ist. So ist es kein Zufall, daß eine große Anzahl von Liedern und Gedichten in Mittelamerika melancholisch sind. So wie die kurze Erzählung *‹Die Glut›* des salvadorenischen Dichters Salarrue[3]:

«Auf der höchsten Ebene des Vulkans, dort wo die Erde das Suchen nach Gott aufgibt, dort wo die Wolken haltmachen, um auszuruhen, hatte Pablo Melara, der Bergarbeiter, seine Hütte errichtet. Mitten in einem Bergbruch, halb Hütte, halb Höhle, befand sich das menschliche Nest. Trat man aus der Tür, begannen die steilen Hänge sich auszuwickeln, entsetzlich und tief; als ob sie plötzlich ausrutschen, nach unten rollend, sich ängstlich festhaltend. Die großen Pinien standen wie dunkle Wolken im Nebel; schwarze Rauchwolken mitten im Dunst. Ihre Köpfe baumelten langsam hin und her, als ob sie einer sanften, aus der Kälte und dem Grau stammenden Musik lauschten. Ihre Zweige summten ein trauriges Lied, in nasalem Rhythmus, eine unendliche Melodie. Der Berggipfel war wie eine Insel am Himmel; diesem Meer aus Wind. In stillen Nächten glitt der Neumond leise über hohe See. Manchmal horchte der Horizont in der Ferne.

Der Bergarbeiter stapelte die Holzklötze zu Stößen hoch wie Leuchttürme, Leuchttürme, die in langen Nächten voll Abwesenheit, rot brennend den Schiffen die Richtung weisen, Schiffe, die in der Stille mit ihren breiten Schattensegeln dahinglitten.

Einsam in schwarzen Höhen lebte der Bergarbeiter wie im Traum. Er besaß einen stummen Hund und eine große Trauer. Hockend und frierend, die Zigarre und das Herz immer glühend, schaute er in die heillose tiefe Schlucht.

Mit dem Brennen der Holzstöße fraß sich die innere Glut durch sein Herz, durch sein Gemüt; der Glanz des mystischen Feuers erreichte langsam sein Gewissen. Eines Nachts, betrübt, bündelte er seine Habe und ging für immer ...

Umzingelt von meinen Gedanken falle ich, stürze ich ab.

Einzelne Bauern, besonders solche, die eine höhere Funktion auf den Kaffee- oder Bananenplantagen innehaben, besitzen heutzutage einen Fernsehapparat. Kinder strömen oft in Scharen zu ihnen, um sich gegen fünf oder sechs Uhr nachmittags das Kinderprogramm anzuschauen. Abends erscheinen dann andere «weniger wohlhabende» Bauern, um sich die Abendsendungen anzusehen. Dabei werden diesen Menschen über Reklame und US-amerikanische Filme Reichtümer vorgeführt, zu denen sie niemals im Leben Zugang haben werden. Dies vermittelt ihnen ein Gefühl ihrer Ohnmacht und schürt gleichzeitig Haß und Ablehnung gegenüber den Reichen, dem Patron. So erfüllen Radio und Fernsehen in mittelamerikanischen Gesellschaften eine zweifache Funktion: zum einen vermitteln sie Informationen, zum anderen machen sie der Bevölkerung die eigene hoffnungslose soziale Lage bewußt. Die wohlhabende Schicht der Region, seit jeher konservativ und rechtsgerichtet, glaubt, daß der «Kommunismus» verantwortlich zu machen ist für das Eintreten von zahlreichen Landarbeitern und Bauern in Guerillaorganisationen. Sie können sich einfach nicht die Empörung und Wut vorstellen, die die Menschen erfaßt. Es ist der Hunger nach sozialer Gerechtigkeit, der die Menschen zu den Waffen greifen läßt, um sich ein Stückchen Würde zu erkämpfen.

Das Besitztum einer Bauernfamilie ist mehr als armselig: Vielfach gehört ihr das Land nicht selbst, auf dem die Hütte steht. Der Besitzer hat es ihr verpachtet mit der Auflage, für sein Land meist kostenlos zu arbeiten. Innerhalb der engen Strohhütte befindet sich ein kleiner Tisch und eine Kommode, in der die Wäsche der Familie aufbewahrt wird. Die Größe eines solchen Raums beträgt oft 12 m². Die Kleidung der Männer besteht aus einer bis zwei Arbeitshosen, ein paar Arbeitshemden, ein Paar Sandalen aus Autoreifen (Unterhemden und Strümpfe sind Luxus). Eine Armbanduhr können sich nur besser verdienende Landarbeiter leisten. Was allerdings nie fehlen darf ist die Machete: mit diesem Buschmesser schneiden die Leute Apfelsinen, machen sich die Finger- und Fußnägel sauber, benutzen sie für die Zuckerrohr- und Bananenernte und verwenden sie zuletzt auch als Kampfwaffe. Ebenfalls zum Haushalt gehört eine flache, aus Ton gebrannte Platte, auf der die Maisfladen gebraten werden. Gegessen wird aus tiefen Metalltellern, von denen nicht jedes Familienmitglied einen eigenen besitzt; Kinder und Jugendliche müssen oft mit einem metallenen Becher auskommen. Die Wände im Inneren des Hauses schmücken Bilder der heiligen Familie, ausgeschnittene Zeitungsartikel und das Porträt des jeweiligen «Militärpräsidenten». Das drückt aber nicht die politische Überzeugung der Bewohner aus. Sie wissen nur zu gut, daß es bei einem etwaigen Besuch des Großgrundbesitzers vertrauenerweckend wirkt. Als Haustiere fehlen nicht ein paar Hühner und ein Hund. In der Regel besteht die tägliche Nahrung aus drei Mahlzeiten. Zum Frühstück gibt es schon mehrmals aufgebrühten Kaffee und etwas Brot (selten Süßbrot); mittags werden je nach Saison zwei bis drei Maisfladen mit einer Handvoll Bohnen verzehrt und abends die kalten Reste des Mittagessens. Das wenige Spielzeug der Kinder besteht meist aus selbstgemachten Puppen, Autos und Flugzeugen. In dem kleinen Wohnraum befinden sich zwei Betten: Das eine für die Eltern und das ältere Kind, das andere für die jüngeren Geschwister. Dabei bekommen die Kinder sehr früh den ehelichen Verkehr der Eltern mit. Fließendes Wasser gibt es selten: In der Regel steht neben der Hütte eine große Tonne, die das Regenwasser auffängt. Allerdings regnet es nur unregelmäßig, so daß die Bauernfamilie oft weite Wege gehen muß, um Wasser zu holen. Darum kümmern sich entweder die Bauersfrau oder deren Töchter. Fließendes Wasser gibt es nur in größeren Ortschaften, wovon allerdings nicht jeder Haushalt profitiert. Es existiert an einer stimmten zentralen Stelle des Orts ein Brunnen, von dem die Frauen und Mädchen das Wasser in Krügen holen. Dies ist auch ein Ort des Zusammentreffens, bei dem man sich allerhand Geschichten und Klatsch erzählt und Neuigkeiten erfährt.

Ländliche Gebiete in Mittelamerika sind ärztlich total unterversorgt: Im Krankheitsfall trinkt man bestimmte Kräutertees und reibt sich mit Salben ein. Es gibt immer jemanden in der Gegend, der bekannt ist für seine Heilkenntnisse. Nur wenn die Krankheit ernsthafte Ausmaße annimmt, überlegt man, ob und wie man einen Arzt aufsuchen könnte. Die Kindersterblichkeit ist verhältnismäßig hoch: Fast jede Familie hat bereits ein oder mehrere Kinder früh verloren, was zum Teil auch an den unhygenischen Wohnverhältnissen liegt: die Säuglinge werden in schmutzige Orangen- oder Bananenkartons gelegt, und Krabbelkinder spielen auf der Erde, wo allerhand Abfall herumliegt.

Der Fußboden der Hütten besteht aus plattgedrücktem Lehm. Viele Ortschaften haben noch keine Elektrizität, so daß man sich mit Kerzenlicht begnügen muß. Toiletten existieren praktisch nicht; man uriniert neben den Baum, um ihn zu düngen. Man kennt auch kein Toilettenpapier: Normalerweise nimmt man statt dessen größere Blätter. Man wird bei einem Landarbeiter sicher weder Zahnpasta noch Zahnbürste finden. Will man sich gründlich waschen und baden, so tut man dies an einem nahe gelegenen Fluß, wo auch die Wäsche gewaschen wird.

Von dem eigenen Stück Land kann eine Landarbeiterfamilie nicht existieren, so daß alle Mitglieder genötigt sind, während der Saison zu arbeiten. Dabei kommen in erster Linie Kaffee-, Bananen-, Zucker- und Baumwollernten in Frage. Oft muß die ganze Familie eine weite Reise machen, um einen Großgrundbesitz zu finden, auf dem es noch Arbeit gibt. Damit treten Probleme der Unterkunft auf, die häufig dadurch gelöst werden, daß man sich bei Bekannten oder Verwandten einquartiert. Dabei kommt es dann zu Reibereien und Streitigkeiten, weil die Wohnverhältnisse sehr beengt sind. Es gibt Großgrundbesitzer, die ihren Saisonarbeitern eine Unterkunft anbieten. Sie sind zwar in der Regel unzureichend (oft fehlt die Toilette und Wasser), aber immer noch besser als das Gedränge bei den eigenen Verwandten oder Bekannten. Solche Unterkünfte sind eher die Ausnahme als die Regel.

Unter solchen Umständen ist es verständlich, daß die Kinder nicht regelmäßig die Schule besuchen. Dies wird zusätzlich dadurch verhindert, daß sie den Eltern bei der Ernte mithelfen. Solche acht- bis zwölfjährigen Kinder «schaffen» natürlich nicht viel, so daß sie beispielsweise für das Aussortieren von grünen und roten Kaffeebohnen oder für das Saubermachen von Baumwollflocken am Schluß der Tagesernte herangezogen werden. Abends nach Beendigung der Arbeit bilden die Bauern und Landarbeiter Gruppen, um einander über den Tagesablauf, über Herkunft und Werdegang zu erzählen und zu singen.

Federico Corvera Rodriguez, der eigentlich tot sein müßte, berichtet

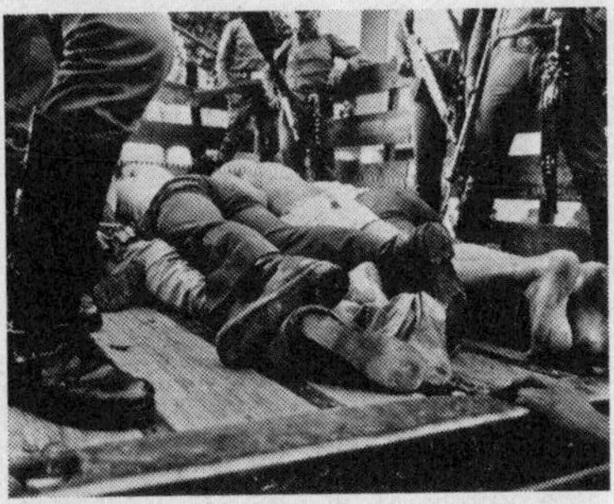

In San Salvador, der Hauptstadt von El Salvador, am 6. Juli 1979

Bei mir, Notar dieser Stadt, erscheint Herr Federico Corvera Rodriguez, 34 Jahre alt, Kleinbauer aus Tecoluca, identifiziert durch die beiden anwesenden Zeugen, Anwälte aus San Vincente.

Der Anwesende erklärt:

Er widmet sich, zusammen mit seiner Ehefrau, der Landarbeit, und zwar der Ansaat von Zwiebeln, Chili, Mais, Reis. Politisch war er ein Mitglied der Christdemokratischen Partei und in der Wahlkampagne des Ingenieurs José Napoleon Duarte tätig. Später hatte er an der letzten Präsidentschaftskampagne des Oberst Ernesto Claramount teilgenommen.

Eines Tages, am 19. Mai dieses Jahres, war er in San Vincente, um Werkzeug zu kaufen. Gegen 11 Uhr nahm er den Bus, um nach Tecoluca zurückzufahren. Auf dem Weg dorthin hielten zwei in Zivil gekleidete Guardias und ein Mann von ORDEN (paramilitärische rechtsgerichtete Organisation) den Bus an. Sie fragten nach ihm und holten ihn gewaltsam aus dem Bus raus.

Sie fragten ihn, wie er heiße, und sagten, er müsse mitkommen. Er solle ohne Fesseln gehen, aber wenn er versuche zu fliehen, würden sie ihn töten. Er antwortete, daß er nicht fliehen werde, weil er nichts begangen habe. Sie gingen zur Kommandantur von San Vincente. Dort angekommen, packte ihn der Colonel, der an der Tür stand, an den Haaren und zog ihn herein. Dann wurde er zu einer Zelle gebracht, und der Colonel sagte zu einem anderen Guardia: «Hier bring ich dir noch einen Subversiven, nimm ihn.» Dieser stieß ihn in die Zelle und fesselte ihn an den Daumen. Er verband ihm die Augen, steckte ihm ein Tuch in den Mund und band ihm ein anderes um den Mund.

Dann legte er ihn mit dem Gesicht nach unten auf den Boden und begann ihn zu schlagen. Zwei andere Guardias fielen über ihn her und schlugen ihn ebenfalls. Da er geknebelt war und eine Kapuze trug, hörte man die Schreie nicht. Schließlich wurden sie müde, ihn zu schlagen und ließen ihn den Tag über bis ungefähr 5 Uhr nachmittags liegen. Um die Zeit erschien ein Colonel mit einem Tonbandgerät und sagte: «So, du wirst bei mir jetzt beichten. Tu so, als ob ich jetzt ein Geistlicher wäre und ich dir die Beichte abnehme. Wenn du mitmachst, werden wir dich freilassen, wenn nicht, wirst du zum heiligen Petrus gehen», und er antwortete ihm, daß er nichts beichten könne, denn er wisse nicht, worum es ginge. Der Colonel befahl, daß man ihn hinsetzen und ihm den Knebel aus dem Mund nehmen soll. Er sagte: «So, alle die Fragen, die ich dir jetzt stelle, wirst du mir beantworten, wenn nicht, wirst du sterben. Ich stelle dir jetzt die erste Frage: welcher Gruppe gehörst du an?» – «Ich gehöre keiner Gruppe an», antwortete er. Daraufhin wurden ihm am ganzen Körper Elektroschocks versetzt und weitere Fragen gestellt. Der Colonel behauptete immer, daß er für die Sicherheit des Bloque Popular Revolucionario zuständig sei. Aber er antwortete darauf immer, daß das nicht stimme. Und weil er sich nicht schuldig bekannte, wurden ihm noch mehrmals Elektroschocks versetzt. Als man schließlich der Elektroschocks müde wurde, sagte der Colonel: «Dieser hier wird sterben, der will nicht mit uns zusammenarbeiten, er wird zum heiligen Petrus gehen.» Er antwortete, daß er sich nicht für etwas schuldig bekennen könne, was er nicht gemacht habe, auch wenn er deswegen sterben müßte. Dann befahl der Colonel, daß man ihm den Knebel wieder in den Mund steckt, und sie banden ihn fest und ließen ihn liegen. Danach kamen noch einmal zwei Guardias und stürzten sich auf ihn und schlugen ihn. Als sie müde waren vom Schlagen, ließen sie ihn liegen und gingen. Gegen 7 Uhr abends kamen sie ihn holen. Sie schütteten eisiges Wasser über ihn und sagten: «Siehst du, zu Hause badest du nicht um diese Zeit, und jetzt baden wir dich sogar. Wie gern wir dich doch haben.» Danach holten sie noch vier andere Gefangene aus den Zellen und badeten sie. Jeden, den sie herausholten, fragten sie, woher er sei. Der eine sagte, er sei aus Esperanza, ein anderer von Usulutan und die anderen aus der Vulkanzone San Vincente. Die Guardias sagten: «Jeden von euch werden wir in die Nähe seines Wohnorts hinbringen.» Ungefähr gegen 9 Uhr abends hörten sie das Geräusch eines Lastwagens; sie konnten nichts sehen, da sie die Augen verbunden hatten. Dann kam ein Guardia und nahm ihm seine Uhr ab und legte sie sich selber an und sagte: «Diese Uhr steht mir besser als dir.» Danach wurden sie wieder mit kaltem Wasser übergossen und auf den Bauch gelegt.

So um 10 Uhr nachts hoben sie ihn wie einen Gegenstand vom Boden auf, und ein Colonel befahl: «Es ist Zeit sie wegzubringen», und sie zogen ihn auf den Lastwagen, danach den anderen, bis alle fünf oben waren. Der Colonel sagte noch: «Seid vorsichtig, damit sie euch nicht angreifen», und der Lastwagen fuhr los. Sie lagen einer über dem anderen, mit dem Gesicht nach unten, und die Guardias saßen auf ihnen.

Er vermutete, daß sie schon durch Tecoluca gefahren waren und dachte: Das war doch eine Lüge, was sie uns gesagt haben. Dann meinte er, daß sie durch Zecatecoluca fuhren und dann Richtung Comalapa. Als sie am Hafen Libertad ankamen, hielten sie an. Er vermutete, daß es Libertad war, weil er die Gegend kennt und man das Meer hörte. Am Eingang des Hafens waren andere Guardias, die grüßten die vom Lastwagen und fragten: «Wo bringt ihr die hin?» – «Dorthin, an denselben Ort.»

Und die Guardias vom Lastwagen tranken noch einen mit den Guardias vom Hafen. Einer sagte: «Warum werfen wir sie nicht dort an der Straßenbiegung. Es kommen dort oft Lastwagen vorbei, und so sieht es nach einem Verkehrsunfall aus?»

«Nein», sagte der andere, «lieber am selben Ort.» Dann verabschiedeten sie sich und fuhren weiter in Richtung Litoral. Dort hielten sie und sagten: «So, hier ist es hübsch.» Da kam gerade ein Auto vorbei, und der Guardia sagte: «Hol sie noch nicht runter, da kommt ein Auto und wird uns anleuchten. Warten wir noch ein Weilchen.» Als das Auto vorbei war, sagte derjenige, der die Anordnungen gab: «Hol sie herunter und zieh sie aus. Sie sollen gar nichts anhaben.» Als sie ganz nackt dastanden, packten sie den ersten mit der Machete, und der Mann weinte. «Ay, vergebt mir, Väterchen, tötet mich nicht, habt Mitleid mit mir.» Und sie antworteten: «Hier gibt es kein Mitleid, hier rettet dich nichts mehr, auch kein Gott wird dich retten.» Sie versetzten ihm fünf Schläge mit der Machete, und er hörte, wie dieser den Abhang hinunterrollte. Dann holten sie den zweiten herunter, gaben ihm mehrere Hiebe mit der Machete und warfen ihn ebenfalls den Abhang hinunter. Man hörte, wie er ins Meer fiel. So holten sie einen nach dem anderen vom Lastwagen, bis er als einziger übrigblieb. Sie sahen sich ihn an und sagten: «Da fehlt noch einer, da oben ist noch einer. Hol ihn herunter.» Der eine Guardia zog ihn vom Lastwagen herunter, und sie nahmen ihm die Fesseln ab. Als die Fesseln ab waren, zog er sich schnell den Knebel aus dem Mund, denn in der Dunkelheit sahen sie es nicht. Und er sah nur das klare Meer.

Und der andre Guardia schrie: «Zieh ihn aus, zieh ihm die Hose aus, und hau ihm über den Kopf!» In diesem Moment fiel ihm nichts anderes ein, und er sagte zu dem Guardia: «Ihr Unseligen, ohne Grund bringt ihr mich um, aber ich lasse meine Kinder zurück.» Und der Guardia antwortete: «Hier gibt's keine Kinder und keinen Gott, die dich retten, hier gibt's nur die Machete.» – «Ihr Feiglinge», sagte er, «warum bringt ihr mich um? Nur aus Freude und ohne daß ich eine Schuld habe!» Da fühlte er den Schlag der Machete hinten im Nacken und weinte nicht, und dann fühlte er den nächsten Schlag, und er stellte sich vor, daß ihm vielleicht der Kopf abgeschlagen war. Und in seiner Angst und seinem Schmerz erinnert er sich noch, daß der andre Guardia fragte: «Hast du ihm den Kopf abgehauen?» – «Ja, der ist ab.» Und der andere rief: «In den Abgrund!», und er rollte den Abhang hinunter, ein tiefer Abgrund, und er war noch lebendig, und er hatte keine Fesseln, und da ragte ein Holzstamm heraus, und den ergriff er und klammerte sich am Rand fest. Um sich besser stützen zu können, streckte er ein Bein aus. Da fühlte er einen fremden Körper und stellte sein Bein so, daß dieser nicht weiter nach unten rollen konnte.

In dem Moment leuchteten die Guardias das Wasser mit einer Lampe ab, und der eine sagte zum anderen: «Man sieht sie schon nicht mehr, sie sind schon im Wasser. Komm, gehen wir!» Während dieser Zeit rührte er sich nicht und atmete leise, damit sie ihn nicht hörten. Und als er dachte, daß sie fort seien, bewegte er den Mann, den er festgehalten hatte, und auf einmal sah er, daß der keinen Kopf mehr hatte, daß er tot war. Und er ließ ihn ins Wasser fallen. Und dann kämpfte er, um aus der Schlucht herauszukommen. Er klammerte sich am Felsen fest, und er rutschte immer wieder herunter. Und da war ein Büschel Ginster, an dem klammerte er sich fest, und nach und nach zog er sich nach oben. Und dann war er auf der Straße, Gott sei Dank.

Er war ganz erschöpft und voller Blut und lief die Landstraße entlang. Er war ganz nackt, und es war vielleicht 1 Uhr nachts. Da kam ein Lastwagen aus der Richtung vom Hafen Acajutla, dem machte er ein Zeichen, daß er anhalte, aber der Fahrer hielt nur einen Moment und fuhr gleich wieder weiter. Es gab keine Häuser in der Nähe. Auf der einen Seite war das Meer und auf der anderen Berge, nur Berge. Er ging weiter, und in einer Biegung setzte er sich hin, und dort blieb er die Nacht. Er blutete; wenn sich ein Platz mit Blut füllte, setzte er sich auf den anderen. Ungefähr um drei Uhr nachts fing es an, daß er immer ohnmächtig wurde, und er dachte, wenn nur der Tagesanbruch käme, dann könnte er zu einem Krankenhaus und seine Familie benachrichtigen.

Daran dachte er viel die ganze Nacht über.

Um vier Uhr etwa kam auf einem Fußweg ein Mann den Hügel herunter. Er rief den Mann laut an, der näherte sich und leuchtete ihn mit einer Taschenlampe an und erschrak, als er ihn sah, nackt und voller Blut. Er sagte: «Erschrick nicht, ich bin verletzt. Hab keine Angst, komm, nimm mir diesen Fetzen ab, den ich hier um den Hals habe», denn da war noch die Kapuze, die er um den Hals hatte. «Nimm sie ab, sie ist voller Blut.» Der Mann leuchtete ihn nur an und sagte: «Es ist besser, wenn ich noch einmal zurückkomme.» Er flehte ihn an, daß er auch ja zurückkomme und daß er ihm Wasser und Essen mitbringen solle. Er hatte Hunger und großen Durst, und er sagte, er solle ihm ganz viel Wasser mitbringen. Er stellte sich schon vor, daß der andere Angst habe und deswegen nicht zurückkommen werde. Als es Tag wurde, begriff er, daß der andere nicht kam.

Da fuhr der erste Bus vorbei, und er machte eine ungeheure Anstrengung und stand auf und ging an die Straße. Aber sie wollten ihm nicht helfen. Er fühlte sich sehr schwach und konnte sich schon nicht mehr auf den Beinen halten, und dauernd wurde er ohnmächtig. Es kamen noch viele Autos vorbei, aber die Fahrer hielten nicht an. Sie beugten sich nur heraus, sahen ihn und fuhren weiter. Als er sah, daß ihm niemand half, machte er sich noch einmal auf den Weg in Richtung des Hafens Libertad.

Aber er hatte große Angst, daß er auf die Guardia Nacional treffen könnte und sie ihn wieder einfangen würden. So ging er immer ein Stückchen weiter, und es wurde oft dunkel um ihn, und er wurde ohnmächtig. Manchmal kroch er auf allen vieren wie ein Kind, und wenn er wieder Kraft hatte, richtete er sich auf.

Auf diese Weise kam er zu einem Haus, es war ein sehr ärmliches Haus. Ein Mann kam heraus, der hatte Mitleid, und der half ihm. Der hatte aber Angst, daß er in seinem Haus sterben könnte, deshalb bat er ihn, daß er draußen vor dem Haus bleiben solle, denn wenn er stürbe, würde man vielleicht sagen, daß er ihn umgebracht habe. Der Mann und seine Kinder waren sehr freundlich zu ihm. Sie gaben ihm Kleider, eine Hose und ein Hemd, und sie gaben ihm Wasser und Essen. Dann sagte der Mann, daß er der Guardia Nacional Bescheid sagen würde, damit sie sich um ihn kümmerten. Aber er antwortete, daß er der Guardia Nacional nichts sagen dürfe, und er erzählte dem Mann, was ihm passiert war. Der entschied dann, zu einem Freund zu gehen, der beim Roten Kreuz arbeitet, damit der ihn ins Krankenhaus bringe. Sie beschlossen, dem Freund zu sagen, daß er von Räubern angegriffen worden sei. Der Mann ging zu seinem Feund, und dann brachten sie ihn in einem Ambulanzwagen zum Krankenhaus von Santa Tecla.

Dort wurde er gut gepflegt. Sie spritzten ihm Serum und gaben ihm eine Menge Sachen. Der Arzt, der ihn nähte, fragte ihn, wie er denn verletzt worden sei. Er wollte erst lügen, aber man sah die Foltermerkmale an den Daumen und die Verbrennungen von den Elektroschocks. Deshalb faßte er Vertrauen zu dem Arzt und sagte ihm die Wahrheit. Der Arzt sagte dann, daß er ihn nicht verraten würde. Er nähte ihm die Wunde zu. Als dies geschehen war, bat er um die Entlassung, aber der Arzt meinte, es sei noch zu früh, er sei noch zu sehr geschwächt, lieber morgen. Im Hospital verbrachte er den ganzen Sonntag, und Montag gegen 8 Uhr morgens wuschen sie ihn, da er voller Blut war und eine erneute Operation notwendig war. Der Arzt sagte dann zu ihm, er könnte sich jetzt aussuchen, wohin er gehen möchte, ein Krankenwagen würde ihn hinbringen.

Er bat, zu einem Freund gebracht zu werden, damit der ihn pflege. Er war erst im Haus von diesem Freund, dort fühlte er sich aber nicht sicher. Deshalb brachte man ihn eines Tages fort, er wußte nicht wohin. Er vermutet, daß es Studenten von der Universität waren, die ihn an einen unbekannten Ort brachten. Und es waren Ärzte dort, die ihn pflegten. Als es ihm besserging, ließ er seine Familie benachrichtigen, und er benachrichtigte auch die Christdemokratische Partei und bat sie um Schutz.

Dies ist die Geschichte seines Leidens, alles nur deswegen, weil er mit legalen Mitteln gekämpft hat für Gerechtigkeit und Demokratie. Er hofft, daß seine Opfer eines Tages dazu führen, daß es seinen Kindern, die er jetzt nicht sehen kann, einmal bessergeht.

Randfiguren. Bilder einer Reise (1976)

Von Lona Rothe-Jokisch

Die Marmorterrasse ist schattig und kühl. Jemand reicht mir ein Glas Fresco über die Schulter: Fruchtsaft mit dicken Eisstücken. Ein wohliges Gefühl: sitzen, schauen und mit einer Bewegung des Handgelenks das Glas zum Klingen bringen. Der Geruch von großen Blüten zieht vorbei, Wärme.

Da sehe ich die Mauer und stehe auf. Diese Mauer umläuft den Garten, die Seiten des Hauses und verbindet sich mit der fensterlosen Straßenfront. Ich denke: Dieses Haus ist verkehrt. Es dreht der Straße den Rücken zu und blickt in den ummauerten Garten. Aber alle Häuser dieses Viertels sind so gebaut. Sie stehen auf kleinen grünen Hügeln, umschattet von hübschen Blütenbäumen, und ihre glatten Wände haben nur zwei Durchlässe: Einen für die Menschen und einen für die Autos.

Ich stehe auf. Das Gras ist hart, scharfkantig, Licht und Schatten wechseln. Ich schaue hoch zu dem Baum und sehe, wie sich seine großen Blätter bewegen. An der Mauer finde ich einen Stein, auf den ich mich stellen kann: Vor mir ein Tal, ein Abgrund und drüben Hütten, ganz hell. Ja, kurz hinter der Mauer bricht der Berg ab und fällt staubig und trocken hinunter in das Flußbett. Ich sehe ein klebriges braunes Rinnsal und Menschen, Frauen. Sie waschen dort unten Wäsche. Und drüben auf der anderen Talseite, dreihundert oder vierhundert Meter entfernt, das helle Band der Hütten. Es sind sehr viele. Die Wände aus Pappe, Holz und Plastiktüten reflektieren die Sonne. Eine ganze Stadt.

2

Der große See. Zugleich glasig und dunkel liegt er in dem Krater eines erloschenen Vulkans. Vom Bootssteg aus sehe ich den Schwung der fruchtigen grünen Hänge und einzelne Häuser, ganz von Pflanzen eingeschlossen. Vorsichtig tauche ich ein in das kostbare, süße Wasser und spüre seine Kälte bis unter die Haut. Ich schwimme ein Stück hinaus in das Kraterbekken und versuche nach unten zu schauen: Stille und Tiefe! Ich bin gewarnt. Langsam kehre ich zum Ufer zurück, zum Garten, zum Haus.

Das alte Haus mit seinen spanischen Torbogen und dem verblichenen roten Putz gefällt mir gut. Es gehört Freunden unserer Gastgeber, und außer uns sind noch eine Menge anderer Leute eingeladen. Es sind Herrschaften: Damen, Herren. Sie nicken und lächeln die ganze Zeit und versuchen diese Verhaltensweise auch während des Essens beizubehalten. Ich nehme mir rasch ein paar Happen und gehe zurück in den Garten.

Auf dem Rasen lagern Jugendliche. Sie sind alle weiß gekleidet, und die duftigen Stoffe sehen schön aus auf dem kräftigen Grün, zwischen den dunklen Sträuchern und Bäumen. Das Bild erinnert mich an alte Schloßgärten. Ich mache ein Foto.

Etwas später sitzen wir in dem himmelblauen Mercedes, den uns unsere Gastgeber ausgeliehen haben, und wollen zurück zur Hauptstadt. Wir finden die richtige Straße, wissen aber nicht, welche Richtung wir einschlagen müssen. Langsam lenkt mein Mann den Wagen an den Pflanzungen vorbei, an Mais und Bananen. Endlich sehen wir in der Straßenbiegung eine Gestalt. Wir kommen näher und erkennen an der Arbeitskleidung, daß es ein Bauer dieser Gegend ist. Wir halten den großen Wagen an und fragen ihn nach dem Weg. Der Mann hat einen kräftigen, runden Kopf und einen schwarzen Schnurrbart in seinem ernsten Gesicht. Er schweigt, schaut uns einen Moment prüfend an und deutet dann mit dem Arm in unsere Fahrtrichtung. Ich denke: Er spricht nicht und sieht so nachdenklich aus. Vielleicht auch abweisend oder feindlich? Wir fahren eine Weile, bis die Straße immer unwegsamer wird. Es wird klar, daß wir die falsche Richtung genommen haben. Auf dem Rückweg halte ich Ausschau nach dem Bauern, aber die ganze Gegend ist verlassen. Ich habe keinen Zweifel mehr an seinem Gesichtsausdruck.

Zusammen mit unserer Gastgeberin betreten wir das kleine Museum, ein falches Glasgebäude mit einem Atrium in seiner Mitte. Langsam schlendern wir durch die Ausstellungsräume. Am meisten beeindrucken mich die großen, roh behauenen Skulpturen. Auch bearbeitet bleiben sie Fels. Ich berühre eine Figur mit der flachen Hand, um die Schwere des Steins zu spüren.

Im letzten Raum sind Haushaltsgegenstände aufgebaut und zum Ausgang hin zwei naturgetreue Hütten: Die erste, wie man sie auf dem Lande findet, aus Bambus mit einer dicken Mütze aus Stroh. Die zweite, wie sie zu Hunderten nicht weit von diesem Museum wuchern, ein zerbrechliches Gebilde aus Abfall und Pappe. Unsere Gastgeberin bleibt stehen, ihre Stimme ist leise und voller Druck: «Also, was macht das für einen Eindruck! Das ist doch unmöglich, daß sie so was zeigen, das gehört nicht hierher!» Ich spüre die Hitze, die langsam in mir hochsteigt.

Das bergige Gelände ist dicht bepflanzt. Jetzt zur Erntezeit leuchten an den Sträuchern die roten Kaffeekirschen. Große Schattenbäume, die weit über die Pflanzungen verteilt sind, rücken hier, wo wir stehen, dichter zusammen und bilden mit ihrem ausladenden Laubdach einen geschützten Raum. Es sind viele Leute auf dem Platz zusammengekommen. Sie stehen in kleinen Gruppen, unterhalten sich leise und lachen manchmal kurz auf. Die gedämpfte Stimmung wird noch betont durch die sonntägliche Kleidung, die hellen Hemden der Männer.

Die Zeremonie beginnt. Name für Name wird aufgerufen. Einzeln treten die Personen an die Tür des Lastwagens heran und erhalten aus dem

Inneren ihr Geld in die Hand gezählt. Die Männer und Frauen sind Kaffeepflücker, und außer dem Wochenlohn bekommen sie täglich Mais und Bohnen und manchmal Milch für die Kinder. Da die Bezahlung sehr schlecht ist und nach der Pflückmenge berechnet wird, arbeiten meist alle Mitglieder der Familie. Auch die jüngsten.

Ich nähere mich einer Gruppe Frauen, weil ich ihre Kleidung ansehen möchte, die mir gut gefällt. Baumwollstoffe, in mehreren Bahnen und Färbungen übereinandergeschichtet: Unterröcke, Röcke und Schürzen. Die Frauen lachen mich herzlich an, und ich erfahre, daß diese Kleidung in ihrem Dorf getragen wird.

Die Zeremonie zieht sich hin. Ich setze mich in den Lastwagen und schaue dem Sohn unserer Gastgeber bei der Bezahlung zu. Er ist schmächtig, noch sehr jung und rechnet und zahlt mit fahriger Bewegung. – Es scheint Schwierigkeiten zu geben. Eine Frau ist mit ihrem Lohn nicht einverstanden, und ihre Stimme dringt immer lauter und aufgeregter in die kleine Kabine. Der junge Mann schaut sie nicht an, sein Bleistift fliegt die Zahlenreihen herauf, herunter, er kritzelt immer neue Berechnungen auf das Papier, aber die Frau besteht auf ihrer Forderung. Endlich findet er die Lösung, und die beiden einigen sich. Sie geht mit ihrem beanspruchten Geld fort, und er bleibt zurück mit Schweißperlen auf Oberlippe und Stirn.

Die restliche Bezahlung läuft glatt, und der kleine Zwischenfall hat kaum Aufsehen erregt. Auch die beiden Männer der Guardia Nacional stehen noch immer ruhig an ihrem Platz, der eine über dem Lkw am Hang, der andere auf der Ladefläche. Und wie schon zwei Stunden zuvor zeigt der Lauf ihrer entsicherten Maschinengewehre schräg zum Boden.

Das Haus ist aus ungebrannten Lehmziegeln aufgerichtet. Über eine langgezogene Holzveranda betritt man hohe, unfertige Innenräume. Zustand und Material lassen nicht an die Ferienwohnung wohlhabender Leute denken, eher an eine große Scheune. Ich sehe vor mir Stroh auf dem gestampften Boden lagern, Berge Mais, die zwischen den Erdwänden wachsen bis hoch zum Gebälk, ich höre Geräusche von Tieren, von Rindern oder Pferden, aber die Räume sind leer. Es gibt ein paar Tische und Bänke und einige Pritschen zum Übernachten.

Zum Haus gehört ein weitläufiges, bewaldetes Gelände. Der Blick fällt auf einen Wall hoher Berge: Die blaue, unwegsame Grenze zum Nachbarland. Auf dem Grund steht sonst nur noch die Hütte einer Bauernfamilie. Die Leute haben die Erlaubnis unserer Gastgeber, hier zu leben und zu pflanzen im Austausch dafür, daß sie Haus und Land bewachen. Mein Mann und ich bleiben drei Tage in dieser schönen Umgebung. Morgens, mittags und abends bringt uns die Bäuerin das Essen: Tortillas, Bohnen, Reis, gebratene Bananen und manchmal etwas Salat.

Unser letzter Tag. Wir durchstreifen das Land: Wildtauben, seltene

Pflanzen, versteckte Bachläufe, winzige Kolibris und Hitze, Hitze, die uns verfolgt und erwartet, Hitze, die zwischen den Bäumen steht, die den Pflanzen Saft und Gerüche abpreßt ... ich bleibe stehen. Der Stamm dieses Baums ist verletzt. An den Wundrändern eben erstarrte Rinnsale und Perlen, das Holz rot von Harz. Die große Pinie hat an dieser Stelle nur noch die Hälfte ihres Umfangs und sieht zerbrechlich aus, wie sie sich auf dem schmalen Stift aufrecht hält. Ich schaue den Weg zurück, den wir gekommen sind, und erkenne, Stamm für Stamm, Schlag für Schlag, daß alle Bäume um uns herum die gleichen tiefen Schnitte aufweisen. Die meisten Wunden sind geschwärzt, wie angekohlt. Wir zählen dreißig verletzte Bäume, und auf dem Rückweg zum Haus werden es immer mehr.

Als kurz darauf der Sohn unserer Gastgeber eintrifft, berichten wir aufgeregt von unserer Beobachtung. Zusammen erinnern wir uns, wie am ersten Abend die Bäuerin unser Lagerfeuer mit harzfeuchtem rotem Kienspan entzündete. Der junge Mann geht hinüber zu ihrer Hütte, um sie zur Rede zu stellen. Er kommt zurück, und wir erfahren, daß die Familie tatsächlich den Schaden angerichtet hat. Die Frau benutzte das Pinienholz regelmäßig zum Feuermachen. Jetzt ist sie sehr verängstigt und fürchtet, das Land verlassen zu müssen. Auf seine Frage, warum sie keine Streichhölzer verwendet habe, ist ihre Antwort: «Ich habe kein Geld, um Streichhölzer zu kaufen.»

«Ich habe hier auf meinem Grund einige Steinhäuser für Arbeiter gebaut. Sie zahlen mir monatlich eine geringe Summe, und die Wohnungen gehen mit der Zeit in ihren Besitz über.» Unser Gastgeber steuert den alten VW durch Lehmstaub, an Schlaglöchern vorbei und erzählt voller Stolz von seinen sozialen Einrichtungen. «Dort ist die Siedlung!» Ich bin völlig durchgeschüttelt und versuche, durch die kleinen vibrierenden Fenster die Umgebung genau zu betrachten. Zwischen den Kaffeesträuchern tauchen Häuser auf, plötzlich sind auch überall Menschen, Erwachsene und Kinder. Sie bleiben stehen und sehen uns entgegen. Langsam fahren wir an den Gebäuden und ihren Bewohnern vorbei. Die Häuser sind winzig, nicht größer als die üblichen Lehmhütten der Bauern. Ich erfahre, daß jedes aus einem Zimmer und der Küche besteht und von einer vollständigen Familie bewohnt wird.

Auf der Rückfahrt berichtet der alte Herr begeistert über die Fortschritte des Landes, von dem Fleiß seiner Bewohner. «Heutzutage muß in El Salvador kein Kind mehr ohne Schuhe gehen!» Der Straßenstaub wird unerträglich, und so lenkt er den Wagen vorsichtig um eine Gruppe barfüßiger Kinder herum. Ich wende mich schnell nach hinten und schaue durch das Heckfenster. Aber die Kinder sind verschwunden. Ich sehe nichts als eine riesige weiße Staubwolke.

... propert... ...Cristo (...

(2) Opened Los Encuentros gold-silver mine in 1971.

UNILEVER (U.K.-Dutch)/**La Favorita S.A.**: Soap factory. Acq. in JV with DeSola family (**1969**).

WM. UNDERWOOD CO. (U.S.)/**Productos Alimenticias Underwood** (**PAUCASA**): Deviled ham. (**196–**). Sold in 197–.

BAYER FOREIGN INVESTMENTS (Germany)/**Bayer Químicas Unidas**: Chemicals**. 98% JV (**196–**; $2.4 m. inv. as of 1978).

CARGILL (U.S.): Animal feed products**. JV (**196–**).

GUANOMEX (Mexico)/**Fertica S.A.**: Fertilizer plant, Acajutla. Acq. maj. interest (**1970**).

WARD FOODS (U.S.)/**Atarraya S.A.**: Shrimp trawling and processing. Acq. maj. interest (**1970**).

UNITED AIR LINES' WESTERN INT'L HOTELS DIV. (U.S.)/**Hoteles S.A.**: Camino Real San Salvador. JV (**1970**; $4.4 m. inv.).

__________ (South Korea)/**Central American Tuna Freezing Co.**: Fish freezing facility in La Unión. 50% JV (**1970**; $1 m. inv.).

KIMBER... CLARK (U.S.): Crepe paper... Sitio del

Der Zauberstab des Weltmarktes weckt Mittelamerika aus seinem Schlaf

Von Eduardo Galeano

Die auf mittelamerikanischem Boden gelegenen Länder erlitten bis um die Mitte des vorigen Jahrhunderts keine beachtlichen Erschütterungen. Abgesehen von den zum Eigenverbrauch bestimmten Lebensmitteln erzeugte Mittelamerika Scharlach- und Indigofarbstoffe mit geringem Kapital, wenigen Arbeitskräften und einem Minimum an Sorgen. Die Koschenille, ein Insekt, das ohne Schwierigkeiten auf der stachligen Oberfläche der Nopalbäume gedieh, erfreute sich, wie die Indigopflanze, einer ständigen Nachfrage von seiten der europäischen Textilindustrie. Beide Naturfarbstoffe starben den Kunststofftod, als gegen 1850 die deutschen Chemiker die Aniline und andere billigere Farbstoffe zum Färben der Stoffe erfanden.

Dreißig Jahre nach diesem Sieg der Laboratorien über die Natur war der Augenblick für den Kaffee gekommen. Mittelamerika machte eine Wandlung durch. Aus seinen eben entstandenen Pflanzungen kam um das Jahr 1880 fast ein Sechstel der Kaffeeproduktion der ganzen Welt. Durch dieses Produkt vollzog sich die endgültige Eingliederung der Zone in den Weltmarkt. Den englischen Käufern folgten die Deutschen und die Nordamerikaner; die ausländischen Konsumenten erweckten eine einheimische Kaffeebourgeoisie zum Leben, die im Zuge der liberalen Revolution von Justo Rufino Barrios zu Beginn des Jahrzehnts 1870 bis 1880 politische Machtpositionen erlangte. Die von auswärts diktierte Agrarspezialisierung erweckte die rasende Gier nach dem Erwerb von Land und von Menschen. Das derzeitige Latifundium entstand in Mittelamerika unter der Fahne der Arbeitsfreiheit.

Die liberalen Regierungen modernisierten die Arbeitsverhältnisse, indem sie das Lohnsystem einführten, aber die Lohnarbeiter verwandelten sich in Eigentum der frischgebackenen Kaffeeunternehmer. Selbstredend wirkten sich in keinem Augenblick während des ganzen seither verstrichenen Jahrhunderts die Hausseperioden auf das Niveau der Einkünfte der Arbeiter aus. Dies war einer der Faktoren, die die Entwicklung eines internen Absatzmarktes in den mittelamerikanischen Ländern hemmten. [1] Wie überall entmutigte der Kaffeeanbau in seiner zügellosen Expansion den Anbau von Lebensmitteln für den internen Markt. Auch diese Länder waren dazu verurteilt, chronischen Mangel an Reis, Bohnen, Mais, Weizen, Tabak und Fleisch zu leiden. Mit Mühe und Not blieb eine elende Landwirtschaft zur Deckung des Eigenbedarfs auf den hoch gelegenen und zerklüfteten Geländen bestehen, in die das Latifundium die Eingeborenen bei der Inbesitznahme der tiefer gelegenen und fruchtbareren Ländereien drängte. Dies sind die Reserven an Arbeitskräften, über die der Weltmarkt verfügt. In einem Jahrhundert hat sich die Lage nicht geändert: Das Latifundium und das Minifundium bilden gemeinsam die Einheit eines Systems, das auf der grausamen Ausbeutung der einheimischen Arbeitskräfte beruht. Im allgemeinen, und ganz besonders in Guatemala, tritt diese Struktur der Inbesitznahme der Arbeitskraft im Gleichklang mit einem wahren System des Rassendünkels in Erscheinung: Die Indianer sind ebenso Opfer des inneren Kolonialismus, der von Weißen und Mestizen ausgeübt wird und mit dem ideologischen Segen der herrschenden Kultur zählt, wie die mittelamerikanischen Länder ihrerseits es dem ausländischen Kolonialismus gegenüber sind.[2]

Seit dem Beginn des Jahrhunderts erschienen außerdem in Honduras, Guatemala und Costa Rica die Bananenenklaven. Um den Kaffee in die Hafenstädte zu transportieren, waren bereits einige vom inländischen Kapital finanzierte Eisenbahnlinien entstanden. Die nordamerikanischen Unternehmen bemächtigten sich dieser Eisenbahnen und schufen weitere zu dem ausschließlichen Zweck, die Produktion ihrer Plantagen zu befördern, während sie gleichzeitig das Monopol der Elektrizitätsversorgung, der Post und des Telegrafen- und Telefonwesens, aber auch das Monopol eines nicht minder wichtigen öffentlichen Dienstes, das der Politik, für sich in Anspruch nahmen. In Honduras «kostet ein Maultier mehr als ein Abgeordneter», und in ganz Mittelamerika haben die Botschafter der Vereinigten Staaten höhere «präsidierende Macht» als die Präsidenten. Die United Fruit Co. hat ihre Konkurrenten in der Produktion und dem Verkauf von Bananen geschluckt, sich in den wichtigsten Großgrundbesitzer Mittelamerikas verwandelt und beherrscht mit ihren Tochtergesellschaften den Eisenbahn- und Seetransport; sie hat sich der Häfen bemächtigt und über eigene Zollämter und Polizei verfügt. Der Dollar ist de facto die mittelamerikanische Währung geworden.

Seeräuber in Aktion

In der geopolitischen Konzeption des Imperialismus ist Mittelamerika nichts weiter als ein natürliches Anhängsel der Vereinigten Staaten. Nicht einmal Abraham Lincoln, der auch die Annektierung dieses Territoriums erwog, konnte sich dem Bann der «offenbaren Bestimmung» der Großmacht für die angrenzenden Gebiete entziehen.[3]

Um die Mitte des vorigen Jahrhunderts fiel der Seeräuber William Walker, der im Auftrag der Bankiers Morgan und Garrison handelte, in Mittelamerika an der Spitze einer Mörderbande ein, die sich selbst «die amerikanische Phalanx der Unsterblichen» nannte. Mit der offiziösen Unterstützung der Regierung der Vereinigten Staaten raubte und tötete Walker, stiftete er Brände und ließ sich in aufeinanderfolgenden Feldzügen zum Präsidenten von Nicaragua, Salvador und Honduras ausrufen. Er führte die Sklaverei in den Gebieten, die seine verheerende Besetzung erlitten, wieder ein und setzte so das philanthropische Werk seines Landes in den kurz vorher Mexiko geraubten Provinzen fort. Nach seiner Rückkehr wurde er in den Vereinigten Staaten wie ein Nationalheld gefeiert. Seit damals waren die Invasionen, die Interventionen, die Bombardements, die Zwangsanleihen und die unter dem Kanonenrohr unterzeichneten Verträge gang und gäbe.

1912 erklärte der Präsident William H. Taft: «Der Tag liegt nicht fern, an dem drei Sternenbanner an drei gleich weit entfernten Punkten die Ausdehnung unseres Territoriums anzeigen werden: eine am Nordpol, die andere am Panamakanal und die dritte am Südpol. Es wird zur Tatsache werden, daß die ganze Hemisphäre uns gehört, wie sie uns auch, dank unserer rassischen Überlegenheit, moralisch schon jetzt gehört.»[4] Taft sagte, daß der gerade Weg der Gerechtigkeit in der Außenpolitik der Vereinigten Staaten «keineswegs eine aktive Intervention ausschließt, um für unsere Waren und unsere Kapitalisten günstige Investitionsmöglichkeiten zu gewährleisten». Um die gleiche Zeit gab der ehemalige Präsident Teddy Roosevelt seine Erinnerungen über die erfolgreiche Landamputation zum besten, die er an Kolumbien vorgenommen hatte: «*I took the Canal*», sagte der frischgebackene Friedensnobelpreisträger, während er erzählte, wie er Panama erfunden hatte.[5] Kolumbien sollte kurz darauf eine Entschädigung von 25 Millionen Dollar erhalten: es war der Preis eines Landes, das entstanden war, damit die Vereinigten Staaten über einen Verbindungsweg zwischen beiden Ozeanen verfügten.

Der Kommandant Smedley D. Butler, der viele dieser Expeditionen anführte, faßte 1935, bereits im Ruhestand, seine eigene Tätigkeit folgendermaßen zusammen: «Ich habe 33 Jahre und vier Monate in aktivem Dienst als Mitglied der gewandtesten Militärkraft dieses Landes verbracht: des Marineinfanteriekorps. Ich habe in allen Rangstufen gedient, vom Lieutenant bis zum Divisionsgeneral. Und im Verlaufe dieser ganzen Periode übte ich meistens die Funktionen eines Gangsters erster Kategorie für die große Geschäftswelt, für Wallstreet und die Bankiers aus. Mit einem Wort, ich war ein Gangster des Kapitalismus. So habe ich zum Beispiel 1914 dabei geholfen, daß Mexiko und ganz besonders Tampico eine leichte Beute für die nordamerikanischen Erdölinteressen würde. Ich habe dabei geholfen, daß Haiti, Kuba und Nicaragua Plätze zum Kassieren der Renten der National City Bank und für das Bankhaus Brown Brothers würden ... 1916 habe ich im Namen der nordamerikanischen Zuckerinteressen das Licht in die Dominikanische Republik getragen. 1903 habe ich dabei geholfen, Honduras zum Besten der nordamerikanischen Obstgesellschaften zu ‹befrieden›.»[6] In den ersten Jahren des Jahrhunderts hatte der Philosoph William James einen wenig bekannten Satz geprägt: «Das Land hat ein für allemal die Unabhängigkeitserklärung ausgespien ...» Um nur ein Beispiel zu nennen: Die Vereinigten Staaten haben Haiti 20 Jahre lang besetzt, und dort, in diesem Negerland, das Schauplatz der ersten siegreichen Sklavenrebellion gewesen war, führten sie die Rassentrennung und ein System der Zwangsarbeit ein, töteten 1500 Arbeiter bei einer ihrer Unterdrükkungsaktionen (nach einer Untersuchung des nordamerikanischen Senats im Jahre 1922), und als die Regierung des Landes sich weigerte, die Nationalbank in eine Filiale der National City Bank von New York zu verwandeln, unterbrachen sie die Zahlung der Gehälter an den Präsidenten und seine Minister, damit sie von neuem darüber nachdächten.[7] Ähnliche Vorgänge haben sich auf den restlichen Inseln der Karibischen See und in ganz Mittelamerika, dem geopolitischen Raum des «Mare Nostrum» des Imperiums, zugetragen, wobei als Begleitmusik abwechselnd der *big stick* oder die «Dollardiplomatie» gespielt wurden.

Im Koran wird der Bananenbaum unter den Bäumen des Paradieses erwähnt, aber die «Bananisierung» von Guatemala, Honduras, Costa Rica, Panama, Kolumbien und Ekuador läßt den Verdacht zu, daß es sich um einen Baum der Hölle handelt. In Kolumbien war das größte Landgut des Landes in den Besitz der United Fruit übergegangen, als 1928 ein großer Streik an der Atlantikküste ausbrach. Die Bananenarbeiter wurden gegenüber einer Eisenbahnstation mit Schüssen niedergemacht. Ein offizielles Dekret hatte verfügt: «Die Mitglieder der Exekutive sind dazu berechtigt, bewaffnete Strafaktionen durchzuführen ...», und später war kein neues Dekret notwendig, um das Blutbad aus dem offiziellen Gedächtnis des Landes zu löschen.[8] Miguel Angel Asturias hat den Prozeß der Eroberung und der Ausplünderung Mittelamerikas beschrieben. Der «Grüne Papst» war Minor Keith, ungekrönter König der ganzen Zone, Stammvater der United Fruit, Verschlinger von Ländern: «Wir haben Häfen, Eisenbahnen, Land, Gebäude, Brunnen», sagte der Präsident, «der Dollar strömt, man spricht Englisch, und man hißt unsere Fahne ... Chicago konnte nicht umhin, auf diesen Sohn stolz zu sein, der mit einem Pistolengürtel fortging und dann zurückkehrte, um seinen Platz unter den Fleischkaisern, den Eisenbahn-, Kupfer- und Kaugummikönigen einzunehmen.»[9] In ‹*Der 42. Breitengrad*› umriß John Dos Passos die strahlende Biographie von Keith, die Biographie des Unternehmens: «In Europa und den Vereinigten Staaten hatte man begonnen, Bananen zu essen; demnach fällten sie den Urwald in ganz Mittelamerika, um Bananenbäume auszusäen und Eisenbahnen zum Transport der Bananen zu bauen, und jedes Jahr fuhren mehr Dampfer der Great White Fleet voll Bananen nach dem Norden, und das ist die Geschichte des nordamerikanischen Imperiums in der Karibischen See und die des Panamakanals und die des zukünftigen Kanals durch

Nicaragua und die der ‹Marines›, der Kriegsschiffe und der Bajonette ...»

Der Boden war am Ende ebenso erschöpft wie die Arbeiter; dem Boden wurde der Humus und den Arbeitern die Lungen geraubt; aber es gab immer neuen Boden, den man ausnutzen, und neue Arbeiter, die man zugrunde richten konnte. Die Diktatoren sorgten, Operettenhelden gleich, für das Wohlergehen der United Fruit mit dem Messer zwischen den Zähnen. Später nahm die Bananenproduktion allmählich ab, und die Allmacht der Obstfirma machte mehrere Krisen durch; aber Mittelamerika ist bis in unsere Tage eine Weihestätte des Profits für Abenteurer geblieben, wenn auch der Kaffee, die Baumwolle und der Zucker die Bananen aus ihrer Vorrangstellung verdrängt haben. Noch immer sind die Bananen die wichtigste Devisenquelle für Honduras und Panama und in Südamerika für Ekuador. Um 1930 führte Mittelamerika jährlich 38 Millionen Stauden aus und die United Fruit führte an Honduras einen Cent Steuer pro Staude ab. Es gab keine Möglichkeit, die Zahlung dieser Ministeuer, die später ein klein wenig gestiegen ist, zu kontrollieren, noch gibt es sie heute; denn noch heute exportiert und importiert die United Fruit nach ihrem Belieben unter Umgehung der staatlichen Zollstellen. Die Handels- und die Zahlungsbilanz sind Phantasiewerke von Technikern mit hoher Vorstellungskraft.

Die Krise der dreißiger Jahre: «Eine Ameise zu töten ist ein größeres Verbrechen, als einen Menschen zu töten»

Der Kaffee hing vom nordamerikanischen Markt, dessen Verbrauchskapazität und dessen Preisen ab; die Bananen waren ein Geschäft von Nordamerikanern für Nordamerikaner. Die Krise des Jahres 1929 kam schlagartig. Der New Yorker Börsenkrach, der die Grundpfeiler des internationalen Kapitalismus zum Wanken brachte, hatte in der Karibischen See eine ähnliche Wirkung wie ein riesiger Steinblock, der in eine kleine Pfütze fällt. Die Kaffee- und die Bananenpreise erlitten einen jähen Sturz, und nicht weniger jäh war der Rückgang des Absatzes. Die Zwangsvertreibung von Bauern wurde mit fieberhafter Gewalt wiederaufgenommen, die Arbeitslosigkeit auf dem Lande und in den Städten nahm überhand, eine Sturmflut von Streiks brach aus; die Kredite, die Investitionen und die Staatsausgaben nahmen rapide ab, die Gehälter der Staatsbeamten in Honduras, Guatemala und Nicaragua wurden fast auf die Hälfte herabgesetzt.[10] Der Stiefel der Diktatoren trat sehr rasch die Deckel der Kochtöpfe nieder; die Politik der guten Nachbarschaft sollte in Washington eingeleitet werden, aber es war nötig, der sozialen Unruhe, die überall gärte, Einhalt zu gebieten. Rund 20 Jahre – die einen etwas mehr, die anderen etwas weniger – blieben Jorge Ubico in Guatemala, Maximiliano Hernández Martínez in El Salvador, Tiburcio Carías in Honduras und Anastasio Somoza in Nicaragua an der Macht.

Die Epopöe Augusto César Sandinos bewegte das Gewissen der Welt. Der lange Kampf des Partisanenführers von Nicaragua hatte zur Forderung nach Land geführt und brachte den lang verhaltenen Zorn der Landbevölkerung zum Ausbruch. Sieben Jahre lang kämpfte sein kleines in Lumpen gekleidetes Heer gleichzeitig gegen die 12000 nordamerikanischen Invasoren und gegen die Mitglieder der Guardia Nacional. Die Granaten wurden aus Sardinenbüchsen, die mit Steinen angefüllt wurden, hergestellt, die Springfield-Gewehre wurden dem Feind entrissen, und es fehlte auch nicht an Buschmessern; der Fahnenmast war ein nicht entrindeter Pfahl, und an Stelle von Stiefeln verwendeten die Bauern, um sich in den dicht bewachsenen Bergen fortbewegen zu können, eine Lederbinde, die «Huarache» genannt wurde. Bei «Adelita»-Musik sangen die Guerrilleros[11]:

In Nicaragua, ihr Herren,
da prügelt die Maus die Katze.

Weder die Intensität des Feuers der Marineinfanterie noch die Bomben, die aus Flugzeugen abgeworfen wurden, reichten aus, um die Aufständischen von Las Segovias zu vernichten. Ebensowenig vermochten es die Verleumdungen, die von den Nachrichtenagenturen Associated Press und United Press, deren Berichterstatter in Nicaragua zwei Nordamerikaner waren, in deren Händen sich das Zollwesen des Landes befand, in der ganzen Welt verbreitet wurden[12]. 1932 hatte Sandino das Vorgefühl: «Ich werde nicht mehr lange leben.» Ein Jahr darauf wurde unter dem Einfluß der nordamerikanischen Politik «des guten Nachbarn» der Frieden geschlossen. Der Partisanenführer wurde vom Präsidenten zu einer entscheidenden Zusammenkunft nach Managua eingeladen. Auf dem Wege dahin fiel er in einem Hinterhalt einem Anschlag zum Opfer. Der Mörder, Anastasio Somoza, erklärte später, daß die «Hinrichtung» vom nordamerikanischen Botschafter Arthur Bliss Lane angeordnet worden war. Der damalige Heerführer Somoza brauchte nicht lange dazu, um die Macht zu ergreifen. Er regierte Nicaragua ein Vierteljahrhundert hindurch, und später erbten seine Söhne den Posten. Ehe er die Präsidentenschärpe um seine Brust schlang, hatte Somoza sich selbst das Ordenskreuz für erwiesenen Mut, die Medaille der Auszeichnung und die Präsidentenmedaille für besondere Verdienste verliehen. Schon an der Macht, veranstaltete er mehrere Gemetzel und große Festlichkeiten, für die er seine Soldaten als Römer mit Sandalen und Helmen verkleidete; er wurde mit 46 Kaffeeplantagen der größte Produzent des Landes und betrieb auf weiteren 51 Gütern auch Viehzucht. Niemals mangelte es ihm jedoch an Zeit, auch Terror zu säen. Während seiner langen Regierungszeit ist er in der Tat kaum jemals in Bedrängnis geraten, und er gedachte mit gewisser Melancholie seiner Jugendjahre, in denen er Goldmünzen fälschen mußte, um sich vergnügen zu können.

Auch in El Salvador kamen die Spannungen im Fahrwasser der Krise zum Ausbruch. Fast die Hälfte der Bananenarbeiter in Honduras stammten aus El Salvador, und viele wurden zur Rückkehr in ihr Land gezwungen, wo es keinerlei Arbeitsmöglichkeiten gab. In der Zone von Izalco kam es 1932 zu einem großen Bauernaufstand, der sich schnell auf den ganzen Westen des Landes ausbreitete. Der Diktator Martínez entsandte seine modern ausgerüsteten Soldaten zur Bekämpfung der «Bolschewiken». Die Indianer rannten mit Buschmessern gegen die Maschinengewehre an, und das Kapitel endete mit 10000 Toten. Martínez, ein vegetarischer Hexenmeister und Theosoph, vertrat den Standpunkt, daß «eine Ameise zu töten ein größeres Verbrechen sei, als einen Menschen zu töten, da die Seele des Menschen bei seinem Tode in einen anderen Körper übergeht, während die Ameise endgültig stirbt»[13]. Er sagte des öfteren, daß er unter dem Schutz «unsichtbarer Legionen» stünde, die ihn über alle Verschwörungen auf dem laufenden hielten, sowie, daß er mit dem Präsidenten der Vereinigten Staaten direkten telepathischen Kontakt unterhielte. Eine Pendeluhr über seinem Teller tat ihm kund, ob die Speisen vergiftet waren; auf einer Landkarte zeigte sie ihm die Stellen an, wo Piratenschätze oder politische Gegner verborgen waren. Den Eltern seiner Opfer pflegte er Kondolenzschreiben zugehen zu lassen, und im Hof seines Palastes grasten die Hirsche. Er regierte bis 1944.

Die Blutbäder fanden überall statt. 1933 ließ Jorge Ubico in Guatemala etwa hundert führende Mitglieder von Gewerkschaften, Studentenvereinigungen und politischen Parteien erschießen, während er gleichzeitig die Gesetze zur Bekämpfung des «Landstreichertums» der Indianer wieder einführte. Jeder Indianer mußte ein Dienstbuch vorweisen, in dem seine Arbeitstage verzeichnet wurden; wurden diese für unzureichend gehalten, so bezahlte er seine Schuld im Gefängnis oder dadurch, daß er während eines halben Jahres unentgeltlich Feldarbeiten leistete. An der ungesunden Pazifikküste erhielten Tagelöhner, die bei ihrer Arbeit bis zu den Knien im Schlamm versanken, 30 Cents bezahlt, und die United Fruit konnte beweisen, daß Ubico sie dazu gezwungen hatte, die Löhne zu senken.

1944, kurz vor dem Sturz des Diktators, veröffentlichte der *Reader's Digest* einen Artikel, der einen glühenden Lobgesang darstellte: Dieser Prophet des Weltwährungsfonds hatte die Inflation vermeiden können, indem er die Löhne beim Bau der provisorischen, für Militärzwecke bestimmten Landstraße von einem Dollar auf 25 Cents täglich und bei den Arbeiten für den Luftstützpunkt in der Hauptstadt von einem Dollar auf 50 Cents gesenkt hatte. Um diese Zeit erteilte Ubico den Kaffeebaronen und den Bananenfirmen die Erlaubnis zu töten: «Die Eigentümer von Plantagen werden jeder strafrechtlichen Verantwortung enthoben ...» Das Dekret trug die Nummer 2795 und wurde 1967 unter dem demokratischen und repräsentativen Regime von Médez Montenegro wieder in Kraft gesetzt.

Wie alle Tyrannen an der Karibischen See hielt sich Ubico für Napoleon. Er umgab sich mit Büsten und Bildern des Kaisers, der, wie er sagte, sein Profil hatte. Er schwor auf militärische Disziplin: Er militarisierte die Postangestellten, die Schulkinder und das Symphonieorchester. Die Mitglieder des Orchesters spielten in Uniform für neun Dollar monatlich die von Ubico ausgewählten Musikstücke unter Anwendung der von ihm bestimmten Technik und mit den gleichfalls von ihm bestimmten Instrumenten. Er war der Ansicht, daß die Spitäler für Weichlinge da waren, so daß die Patienten auf dem Boden der Gänge und der Korridore behandelt wurden, wenn sie das Pech hatten, nicht nur krank, sondern auch arm zu sein.

Wer hat die Gewalt in Guatemala zum Ausbruch gebracht?

1944 stürzte Ubico von seinem Postament herab, weggefegt von den Windstößen einer Revolution liberaler Prägung, die von einigen jungen Offizieren und Akademikern aus dem Mittelstand angeführt wurde. Juan José Arévalo trieb nach seiner Wahl zum Präsidenten energisch einen Erziehungsplan voran und erließ ein neues Arbeitsstatut zum Schutz der Arbeiter auf dem Lande und in den Städten. Es entstanden mehrere Gewerkschaften: die United Fruit Co., die ausgedehnte Ländereien, von denen sie nur 8 % bebaute, die Eisenbahn und den Hafen beherrschte, und die in der Praxis von Steuern befreit war und keinerlei Kontrolle unterlag, war auf ihren Besitztümern nicht mehr allmächtig. 1951 enthüllte Arévalo bei seiner Abschiedsrede, daß er zweiunddreißig von diesem Unternehmen finanzierte Verschwörungen zu überwinden gehabt hatte.

Die Regierung von Jacobo Arbenz setzte den Zyklus der Reform fort und vertiefte ihn. Die Straßenbauten und der neue Hafen von San José brachen das Monopol der Obstfirma über das Transportwesen und die Ausfuhren. Ohne die Hand vor irgendeiner ausländischen Bank auszustrecken, wurden mehrere Entwicklungsprojekte in Angriff genommen, die zur Erlangung der Unabhängigkeit führen mußten. Im Juni 1952 wurde die Agrarreform angenommen. An die enteigneten Landbesitzer wurden Entschädigungen in Form von Bons bezahlt. Die Agrarreform hatte sich zum Ziel gesetzt, «die kapitalistische Wirtschaft der Bauern und die kapitalistische Landwirtschaft im allgemeinen zu entwickeln», aber eine wütende internationale Propagandaoffensive wurde gegen Guatemala entfesselt: «Der Eiserne Vorhang geht über Guatemala nieder», kreischten die Radiostationen, die Zeitungen und die verdienstvollen Figuren der OAS

(Organisation amerikanischer Staaten).[14] Der in Fort Leavenworth (Kansas) beförderte Oberst Castillo Armas ließ auf sein eigenes Land die hierzu in den Vereinigten Staaten ausgebildeten und ausgerüsteten Truppen los. Das Bombardement durch F-7-Apparate mit nordamerikanischen Piloten deckte den Vormarsch. «Wir mußten uns einer kommunistischen Regierung entledigen, die die Macht ergriffen hatte», erklärte neun Jahre später Dwight D. Eisenhower.[15] Durch die Ausführungen des nordamerikanischen Botschafters in Honduras vor einem Unterausschuß des Senats der Vereinigten Staaten wurde am 27. Juli 1961 enthüllt, daß die «Befreiungsaktion» des Jahres 1954 von einem Team in die Wege geleitet worden war, dem außer ihm selbst die Botschafter in Guatemala, Costa Rica und Nicaragua angehörten. Allan Dulles, der damals der erste Mann der CIA war, hatte ihnen Glückwunschtelegramme für die geleistete Arbeit gesandt. Vorher hatte der gute Allan dem Direktorium der United Fruit Co. angehört. Sein Sitz wurde ein Jahr nach der Invasion von einem anderen führenden Mitglied der CIA, dem General Walter Bedell Smith, besetzt. Foster Dulles, ein Bruder Allans, hatte sich bei der Konferenz der OAS, die der militärischen Expedition gegen Guatemala das grüne Licht gab, vor Ungeduld erhitzt. Zufällig waren in seiner Anwaltskanzlei zur Zeit des Diktators Ubico die Entwürfe für die Verträge der United Fruit ausgearbeitet worden.

Der Sturz von Arbenz hat die spätere Geschichte des Landes mit unauslöschlichen Feuermalen gezeichnet. Dieselben Kräfte, die die Stadt Guatemala und die Häfen Puerto Barrios und San José am Nachmittag des 18. Juni 1954 bombardiert haben, sind heute an der Macht. Mehrere blutrünstige Diktaturen folgten auf die ausländische Intervention, unter ihnen die Periode von Julio César Méndez Montenegro (1966 bis 1970), der der Diktatur den Anstrich eines demokratischen Regimes gab. Méndez Montenegro hatte eine Agrarreform versprochen, beschränkte sich aber darauf, schriftlich die Genehmigung dazu zu erteilen, daß die Gutsbesitzer Waffen trügen und diese gebrauchten. Die Arbenzsche Agrarreform war in Stücke gegangen, als Castillo Armas seinen Auftrag erfüllte und der United Fruit und anderen enteigneten Grundbesitzern ihre Ländereien zurückgab.

1967 war das schlimmste Jahr im Zyklus der Gewalt, der 1954 eingesetzt hatte. Ein aus Guatemala ausgewiesener nordamerikanischer katholischer Priester, Pater Thomas Melville, schrieb in einem Bericht an den *National Catholic Reporter* im Januar 1968: In kaum mehr als einem Jahr hatten die rechten Terroristengruppen mehr als zweitausendachthundert Intellektuelle, Studenten, Gewerkschaftsführer und Bauern ermordet, die «versucht hatten, die Krankheiten der guatemaltekischen Gesellschaft zu bekämpfen». Die Berechnungen Pater Melvilles waren auf Grund von Pressemeldungen vorgenommen worden, aber über die Mehrzahl der Leichen wurde nie etwas gemeldet: es waren arme Indianer, deren Namen oder Herkunft nicht bekannt waren.

Die Fernschreiber der Welt erzitterten nicht unter den Erstmeldungen über die systematische Schlächterei; nach Guatemala kamen keine nachrichtenhungrigen Journalisten; keine verurteilende Stimme wurde laut. Die Welt wandte den Ereignissen den Rücken zu, aber Guatemala machte eine lange Bartholomäusnacht durch. Das Dorf Cajón del Río blieb ohne Männer und denen des Orts Tituque wurden die Eingeweide mit Messern herausgerissen; die in Piedra Parada wurden lebendig abgehäutet und die in Agua Blanca de Ipala lebendig verbrannt, nachdem man sie vorher durch Schüsse in die Beine bewegungsunfähig gemacht hatte. Auf dem Hauptplatz von San Jorge wurde der Kopf eines aufständischen Bauern auf einer Pike aufgespießt. In Cerro Gordo wurden die Pupillen von Jaime Velázquez mit zahlreichen Stecknadeln durchstochen; die Leiche Ricardo Mirandas wurde mit achtunddreißig Schußwunden und der Kopf Haroldo Silvas, ohne den Körper Haroldo Silvas, am Rande der Landstraße nach San Salvador gefunden; in Los Mixcos wurde Ernesto Chinchilla die Zunge abgeschnitten; an der Quelle des Ojo de Agua wurden die Gebrüder Oliva Aldana mit an den Rücken gefesselten Händen und verbundenen Augen von Schüssen durchbohrt; der Kopf José Guzmáns verwandelte sich in ein Zusammensetzspiel winziger Stücke, die über den Weg verstreut lagen. In den Städten wurden die Haustüren der Verurteilten mit schwarzen Kreuzen gekennzeichnet. Man beschoß sie beim Herausgehen mit Maschinengewehren; die Leichen wurden in Schluchten geworfen.

Später hörte die Gewalt nicht mehr auf. Während der ganzen Epoche der Verachtung und des Zorns, die 1954 begonnen hat, war und bleibt die Gewalt eine natürliche Ausscheidung Guatemalas. Ein anderer ausgewiesener Priester, Pater Blase Bonpane, prangerte in der *Washington Post* 1968 diese kranke Gesellschaft an: «Von den 70000 Menschen, die jährlich in Guatemala sterben, sind 30000 Kinder. Die Kindersterblichkeitsziffer ist in Guatemala vierzigmal höher als in den Vereinigten Staaten.»

Der gemeinsame Markt der Abhängigkeiten

Von Guillermo Molina Chocano

Die Bevölkerungszahl des gesamten mittelamerikanischen Isthmus einschließlich Panama stieg bis 1975 auf fast 20 Millionen an, und verteilt sich auf ein Gebiet von 500000 qkm. Das ergibt eine Bevölkerungsdichte von nicht mehr als 60 Einwohner pro qkm in allen Ländern, mit Ausnahme von El Salvador, das auf Grund seiner geringen Ausdehnung (21000 qkm) eine Besiedelungsdichte von 196 Einwohner pro qkm aufweist.

Hungerwirtschaft

Betrachtet man diese Daten, so stellt sich heraus, daß die «natürlichen Bedingungen» (Land und Bevölkerung) nicht so ungünstig sind oder zumindest nicht unüberwindlich bezüglich der Verteilungsfaktoren. Aber eine andere Tatsache im ökonomischen, sozialen und politischen System darf nicht übersehen werden: die Machtfaktoren, die den Zugang zu dem Wirtschaftspotential und den verfügbaren Gütern für die verschiedenen Bevölkerungsschichten bestimmen.

Tabelle 1: Landverteilung in Mittelamerika

Art der Einheiten	Anzahl der Plantagen	Fläche	Bevölkerung
	(alle Zahlen in %)		
Arbeiter ohne Boden	–	–	27,7
Mikroplantagen (weniger als 0,7 h)	23,4	0,6	16,6
Kleinplantagen (0,7 bis 4 h)	45,2	6,0	32,2
Plantagen mittlerer Größe (4 bis 7 h)	10,4	4,0	7,4
Ein-Familien-Plantagen (17 bis 35 h)	14,8	16,2	10,5
Mehr-Familien-Plantagen (35 bis 350 h)	5,6	35,2	4,0
Großplantagen (mehr als 350 h)	0,6	38,0	0,4
Verwalter	–	–	1,2
Insgesamt	100,0	100,0	100,0

Quelle: SIECA-FAO, Perspectivas para el desarrollo y la integración de la agricultura en Centroamérica, Guatemala, SIECA-FAO, 1974, vol. 1, cuadro 2,7, pag. 35.

Mehr als 50%, in einigen Fällen bis zu 70% der Bevölkerung lebt auf dem Land, im allgemeinen in verstreut liegenden Dörfern, in denen es an den einfachsten Grundvoraussetzungen wie Elektrizität, Wasser usw. fehlt. Das Land, das die produktive Grundlage bildet, befindet sich in Händen einer kleinen Gruppe von einheimischen und ausländischen Großgrundbesitzern, die enorme Ländereien besitzen. Normalerweise ist es der beste Boden, d. h. der fruchtbarste und am leichtesten zugängliche für den Agrarmarkt, der die Rentabilität garantiert. Außerdem stehen den Großgrundbesitzern Kapital, Krediterleichterungen, Landwirtschaftsmaschinen usw. zur Verfügung.

Wenn man die Bevölkerungszahl mit der Anzahl der Plantagen und der Fläche, die sie einnehmen, vergleicht, erhält man ein ziemlich genaues Bild von dem Umfang des Problems in der Landwirtschaft. Es hat einen wirklich dramatischen Umfang angenommen, wenn man die extreme Ungleichheit der Verteilung und der Landinbesitznahme betrachtet. Fast 70 % der Plantagen sind Minifundien, kleine Parzellen von weniger als 4 h, die kaum ausreichen, um einen aus zahlreichen Mitgliedern bestehenden Familienverband zu ernähren und die meist auf schlechtem Boden liegen, auf sogenannten Randgebieten. Durch das Anwachsen der Bevölkerung bedingt, ist es fast unmöglich, daß die Minifundien auch nur die Mindestmenge an Nahrungsmitteln produzieren, die für eine so große Zahl von Menschen erforderlich ist. Daher müssen viele Bewohner auswandern, um Arbeit (als Lohnempfänger) auf mittleren und größeren Plantagen zu suchen, die in der Regel für den Export produzieren. Andere wandern in die Städte aus und lassen die Elendsviertel ansteigen. Dies führt zu einem Sinken des Lebensniveaus, da die urbanen Zonen nur eine begrenzte Anzahl ungelernter Arbeitskräfte aufnehmen können.

In den Minifundien leben etwa 50 % der Landbevölkerung (ohne die landlosen Arbeiter mitzurechnen), d. h. Bauern, die kein Land besitzen und von der Saisonarbeit während der Saat- und Erntezeit abhängig sind. Die landlosen Arbeiter bilden etwa ein Drittel der Gesamtbevölkerung.

Die Mehrheit der Bevölkerung auf den Minifundien besitzt nur 6,6 % der kultivierbaren Landfläche der Region, während auf der anderen Seite die Großgrundbesitzungen, die nur 6,2 % der Plantagenanzahl ausmachen, mehr als 70 % der landwirtschaftlichen Nutzfläche Mittelamerikas einnehmen.

Diese extreme Konzentration der Ressourcen, d. h. des Bodens, des Kapitals und der Technologie spiegelt sich in den Einnahmen der verschiedenen Landbesitzergruppen wider. Außer dem Landbesitz, der manchmal illegal (Landanhäufung) vereinnahmt wurde, verfügen diese Landeigentümer auch über die Produktionsmittel (Landwirtschaftsmaschinen, guter Samen, Chemikalien, Insektiziden etc.). Dies erlaubt ihnen, hohe Einnahme aus der Mechanisierung des Anbaus zu erzielen.

Im Gegensatz dazu ermangelt es den Kleinbetrieben, die ja den größten Teil der Anzahl der Plantagen ausmachen, an Mitteln, die es ihnen ermöglichen würden, auf dem Agrarmarkt Schritt zu halten. Sie betreiben «Subsistenzwirtschaft», weil das, was sie auf den Kleinparzellen (mangelnder Grundbesitz) produzieren, kaum zum Überleben einer umfangreichen Familie ausreicht. Es erlaubt nicht einmal eine Regeneration des menschlichen Körpers in Form von Kalorien, Proteine etc. Deshalb wird oft behauptet, daß eine Kuh in Holland besser lebt als ein Bauer in Mittelamerika. Diese Situation treibt die Kleinbauern dazu, außerhalb ihrer Parzellen Verdienstmöglichkeiten zu suchen, indem sie ihre Arbeitskraft als Saisonarbeiter auf größeren Plantagen anbieten. Das sind dann die Lohnarbeiter oder Tagelöhner, die man auch «Wander-Arbeiter» nennt, weil sie von Plantage zu Plantage ziehen, von Arbeitsplatz zu Arbeitsplatz, je nach Jahreszeit. Aus der Milpa [16] gewinnt er bestimmte Produkte für seine vertraute Ernährungsweise: Maisfladen mit roten Bohnen. Hinzu kommt der Verdienst aus der Lohnarbeit. So bleibt der Bauer an den Markt gebunden. In Zusammenhang mit dem vorhergenannten Fall kann es passieren, daß der Großgrundbesitzer Teile des zu zahlenden Mindestpflichtlohns einfach – manchmal mit Gewalt – verschwinden läßt, obwohl der Lohn durch die mit der Bauernbewegung erkämpften formalen Arbeitsgesetzgebung abgesichert worden war. Wie wir an anderer Stelle sehen werden, hat die Bauernbewegung in Honduras bereits einen bedeutenden Entwicklungs- und Organisationsgrad erreicht; besonders in den letzten zehn Jahren auch in El Salvador und Guatemala. Die ländliche Arbeitskraft hat sich immer besser organisiert und die Verwirklichung der menschlichen Grundrechte, Gewerkschaften, Sozialversicherung usw. gefordert.

Diese Faktoren drücken sich klar in der Einkommensverteilung der Bevölkerung aus, die auf dem Land lebt und in erster Linie von der Agrarwirtschaft abhängig ist.

Wie bekannt, haben sich große Teile der Großgrundbesitzer in den Städten niedergelassen; was ihnen den Status der «Abwesenden» eingebracht hat. Viele sind nur «Verpächter», die ihre Ländereien an die Bauern verpachten oder an Betriebe vermieten, die beispielsweise eine gewisse Landfläche zur kommerziellen Nutzung der Baumwolle verwenden. Andere sind indirekt mit der Expansion der Viehwirtschaft beschäftigt: sie übertragen die Führung der Plantagen ihren Aufsehern (Verwaltern und/oder Landwirten), während sie sich selbst vorzugsweise dem Bankgeschäft, dem Handel oder anderen städtisch-industriellen Geschäftszweigen widmen, in denen sie ihre aus der Landwirtschaft stammenden Gewinne anlegen. Dies insbesondere im Falle der «Kaffeeoligarchie» von El Salvador.

Eine Minderheit, die verbraucht, und eine Mehrheit, die sich verbraucht

Wenn man die sozio-ökonomischen Schichten der Bevölkerung miteinander vergleicht, so erkennt man einen Zustand der Unausgewogenheit und eine ungeheure soziale Ungleichheit. Beispielsweise erhalten 76 % der mittelamerikanischen Ackerbauern einzig und allein 20 % der gesamten Einnahmen aus den Landwirtschaftsbetrieben, während eine Minderheit von Plantagenbesitzern, die nur 6 % der Bevölkerung ausmacht, 45 % des Einkommens für sich beanspruchen, d. h. fast die Hälfte des Gesamteinkommens. Diese Situation verschärft sich noch mehr im Fall von El Salvador, wo 3 % der ländlichen Bevölkerung 46 % der Einnahmen auf sich konzentrieren, d. h., ein minimaler Prozentsatz der Besitzenden absorbiert die wichtigste Einnahmequelle des Landes und deren Erträge. Die ökonomische Leistungsfähigkeit ist hier vollkommen unproportional verteilt.

Tabelle 2: Verteilung der Einnahmen der Landbevölkerung aus Landwirtschaft und Viehzucht nach sozio-ökonomischer Einteilung gemäß Landsitz (in Prozent)

		Guatemala	El Salvador	Honduras	Costa Rica
ohne Land Plantagen bis 4 h	% der Gesamtbevölkerung	83	86	65	70
	% der Einnahmen aus Landwirtschaft	35	24	23	27
Auf Plantagen mit 4 bis 35 h	% der Gesamtbevölkerung	14	11	30	19
	% Einnahmen aus Landwirtschaft	22	29	35	19
Auf Plantagen mit mehr als 35 h	% der Gesamtbevölkerung	3	3	5	11
	% der Einnahmen aus Landwirtschaft	43	47	42	54
Jeweils insgesamt		100	100	100	100

Quelle: SIECA, FAO y CEPAL, Perspectivas para el desarrollo y la integración de la agricultura en Centroamérica, estimación para 1970.

Tabelle 3: Durchschnittliches Pro-Kopf-Einkommen jeder Bevölkerungsschichten Mittelamerikas in US-$ 196.

Bevölkerungsschicht	%	Guatemala	El Salvador	Honduras	Costa Rica
Unterschicht	(50)	73	81	52	152
Mittelschicht	(30)	228	213	164	366
Oberschicht	(15)	543	568	401	750
Reiche	(5)	2,023	1,442	1,349	2,478
Insgesamt	(100)	287	261	202	422

Quelle: GAFICA, estimación para 1970.

Die Situation sieht nicht besser aus, wenn man die Gesamtbevölkerung betrachtet. Die «oberen» und «ganz oberen» Schichten der Gesamtbevölkerung, die 20% ausmachen, haben 60% des Bruttosozialprodukts Mittelamerikas in Händen, d. h. zwei Drittel der staatlichen Einnahmen. Während mehr als die Hälfte der Bevölkerung, die man als «Unterschicht» bezeichnet, nur 13% erhält. Wenn man die nationalen Gesamteinnahmen auf die Bevölkerung verteilt, erhält man wiederum einen statistischen Durchschnitt, der eine ungefähre Vorstellung des materiellen Zustands der verschiedenen Gruppen vermittelt: das ist das, was man als Pro-Kopf-Einkommen versteht. Gemäß diesem Kriterium hatte die «Unterschicht», die 50% der Bevölkerung bildet, 1970 ein halbjährliches Einkommen von weniger als 100 US-Dollar (Dollar von 1960). Dies spiegelt die Bedingungen der ökonomischen Armseligkeit wider, in der sich der größte Teil des mittelamerikanischen Volkes befindet. Wenn sich auch zur Zeit die absoluten Zahlen verändert haben, so bleiben doch die Proportionen in ähnlicher Form aufrechterhalten. Die realen Bedingungen sind in ihrer Substanz unverändert geblieben bzw. haben sich sogar verschlechtert.

Kehren wir zurück zur Lage der Landwirtschaft. Zwei ihrer kritischsten Aspekte, die alle anderen bedingen (wie Ernährung, Erziehung, Gesundheit usw.), nämlich Land- und Einkommenskonzentration, sind bis auf den heutigen Tag auf fatale Weise unverändert geblieben. Zahlreiche Versuche von Landreformen (d. h. Neuverteilung des Landes) wurden durch die lokalen Grundbesitzer, die nordamerikanischen Fruchtkompagnien und die Militärs gehemmt, blockiert und vereitelt. So in Guatemala 1954 durch die amerikanische Intervention; in Honduras 1975 durch die Lahmlegung des Reformprozesses und schließlich 1976 in El Salvador durch das gescheiterte Projekt der «landwirtschaftlichen Umgestaltung» und gegenwärtig durch die aktuellen Blockaden gegen eine auch nur minimale soziale Veränderung.

Es ist bekannt, daß der Widerstand der Landbevölkerung und ihrer Organisation immer von repressiven Maßnahmen begleitet werden. Die genannten drei Länder halten den absoluten Rekord von an der Bevölkerung verübten Massakern: neben der Repression in El Salvador das von Panzós 1978 in Guatemala und die neuesten in den Provinzen Quiché und Sololá und die Massaker von Talaquera (1972) und Los Horcones (1975) in Honduras.

Wie die katholische Kirche schon so oft in ihren Hirtenbriefen zum Ausdruck gebracht hat, verstärken diese politischen und militärischen Repressionen die sogenannte «strukturelle Gewalt», d. h. die Vorenthaltung der zur menschlichen Existenz notwendigen materiellen und kulturellen Güter, wodurch sie die Massen daran hindern, an den Errungenschaften eines Lebensstandards im Sinne «christlich-abendländischer Zivilisation» teilzunehmen.

Nicht ganz ohne Grund spricht man von dem infrahumanen Lebensstandard, d. h. einer Existenzform, welche durch Hunger, Unterernährung und Krankheiten geprägt wird. Das ist zweifellos nicht nur eine rhetorische Darstellung; in vielen Ländern der Region kann man einen großen Teil der Bevölkerung zum sogenannten «Hungergürtel» (in den beispielsweise auch viele Länder Afrikas gehören) zählen, wennggleich die vorhandenen materiellen Ressourcen Ernährungsmöglichkeiten für eine noch viel größere Bevölkerung zulassen würden.

Gemäß der FAO, der Organisation der Vereinten Nationen für Landwirtschaft und Ernährung, beträgt der tägliche Mindestbedarf an Lebensmitteln für einen sich normal entwickelnden Menschen 2550 Kalorien und 21 g Protein. 1968 betrug der durchschnittliche tägliche Kalorienverbrauch in Guatemala 2200, in El Salvador und in Honduras 2010. Der tägliche Proteinverbrauch betrug jeweils 56,8, 44,2 und 51. Dieser Stand hat sich im Vergleich zu 1955 gemäß den Daten der INCAP (Instituto Centroamericano de Nutrición) und des SIECA (Secretaría de Integración Económica de Centroamérica) sogar noch vermindert. Man kann wiederum nicht behaupten, daß die landwirtschaftliche Produktion sich verringert hätte, im Gegenteil, sie ist gewachsen. Im Zusammenhang jedoch mit den herrschenden Interessen wurde viel zuviel Nutzfläche für extensive Viehzucht und Exportanbau benutzt, die nicht zur Erhaltung der Basisernährung der Bevölkerung dienten, sondern im Gegenteil das Angebot an Nahrungsmitteln verminderten. D. h., der Mehrheit der Bevölkerung wurde der Zugang zu den Grundnahrungsmitteln erheblich erschwert. Die Knappheit an Grundnahrungsmitteln (Mais, Bohnen usw.) ist fast schon sprichwörtlich. Die Verteuerung ist einerseits auf das sprunghafte Ansteigen der Ölpreise zurückzuführen, da durch die Ölkrise die Unkosten im Landwirtschaftsbereich stark angestiegen sind (chemische Düngemittel, Insektizide etc.) und andererseits auf die Erhöhung der Transportkosten (dabei bleibt die allgemeine Inflation unberücksichtigt, die die gesamte Wirtschaft betroffen hat).

Es kommt zudem der Widerspruch hinzu, daß ausgerechnet eine landwirtschaftliche Produkte erzeugende Region immer mehr Grundnahrungsmittel (Hülsenfrüchte, Milchprodukte etc.) aus den Industrieländern einführen muß. Das ist vollkommen unlogisch, wenn man bedenkt, daß mit einer sozialen Reform der Produktion und mit einer Veränderung der wirtschaftlichen Ausrichtung die Region sich selbst versorgen könnte. Andere soziale Indikatoren der Lebensqualität vervollständigen das elende Bild der Unterversorgung der zentralamerikanischen Bevölkerung: ein hoher Prozentsatz von Unterernährung bei Kindern (über 50 % bei der Landbevölkerung); die niedrige Lebenserwartung, als Resultat von Unterernährung und Krankheiten; eine hohe Kindersterblichkeit (Kinder im Alter von eins bis fünf Jahren); unverhältnismäßig wenige Krankenhausbetten; Energieversorgungsmangel und die hohe Analphabetenrate von mehr als 50 %.

Eine weitere fundamentale Problematik ist die Unterbeschäftigung und die Arbeitslosigkeit. Mittelamerika hat eine sehr junge Bevölkerungsstruktur (60% unter 45 Jahren) und eine schnell wachsende Einwohnerzahl (3% pro Jahr). Dieses Arbeitskräftereservoir ist einerseits sein wichtiges Vermögen, andererseits seine Schwäche: Die Irrationalität des herrschenden Systems führt nämlich zur Verschwendung dieses Potentials. Wiederum sind es die herrschenden Strukturen (d. h. die sozialen Faktoren und nicht die natürlichen Gegebenheiten), die solche Unausgewogenheiten hervorbringen. Theoretisch könnte man durchaus mit diesem Potential die bestehende Unterentwicklung besiegen. Gemäß der Internationalen Organisation für Arbeit (OIT) der Vereinten Nationen bedeutet ein Arbeitsplatz 280 Tage effektiver Arbeit. Die bereits erwähnten Kleinbetriebe geben aber nicht mehr als 100 Tage Beschäftigung. Das weist auf ein sehr hohes Maß an Unterbeschäftigung bei dem ökonomisch aktiven Teil der Bevölkerung hin. Auch die Mittel- und Großplantagen sind nicht in der Lage, ganzjährliche Vollbeschäftigung zu garantieren: je nach Jahreszeit fehlt es entweder an Arbeitskräften oder es sind zu viele da. Diese «jahreszeitlich bedingte Arbeitslosigkeit» trifft ganz besonders landlose Arbeiter (ländliche Lohnarbeiter)[17], die nicht einmal die Möglichkeit haben, auf eigenes oder gepachtetes Land zurückzukehren, um wenigstens bis zur nächsten Saisonarbeit für ihre Selbstversorgung aufkommen zu können.

Gemäß den offiziellen Statistiken profitieren nur rund 55% der wirtschaftlich aktiven, regionalen Bevölkerung in Mittelamerika von den landwirtschaftlichen Arbeitsplätzen. Dies bedeutet bei ungefährer Schätzung, daß die in der Landwirtschaft herrschende Arbeitslosigkeit ungefähr 45% beträgt; in Guatemala und El Salvador liegen die Zahlen sogar noch höher: 52,3 und 58,3% Arbeitslosigkeit. In anderen Worten: die ungerechte Verteilung und die Verschwendung in der Verwendung des Bodens stellt eine Fehlausnutzung der Hälfte der arbeitsfähigen Kräfte dar, die wenig oder gar kein Land besitzen. Das bedeutet Nichtausnutzung (häufig von nicht wiedergutzumachender Zerstörung begleitet) der natürlichen Ressourcen (Boden, Wasser, Wald etc.) und andererseits Verschwendung von Arbeitskraft, was bei den betroffenen Menschen eine von unerträglicher Armut geprägte Situation hervorruft. Die Ausrichtung auf moderne Technologie und Mechanisierung in den Betrieben verstärkt zusätzlich das Problem der Arbeitslosigkeit und der Unterbeschäftigung auf dem Land. Um ihre Produktion und Rentabilität zu steigern, verwenden die großen Plantagen Maschinen, die die menschliche Arbeitskraft ersetzen. Dies führt zum direkten Zusammenprall mit den landlosen Arbeitern (ländliche Lohnempfänger), die von der mangelnden Nachfrage nach Arbeitskräften betroffen sind und zu Konflikten mit Kleinbetrieben, da die Großbetriebe durch Verringerung der Produktionskosten das Preisniveau steuern können und folglich die Kleinbetriebe nicht mehr konkurrenzfähig sind.

Der Hai frißt die Sardinen[18]

Die Struktur der mittelamerikanischen Wirtschaft stellt ein ernstes Hemmnis für ihre reale Entwicklung dar. Nach dem endgültigen Bruch der mittelamerikanischen Federation 1839 wurden zahlreiche Versuche unternommen, die fünf Länder in einer Wirtschaftsgemeinschaft zusammenzufassen, um so die begrenzten Möglichkeiten der einzelnen isolierten Wirtschaften zu verbessern. In den fünfziger Jahren fanden auf politischer Ebene Zusammenkünfte und Diskussionen statt, um die Richtlinien dieser neuen Integrationsbemühungen zu definieren. Ergebnis war die Gründung eines Gemeinsamen Mittelamerikanischen Marktes (Mercado Comun Centroamericano, MCCA) in den Jahren 1960/61. Dieser Markt sollte eine Art EG sein, bezogen aber auf die speziellen Belange unterentwikkelter und abhängiger Länder. Der MCCA schien eine magische Formel oder ein Schlüssel zu sein, um die Tore zum «versprochenen Land» hin zu öffnen, die Entwicklung dieser Region voranzutreiben, die zwar arm, aber voller Möglichkeiten ist. Die Erwartungen waren groß, und der Enthusiasmus übertrug sich vom öffentlichen Sektor auf die privaten Betriebe und steckte die Bevölkerung an. Und wie bei allen Neugeburten fehlten die Anfangssünden nicht.

Der MCCA sollte Mitgliedstaaten der Union «Wirtschaftsentwicklung und Gleichgewicht» bieten, doch funktionierte die Umsetzung dieser Formel in der Praxis nicht so einfach. Dies hauptsächlich aus zwei Gründen:

- Es gab Unterschiede zwischen Ländern bezüglich der Startbedingungen: Guatemala und El Salvador hatten Vorteile gegenüber Honduras und Nicaragua.
- Die Anwesenheit und wirtschaftlich schädigende Monopolstellung der großen multinationalen Konzerne, die das angestrebte Gleichgewicht störten und das Ziel einer gegenseitigen Ergänzung der assoziierten Wirtschaften der neuen freien Handelszone erschwerten.

Auf diese Weise wurde der Integrationsprozeß von Anfang an zu einem Rennen zwischen Gegnern, die sich um die Gunst der multinationalen Konzerne in den jeweiligen Ländern stritten, anstatt ihre Kräfte zusammenzufassen und ihre kollektive Handlungsfähigkeit aufrechtzuerhalten. Das Ergebnis ist auffallend: Durch ihr Kapital- und Technologieübergewicht begannen die multinationalen Konzerne den größten Teil der neuen Betriebe auf den Gemeinsamen Mittelamerikanischen Markt zu übernehmen und zu kontrollieren, darüber hinaus nutzten sie alle Vorteile und Anreize, die das Integrationssystem anbot.

Tabelle 4: Mittelamerika: Ausländische Investitionen in der herstellenden Industrie (in Millionen Dollar)

Land	1959	1969
Guatemala	1,1	90,3
El Salvador	0,7	43,7
Honduras	6,9	20,6
Costa Rica	0,6	36,7

Quelle: Gerth Rosenthal, ... El papel de la Inversión Extranjera Directa en el Proceso de Integración, en «Centroamérica Hoy»; México, Siglo XXI, Editores, SA., 1975.

Flickschusterei «Made in Mittelamerika»

Die Empfehlungen der Wirtschaftskommission für Lateinamerika der Vereinten Nationen (CEPAL) blieben unberücksichtigt. Ebenso folgenlos waren Verträge des mittelamerikanischen Industrieverbandes, die schon seit seiner Gründung (10. Juni 1958) existierten und am 4. Juni 1961 in Kraft traten. Der Verband verfolgte die optimale Planung der entstehenden Betriebe mit dem Ziel, die Gründung neuer Industriezweige zu fördern.

Gemäß den allgemeinen Richtlinien des Verbandes erwartet man, daß – wie es den Andenpaktstaaten ein Jahrzehnt danach gelang – alle Länder an diesem staatlich geförderten Wirtschaftswachstum erfolgreich teilhaben.

Politische Mittel, die in Gang gesetzt wurden, waren das Förderungsgesetz zur Aktivierung der Wirtschaft und der Vertrag zur Steuererleichterung für die industrielle Entwicklung. Ersteres regelte die Schutzzollmaßnahmen, letzteres diente der Anregung neuer Unternehmungen. Beide Instrumente waren sinnvoll für die Betriebsfähigkeit im Rahmen des RICI, blieben aber leider ungenutzt, und es wurden keine industriellen Regionalplanungen vorgenommen.

Der größte Teil der neuerstandenen Betriebe, die durch die ausländischen Investitionen eingeführt und kontrolliert werden, dient der industriellen Fertigung, z. B. dem Zusammenbau von Fertigteilen, dem Abfüllen von Flaschen, dem Zwischenhandel mit ausländischen Exportgütern. Obwohl die Produkte nur die letzte Prozeßphase in den jeweiligen Ländern durchlaufen, werden sie mit der Etikettierung «Hergestellt in Guatemala/Mittelamerika» usf. versehen.

Dieser umfassende Import fast fertiger ausländischer Güter führt zu einer Pseudoindustrialisierung, die einen Anreiz zu landesinterner wirtschaftlicher Entwicklung verhindert.

Die Bücher kosten nur noch ein Fünftel ihres früheren Preises . . .

Tabelle 5: Ursprung und Zusammensetzung der Rohstoffe ausgewählter Produkte in El Salvador, 1968 (in Prozent)

	Aufteilung in % vom Gesamtanteil	
Art des Produkts	einheimische	ausländische
bedruckte Kartons		100
Toilettenpapier		100
Insektizide, Desinfektionsmittel		100
Streichhölzer	3,2	96,8
pharmazeutische Produkte	12,0	88,0
Metallprodukte	1,4	98,6
elektrische Geräte		100
Plastik	1,6	98,4
Farben, Lacke	0,1	99,9

Quelle: Jacobo Weisesfeld, ... El Comercio Exterior, el Mercado Común y la Industrialización en relación al Conflicto, en la Guerra Inútil, San José, Educa, 1971.

Die Bauern, die das Fest bezahlen

Ein anderer wichtiger Aspekt der Pseudoindustrialisierung ist der Effekt, daß wiederum nur ein kleiner Personenkreis von ihrem Nutzen profitiert: Anteil am technischen Fortschritt und am ökonomischen Wachstum, am Zugang zu den Konsumgütern haben lediglich die ausländischen Konzerne und ihre lokalen Partner sowie die mittleren und höheren Einkommensschichten. Die Masse der Bevölkerung geht leer aus.

Bei Überprüfung der Einkommensverteilungsstatistiken kann man feststellen, daß die Ausgaben der Region für Zahlungen, Zinsen usw. zugunsten ausländischen Kapitals zwischen 1966 und 1977 1965,5 Millionen US-Dollar betrug. Dazu kommen noch die Zahlungen in Form von Devisen aus Importgeschäften für die Industrieproduktion (Konsumgüter, Kapitalgüter usw.), die sich nachteilig auf die regionale Zahlungsbilanz auswirken. Diesen permanenten und wachsenden Rhythmus von Ausgaben kann Mittelamerika nur mit Hilfe von Agrarexporten ausgleichen, d. h. durch den Verkauf von Kaffee, Bananen, Baumwolle, Zucker, Fleisch, Holz usw. Mit anderen Worten, die Überschüsse des agrar-exportierenden Markts bilden weiterhin die Basis der mittelamerikanischen Wirtschaft, trotz technologischer Modernisierung.

Andererseits sind es gerade die Export- und die Konsumsteuern, die es dem Staat ermöglichen, die inländischen und ausländischen Industrien zu finanzieren. Was der Staat hier an lokale und ausländische städtisch-industrielle Gruppen verteilt, ist der Kapitalertrag aus der landwirtschaftlichen Produktion und der Viehwirtschaft, d. h. der Ertrag, der durch die Arbeitskraft der Indios, der Bauern, der ländlichen Lohnempfänger, also durch die Mehrheit der mittelamerikanischen Bevölkerung erwirtschaftet wird.

Ende der sechziger Jahre wurde für alle Beteiligten deutlich, daß sich die mittelamerikanische Wirtschaft in einer Sackgasse befindet. Einerseits stellte man ein Defizit in der Zahlungsbilanz fest, bedingt durch den großen Konsumgüterimport zu einer Zeit, in der sich der Export auf Grund des ungünstigen Preisniveaus verschlechtert hatte, wobei der MCCA in eine schwere Krise geriet. Andererseits ereigneten sich schwerwiegende Auseinandersetzungen zwischen den jeweiligen Regierungen über Lösungsmöglichkeiten dieser Krise. Mißtrauen und, um die eigene Industrie zu schützen, Behinderungen im Warenverkehr, führten zu den sogenannten Grenzkriegen. In jedem Land verlangten die in erster Linie von der wirtschaftlichen Krise betroffenen Bauern, Arbeiter, Lehrer usw. die Erfüllung ihrer Mindestforderungen. Die Situation wurde so ernst, daß sich auch «Onkel Sam» beunruhigte. Er mußte nämlich mitansehen, wie sein Lieblingsobjekt scheiterte, da der MCCA doch überall als Muster zur Überwindung der Unterentwicklung galt. 1968 kam Präsident Johnson mit einem Hilfepaket von insgesamt 60 Millionen US-Dollar nach Mittelamerika. Dies geschah in bester traditioneller «Dollardiplomatie», die den jeweiligen Regierungen wie ein rettender Strohhalm erschien. Die Lage verschlechterte sich zusehends. Nationale und internationale Machtinteressen zogen El Salvador und Honduras in einen schweren Konflikt: der zu so trauriger Berühmtheit gelangte «Fußballkrieg» (1969) mit seinen Folgen. Seit dieser Zeit arbeitet die Institution des MCCA nur noch sporadisch und mit vielen Problemen, wobei die jüngsten ökonomischen Weltkrisen (Energie, Inflation) noch zusätzliche Schwierigkeiten geliefert haben, wie man später noch sehen wird.

Nicht alles ist schwarz in dieser Geschichte

Wie jemand sehr treffend sagte, war der MCCA für seine Mitgliedsländer ein Sprungbrett in die kapitalistische Entwicklung, d. h., er löste eine Reihe von produktiven Kräften und Faktoren aus, die ihre Entfaltung in den letzten 20 Jahren (1960 bis 1980) vollzogen, wenn auch immer unter Vorrang und Kontrolle der multinationalen Konzerne. Wenn man auch nicht von einer realen Entwicklung sprechen kann, so haben doch die Expansion der industriellen Aktivitäten, das Wachstum der städtischen Bevölkerung (zum großen Teil Schuld der Migration), der spektakuläre Anstieg des regionalen Handels usw. wichtige Veränderungen im Antlitz Mittelamerikas bewirkt. Neue Wirtschafts- und Sozialgruppen sind entstanden, wobei sich innerhalb des Unternehmens- und Finanzsektors akademisch-technische Fachkräfte und qualifizierte Industriearbeiter herausbildeten. Auf der anderen Seite vermehrte sich der Anteil unqualifizierter und arbeitsloser Stadtbevölkerung, besonders im Bereich des Dienstleistungssektors (Straßenhändler, Arbeitskräfte im Hotel- und Gaststättengewerbe usw.). Diese Gruppen der Bevölkerung, die Veränderungen erfahren haben, manifestieren heute den Willen, sich zu organisieren und eigene Forderungen zu stellen, die den neuen wirtschaftlichen und sozialen Bedingungen entsprechen und ihnen erlauben, ihr Leben besser und vielfältiger zu gestalten. Es kann festgestellt werden, daß der Anteil wirtschaftlicher Verträge im MCCA zunimmt und sich dadurch eine Reihe von gemeinschaftlichen Institutionen entwickelt, die trotz des Zerfalls und der Stagnation zwischenstaatlicher Handelsbeziehungen weiterbestehen. Beispiel hierfür sind die Handels- und Gewerbebank, die den zwischenstaatlichen Zahlungsverkehr durchführt; der Consejo Monetario Centroamericano (Mittelamerikanischer Rat für Geldangelegenheiten), der die ökonomischen Stabilisierungsmechanismen überwacht und die mittelamerikanische Bank für wirtschaftliche Integration (BCIE), die bis 1980 bereits Wechselkredite im Werte von 1000 Millionen US-Dollar an die Mitgliedsländer für industrielle Produkte, Infrastruktur, Konstruktion und Straßenbau vergeben hat.

Diese vorläufige Bilanz zeigt, daß man einen gewissen Verständigungsgrad zwischen den Ländern erreicht hat, auch wenn dieser nicht so gut aussieht, wie man es sich gewünscht hätte. 1980 erreichte das Handelsvolumen der Mitgliedsländer fast eine Milliarde US-Dollar. Am Rande der formalen Aktivitäten im MCCA wurden wichtige Projekte im Bereich der Infrastruktur und des elektrischen Verbindungssystems verwirklicht; allgemeine Mechanismen zur Förderung der Exporte und der Koordination, um einheitliche Kriterien auf internationaler Ebene (UNCTAD, GATT, CEE usw.) zu erreichen, wurden erstellt; Exporteurvereinigungen (Bananen, Kaffee) und Handelszusammenschlüsse (COMUNBANA) wurden gebildet. Alle diese Unternehmungen sind wichtig und nützlich im Falle einer Reorientierung des MCCA, der den mittelamerikanischen Ländern eine Selbstbestimmung erlauben würde. Voraussetzung hierfür wäre allerdings ein grundlegender politischer Wandel.

Die «zweite» Dekade der Unterentwicklung: Die stürmischen siebziger Jahre

Staat und Wirtschaftskrise: Risse in der alten Ordnung

Die UNO hatte zwar die siebziger Jahre zur «zweiten Dekade der Entwicklung» erklärt, doch war die mittelamerikanische Realität weit davon entfernt, den grundlegenden Zielen eines solchen Prozesses näher zu kommen. Im allgemeinen wird «Entwicklung» ausschließlich mit Wirtschaftswachstum gleichgesetzt. Doch auch unter diesem Gesichtspunkt stagnierte Mittelamerika in den ersten fünf Jahren (1970 bis 1975), was durch die Auswirkungen der Weltwirtschaftskrise (Dollar- und Energiekrise, Ansteigen der Ölpreise, Inflation etc.) noch verstärkt wurde.

Diese Faktoren wirkten sich drastisch auf den Anstieg der Lebenshaltungskosten aus. Es zeigte sich nämlich das Phänomen der «importierten Inflation». Die in ihrer Versorgung von den entwickelten Ländern abhängigen Staaten Mittelamerikas bekamen den dortigen Preisauftrieb voll zu spüren. Gerade der Bereich des Außenhandels (besonders Ankäufe von Konsum- und Industriegütern, Werkzeugen, Maschinen, Öl etc.) war extrem anfällig für die weltweite Krise, die so zu den internen Problemen hinzukam. Unter diese fallen die sogenannten Strukturprobleme Mittelamerikas, insbesondere der Mangel an Grundnahrungsmitteln für die Volksernährung, schwere Mängel in den Bereichen Gesundheitsversorgung, Wohnungs- und Schulwesen und ein hoher Prozentsatz von Unterbeschäftigten und Arbeitslosen.

Die Lebensbedingungen der breiten Masse der Bevölkerung in Mittelamerika sind schon schwierig genug. Hinzu kamen die sozialen Folgen der Inflation und des damit verbundenen abrupten Anstiegs der Lebenshaltungskosten. Die Bevölkerung mußte darüber hinaus noch die Folgen verschiedener Naturkatastrophen verkraften: das Erdbeben von Managua 1972, den Hurrikan Fifi in Honduras 1974, das Erdbeben von Guatemala 1976, die verschiedenen Dürreperioden, die vor allem in dem zum Pazifik gelegenen Teil Mittelamerikas auftraten, sowie das Aufkommen der *brotes de roya*, einer Pflanzenkrankheit, die Kaffeeplantagen befällt.

Alle diese Faktoren zusammengenommen trieben die Spannungen und die bereits erwähnten tiefgreifenden sozialen Unterschiede, die die mittelamerikanische Gesellschaft kennzeichnen, auf die Spitze und führten so zu einem Klima der sozialen Unruhe und zu einem politischen Gärungsprozeß, der das bestehende System grundlegend in Frage stellte. Es kam an verschiedenen Orten zu einer Mobilisierung der Bevölkerung und zu massiven Forderungen nach Veränderungen und sozialer Gerechtigkeit.

Man muß die Gründe für die Ausbrüche revolutionärer Gewalt, mit Hilfe derer man versuchte, den oben beschriebenen Zustand zu verändern, in der sozialen (strukturellen) Gewalt des Systems suchen.

Selbstverständlich führte die heftige Reaktion des Staates und seines Polizei- und Militärapparats auf die Volksaufstände nur dazu, daß sich die soziale Lage weiter verschlechterte. Produktionsstätten (Fabriken, Plantagen etc.) und andere Institutionen (Wohnraum, Versorgungseinrichtungen) wurden von der Regierung zum Teil irreparabal zerstört. So bombardierte zum Beispiel die Somoza-Diktatur in Nicaragua während des nationalen Aufstands im September 1978 ganze Städte. Dabei kamen Tausende von Menschen ums Leben, und viele der Überlebenden verloren ihre Wohnung und ihre wirtschaftliche Lebensgrundlage.

Tabelle 6: Zusammensetzung mittelamerikanischer Exporte, nach Produkten 1978 (in Millionen Dollar)

	Costa Rica	El Salvador	Guatemala	Honduras
Gemeinsamer Markt Mittelamerikas	174,9	230,6	268,7	48,9
Restlicher Weltmarkt	683,5	624,1	861,5	548,0
Kaffee	314,2	440,4	471,5	211,0
Bananen	155,1	–	21,7	135,6
Baumwolle	5,0	99,0	136,3	15,5
Zucker	15,9	24,0	44,6	5,5
Fleisch	60,3	9,0	29,8	38,9
Holz	2,8	–	1,5	42,3
Krabben, Langusten	3,1	10,9	6,9	15,6
Metalle	–	–	10,6	34,5
Cardamon	–	–	30,7	–
Tabak	–	–	–	8,9
Kakao	15,0	–	–	–
Sonstige	112,1	40,8	107,9	40,2
Zwischensumme	858,4	854,7	1130,2	596,9
Zwischenbilanzausgleich				19,6
Gesamte Ausfuhr	858,4	854,7	1130,2	616,5

1 Vorläufige Zahlen

Quelle: Zentralbanken Mittelamerikas.
Aus: Consejo Monetario Centroamericano, Oktober 1979.

Durch welche Faktoren wurde die weitere Ausbreitung der wirtschaftlichen und politischen Krise in Mittelamerika gebremst? An erster Stelle ist hier der Staat zu nehmen mit seinen öffentlichen Ausgaben auf dem Bereich der Dienstleistungen (Beschaffung von Material für die Verwaltung, Löhne und Gehälter etc.) und seinen Investitionen in Bauvorhaben und Kapitalgütern (Infrastruktur, öffentliche Unternehmen etc.). Dies näherte die mittelamerikanischen Staaten ein wenig der Situation der europäischen und allgemein der entwickelten Länder an, in denen der staatliche Bereich im Wirtschaftsprozeß eine gewichtige, regulierende Rolle einnimmt.

Die größere Beteiligung des Staates am Wirtschaftsleben machte es möglich, die bereits beschriebene Schärfe der Krise zumindest teilweise aufzufangen und in gewisser Weise die Schwächung des privaten Wirtschaftssektors, der unter der weltweiten Rezession litt, zu kompensieren. Die öffentlichen Investitionen gestatteten in dieser Phase ein geringes, aber beständiges Wirtschaftswachstum.

Hinzu kam für die wichtigsten Exportgüter Mittelamerikas eine neue vorteilhafte Konjunktur auf dem Weltmarkt, die sich in den Jahren

1976/77 und teilweise noch 1978 für die mittelamerikanische Wirtschaft als Rettungsanker erwies. Wie aus Tabelle 5 zu sehen ist, waren noch im Jahre 1978 Kaffee, Baumwolle, Bananen, Rindfleisch und Zucker die wichtigsten landwirtschaftlichen Exportgüter, durch die Mittelamerika in die Lage versetzt wurde, auf dem Weltmarkt mit Devisen Güter und Dienstleistungen einzukaufen, also sich das zu besorgen, was es selbst nicht produziert: bestimmte Rohstoffe, Öl und Technologie.

Infolge der genannten günstigen Konjunktur stiegen die Preise für Exportgüter, besonders für Kaffee, auf dem Weltmarkt erheblich an. Die günstige Lage im Kaffee-Exportgeschäft ließ große Mengen von Devisen nach Mittelamerika fließen. Dadurch wurde die gesamte Wirtschaft angekurbelt.

Tabelle 7: Zusammensetzung mittelamerikanischer Importe nach Gütern, 1978 (in Millionen Dollar)

	Costa Rica	El Salvador	Guatemala	Honduras
Gemeinsamer Markt Mittelamerikas	194,5	237,8	251,0	87,4
Restlicher Weltmarkt	990,0	797,8	1120,9	616,1
Gesamteinfuhr	*1184,5*	*1035,6*	*1371,9*	*703,5*
nicht haltbare Konsumgüter	174,1	199,1	221,5	101,3
haltbare Konsumgüter	97,1	62,4	122,0	64,0
Brenn- und Schmiermittel	110,2	78,3	150,2	76,1
Rohstoffe und Zwischenprodukte für die Landwirtschaft	36,7	63,8	50,2	33,0
Rohstoffe und Zwischenprodukte für die Industrie	351,0	267,0	366,3	185,0
Baumaterial	49,7	76,6	86,6	36,6
Kapitalgüter für die Landwirtschaft	40,3	22,6	33,9	23,2
Kapitalgüter für die Industrie	164,0	117,5	226,5	128,1
Kapitalgüter für das Transportwesen	77,8	100,1	101,3	55,5
Verschiedene	83,6	48,2	13,4	0,7

1 Vorläufige Zahlen
Quelle: Zentralbanken Mittelamerikas.

Aus: Consejo Monetario Centroamericano, Oktober 1979.

Für sich allein genommen verbrauchte die «nationale Industrie», die eher als Produkt einer Pseudo-Industrialisierung begriffen werden kann, im Jahre 1978 42,2 % der gesamten Importe von Rohstoffen, Zwischenprodukten und Kapitalgütern. Das bedeutet, daß der Großteil des Materials und der Werkzeuge für diese Industrie aus dem Ausland kommen und daß sie unfähig ist, sich auf eigene Mittel und Kräfte zu stützen.

Bis heute produziert Mittelamerika kein Erdöl. Die Importausgaben allein für Erdöl sprangen zwischen 1973 und 1974 von 104,7 auf 331,9 Millionen Dollar; dies ist ein Zuwachs von über 200%. Als Folge davon machten die Beträge für die Einfuhr von Brenn- und Schmiermitteln 10,3% der Gesamtsumme aus. Diese schwere Belastung verstärkt die Abhängigkeit Mittelamerikas auf dem Energiesektor und verringert die Möglichkeit, andere für die landwirtschaftliche und industrielle Entwicklung notwendige Güter zu kaufen.

Tabelle 8: US-Investitionen in Mittelamerika, aufgeschlüsselt nach Wirtschaftsbereichen (in Millionen Dollar)

			Bedeutung des Wirtschaftsbereichs in %	
	1967	1975	1967	1975
Insgesamt	501	704	100%	100%
Erdöl	80	122	16,0	17,3
Bergbau	28	27	5,6	3,8
Industrie	79	199	15,8	28,3
Handel	32	50	6,4	7,1
Finanzwesen	4	49	0,8	7,0
Andere Bereiche	278*	257*	55,4	36,5

Quelle: CEPAL (1978).
* Schätzung; in der Originalquelle liegt ein Rechenfehler vor.

Aus: Donald Castillo, Características ... Centroamericano. In: Estudios ... Centroamericanos, Nr. 25, Januar–April 1980.

Die wirtschaftliche Situation wird zusätzlich durch die Art der Waren verschlechtert, die Mittelamerika der übrigen Welt ab- bzw. verkauft. Wenn auch die Exportgüter hohe Preise erzielen können, so steigen doch die Preise der Industriegüter, die Mittelamerika einkaufen muß, wegen der Inflation in den Industriestaaten erheblich schneller. Das bedeutet konkret, daß immer mehr Kaffee oder Baumwolle verkauft werden muß, um eine gleichbleibende oder gar geringere Menge an Industriegütern bzw. Technologie einkaufen zu können.

Diese Situation schlägt sich im Zu- und Abfluß von Kapital im Außenhandel, d. h. in der Zahlungsbilanz Mittelamerikas nieder. Bedeutsam ist hier der Ertrag ausländischer Investitionen, die auf einem durch die multinationalen Unternehmen völlig abgeschirmten Markt hohe Gewinne erzielen. Die Multis reinvestieren nur einen kleinen Teil ihrer Gewinne in Mittelamerika; den Hauptanteil ihrer Erträge lassen sie den Mutterunternehmen in den entwickelten Ländern zufließen.

Den größten Teil ausländischer Investitionen in Mittelamerika machen die nordamerikanischen Kapitalanlagen aus (vgl. Tabelle 7). Zwischen

1967 und 1975 stiegen sie von 501 auf 704 Millionen Dollar, wobei allerdings ihr prozentualer Anteil an der Gesamtsumme ausländischer Investitionen in dieser Gegend abgenommen hat. In der Tat stieg im selben Zeitraum der Anteil der Investitionen der Europäischen Gemeinschaft (EG) und Japans von 16,6% auf 27,7%, wodurch natürlich der Prozentsatz an nordamerikanischen Investitionen von 83,4% auf 73,3% zurückging. Diese Zahlen korrespondieren mit den wachsenden Handelsbeziehungen zwischen Mittelamerika und der EG und Japan.

Die nordamerikanischen Investitionen wurden vorrangig in der Leichtindustrie, in der Agrarwirtschaft und im Finanzsektor vorgenommen. Hierin bestätigt sich eine mit der Schaffung des gemeinsamen mittelamerikanischen Marktes (MCCA) erstmals auftretende Tendenz. Im Jahre 1975 konzentrierte sich der größte Teil der gesamten ausländischen Investitionen (USA, EG und Japan) auf die Länder Guatemala, Costa Rica und Honduras (vgl. Schaubild). Die öffentliche und private Auslandsverschuldung ist, wie wir noch sehen werden, in einem unglaublichen Ausmaß angewachsen. Durch die Notwendigkeit, die Zinsen dieser Verschuldung zu bezahlen, wurde die aus privatem, öffentlichem und Bankkapital zusammengesetzte Kapitalkraft Mittelamerikas weiter geschwächt. Die aktuelle politische Lage ist eng mit einem unter dem Begriff «Kapitalflucht» bekannten Phänomen verknüpft: Die ökonomisch mächtigen Kreise Mittelamerikas haben in jüngster Zeit enorme Summen aus ihren Ländern abgezogen und diese Gelder bei nordamerikanischen oder europäischen Banken deponiert oder sogar in den USA bzw. Europa große Investitionen vorgenommen. Damit wurden den Ursprungsländern diese unentbehrlichen Mittel für ihre Wirtschaft entzogen, was wiederum den Geldmangel und damit die bestehende Krise verschärfte.

Es muß noch erwähnt werden, daß ein Großteil der Erträge aus dem

Tabelle 9: Mittelamerika: Auslandsverschuldung (in Millionen US-Dollar)

Land	1977	1978
Guatemala	527	669
El Salvador	803	889*
Honduras	688	862
Costa Rica	1395	1632*
Insgesamt	4280	4969

* Schätzung auf Grund der Verschuldungshöhe des vorhergehenden Jahres.

Quelle: Donald Castillo, 1979: Tres ... Centroamerica, vorläufige Fassung, UNAM.

Aus: Donald Castillo, Características ... Centroamericano. In: Estudios ... Centroamericanos, Nr. 25, Januar–April 1980.

Exportgeschäft entweder gar nicht in die jeweiligen Länder fließt oder dort für die Einfuhr von Luxusartikeln vergeudet wird, anstatt damit arbeitschaffende Investitionen im Produktionsbereich vorzunehmen. Angesichts des elenden Lebensstandards der Mehrheit der mittelamerikanischen Bevölkerung erscheint das geradezu als Hohn.

Steuern stellen für die Staaten Mittelamerikas nur eine beschränkte Einnahmequelle dar. Ihre Finanzkraft beruht hauptsächlich auf der Auslandsverschuldung der öffentlichen Hand. Der Großteil der Expansion öffentlicher Ausgaben – in den siebziger Jahren handelte es sich dabei hauptsächlich um Kapitalinvestitionen – wurde mit umfangreichen ausländischen Krediten gedeckt.

Der Gesamtbestand an vertraglich festgelegter Auslandsverschuldung, inklusive der bisher noch nicht ausgezahlten Beträge, stieg von 203 Millionen Dollar im Jahre 1960 auf 879 Millionen Dollar im Jahre 1970 und für die am Gemeinsamen Mittelamerikanischen Markt (MCCA) beteiligten Staaten auf 3463 Millionen Dollar im Jahre 1976. Das sind 26,9 % des Bruttosozialprodukts, d. h. des Gesamtwerts der mittelamerikanischen Produktion.

Die Verschuldung wuchs somit in den siebziger Jahren allein zwischen 1970 und 1976 um nahezu 400 %; mengenmäßig vervierfachte sie sich. Bis 1978 betrug die gesamte Auslandsverschuldung Mittelamerikas fast 5000 Millionen Dollar, eine unverhältnismäßig große Belastung für die schwache mittelamerikanische Wirtschaft.

Der Betrag, der jährlich für die Tilgung und vor allem für die Zinsen dieser gigantischen Schuldensumme zu zahlen ist, stieg von 180,8 Millionen Dollar im Jahre 1973 auf 252,9 Millionen Dollar im Jahre 1976. Die letztgenannte Zahl verteilt sich praktisch gleichmäßig auf Tilgung und Zinsen; in manchen Fällen muß allerdings mehr für Zinsen als für die Schuldentilgung selbst aufgebracht werden. Dafür wird die Aufnahme neuer Kredite erforderlich, mit denen ausschließlich die Zahlungsverpflichtungen aus den bisherigen Krediten bestritten werden sollen.

Die Preise der Exportgüter sind auf dem Weltmarkt oft heftigen und abrupten Schwankungen unterworfen. Gibt es einen Preisverfall, so schlägt sich das über die Außenhandelssteuern sofort in verringerte Einkünfte des Staates nieder. Es entsteht die sogenannte «fiskalische Krise des Staates», d. h., die Kluft zwischen Einkünften und Ausgaben der öffentlichen Hand wächst. Zu Beginn der achtziger Jahre wird dies in aller Schärfe sichtbar.

Ein Vietnam in El Salvador? Zur US-Außenpolitik in Mittelamerika

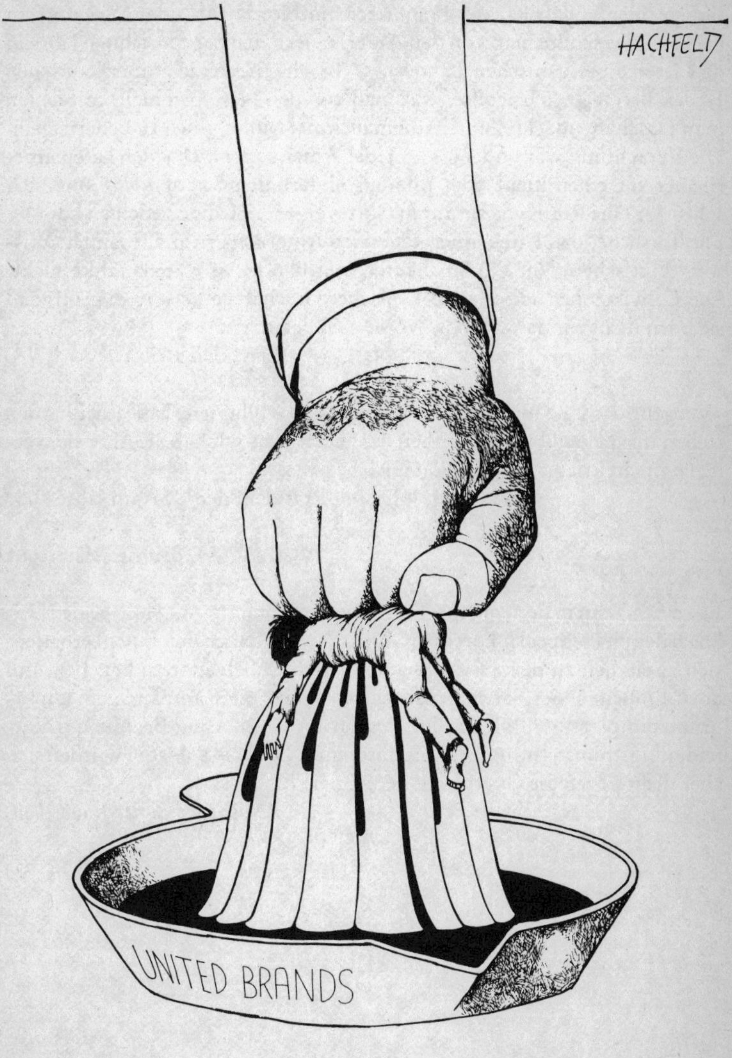

«Was wußte man in Europa von diesen Dingen? Was wußte man von der amerikanischen Politik in Mexiko, Guatemala, Nicaragua, Panama, Haiti, Kuba, Venezuela, Kolumbien, Brasilien, Chile, Bolivien oder auf den Philippinen? Wer hatte es für erforderlich gehalten, sich mit dieser Politik in gleicher Weise zu beschäftigen, wie man das einstmals mit der Englands in Indien oder Südafrika, der Frankreichs in Nordafrika oder Syrien getan hat? ... Was wußte man von den Amerikanern. Ich habe mit ihnen Jahre in den lateinamerikanischen Ländern verbracht, bevor ich amerikanischen Boden betrat ... Ich wußte, was man von den Nationen hielt, mit denen man Geschäfte machte, und hatte manchmal Mühe, mich zu beherrschen. Die Verachtung war bodenlos ... Jeder Amerikaner hielt jeden Lateinamerikaner für einen mehr oder minder olivfarbigen *Son of a bitch* und sich selbst für eine Rose, wie sie nur in Gottes eigenem Lande gedeihen konnte. Die Tatsache, daß Lateinamerikaner den Amerikanern an Urbanität, Wissen, politischem Verständnis häufig weit überlegen waren, zählte nicht. Die Unwissenheit vieler amerikanischer Geschäftsleute war so groß, daß sie noch nicht einmal wußten, wo sie sich befanden.»

L. L. Matthias, *‹Die Kehrseite der USA›*

«Vergeßt das eine nicht: wir sind ganze 200 Millionen. Fast 3 Milliarden stehen uns gegenüber. Sie wollen das haben, was wir haben. Aber sie werden es nicht kriegen – nicht von uns!»

Lyndon B. Johnson, Präsident der USA im Jahre 1967

Washington, den 14. März 1981

Etwa fünfzehn in der Panama-Kanalzone stationierte Angehörige der US-Spezialeinheit «Special Forces» (Grüne Baretts) haben den Befehl erhalten, sich zusätzlich zu den 42 US-Beratern nach El Salvador zu begeben, um dort Einheiten der salvadorianischen Armee im Kampf gegen Untergrundkämpfer auszubilden. Dies teilten am Donnerstag Beamte des Verteidigungsministeriums in Washington mit. Die US-Soldaten würden sich aber nicht gegen die Guerilleros beteiligen.

(Aus: *Frankfurter Rundschau*)

Dissentpapier zu El Salvador und Mittelamerika

(DOS 6. 11. 1980)

Diese Analyse amerikanischer Mittelamerika-Politik und Einschätzung der Möglichkeiten und Grenzen der USA in El Salvador wurde von etwa dreißig höheren Beamten des US-Außenministeriums und Mitgliedern des Nationalen Sicherheitsrates verfaßt. Es zeigt ein hohes Maß an Informiertheit – zum Teil aus Quellen des CIA – und wurde zu dem Zweck geschrieben, die Regierung Reagan vor einer Vietnamisierung Mittelamerikas zu warnen und von einem nichtmilitärischen Eingreifen in El Salvador zu überzeugen.

Was wollen wir mit diesem Papier erreichen?

Möglicherweise ergibt sich in El Salvador die erste internationale Krisensituation für die Regierung Reagan. Die außenpolitischen Berater des Kandidaten Reagan haben über ihre Pläne für Mittelamerika und den karibischen Raum äußerst beunruhigende Erklärungen abgegeben.

Sollte sich Präsident Reagan für den Einsatz von Militär in El Salvador entscheiden, werden die Geschichtsforscher beweisen können, daß die Voraussetzungen für eine solche Aktion bereits im letzten Jahr von der Regierung Carter geschaffen worden sind. Vielleicht ist es in der Übergangszeit noch möglich, eine Kursänderung zu bewirken. Aber auch wenn dieser Versuch scheitern sollte, werden wir uns weiterhin für eine Verhandlungslösung einsetzen. Zwar unterliegen wir möglicherweise einem ungerechtfertigten Optimismus; doch möchten wir daran erinnern, daß Margret Thatcher – und nicht ihre Vorgänger von der Labour Party – die Rhodesien-Krise auf friedlichem Wege beigelegt hat. Wir hoffen, daß in der Regierungsmannschaft von Präsident Reagan die Vertreter des Maßhaltens und der Vernunft in der Überzahl sind.

Die gegenwärtigen US-Aktivitäten in El Salvador führen nach unserer Meinung zu einem verstärkten militärischen Engagement mit weitreichenden Folgen für unsere strategischen Interessen in der Karibik. Die Unterstützung, die unsere Politik erfährt, ist begrenzt und nicht zuverlässig. Unser Festhalten an der regierenden Junta El Salvadors hat uns auf Kollisionskurs mit regionalen Schlüsselmächten gebracht. Notwendig wären für uns aber freundschaftliche und kooperative diplomatische und wirtschaftliche Beziehungen zu diesen Staaten.

Im Gegensatz dazu kann die hier vorgeschlagene nichtmilitärische Verhandlungslösung sehr wohl mit breiter internationaler Unterstützung und

Zustimmung rechnen. Eine solche Lösung erscheint am geeignetsten, wenn man die zwei Hauptziele der US-Politik in Mittelamerika berücksichtigt: die Begrenzung der kubanischen und sowjetischen Einflußzonen und die Errichtung und Förderung stabiler und pluralistischer Regierungen.

Die in diesem Papier vertretenen Standpunkte werden privat von jetzigen und früheren politischen Analytikern und Funktionären des NSC, DOS, DOD und CIA geteilt. Angehörige anderer Dienste, die in El Salvador und Mittelamerika tätig, jedoch meist nicht an der poltischen Diskussion beteiligt sind, haben zu dem vorliegenden Papier beigetragen. Hierbei ermöglichte uns ihr enger Kontakt mit der Lage vor Ort wertvolle Einblikke und eine außerordentliche Objektivität.

Außerdem arbeiteten an diesem Papier Kongreßmitglieder und deren Beraterstäbe mit, die durch die Entwicklung in Mittelamerika und den Folgen einiger Positionen der derzeitigen Politik beunruhigt sind.

Unser Ziel ist die weitestgehende Verbreitung dieses Dissentpapiers in Kreisen der politischen Entscheidungen treffenden und der ausführenden Stellen, sowohl in der Mannschaft Carters als auch in der von Reagan. Wir sind sicher, daß es eine offene Auseinandersetzung über realistische Alternativen zu unserem möglicherweise eskalierenden militärischen Engagement in Mittelamerika und der Karibik fördern wird.

Washington, D. C., 6. November 1980

Zusammenfassung und Empfehlungen

Die Regierung Carter hat schrittweise die politische, diplomatische, wirtschaftliche und militärische Unterstützung der USA für die aus Zivilpersonen und Militärs bestehende Regierung von El Salvador ausgebaut. Dieses Engagement findet auf allen Ebenen statt und ist im Ansteigen begriffen. Die dabei aufgewendeten Mittel übersteigen sämtliche Beträge, die seit 1965 in irgendeiner anderen Krisensituation in der westlichen Hemisphäre (?) investiert worden sind.

Durch den Aufwand an materieller Unterstützung und durch offizielle Stellungnahmen ist der Eindruck entstanden, daß unsere strategischen Interessen mit dem Schicksal eines verhältnismäßig schwachen, unpopulären und international isolierten Regimes identisch sind.

Mehrere Regierungsstellen haben vorbereitende Schritte für eine militärische Intervention in El Salvador unternommen. Die politisch Verantwortlichen scheinen zu dem Schluß gekommen zu sein, daß ein solcher Schritt den Zusammenbruch des gegenwärtigen Regimes in El Salvador verhindern könnte.

Die derzeitige Politik unterschätzt durchweg die internationale Unterstützung und die Anerkennung im eigenen Land, die der oppositionellen Koalition aus FDR und DRU zuteil wird. Darüber hinaus verkennen die politisch Verantwortlichen, welches Ausmaß die militärischen Kräfte der oppositionellen Guerillastreitkräfte angenommen haben und unterschätzen den logistischen Wert und die potentielle Stärke der Unterstützung aus den benachbarten Ländern.

Eventualstudien über einen militärischen Einsatz der USA neigen dazu, notwendige Truppenmengen, Berechnungen über zu erwartende Verlustraten und das zeitliche und geographische Ausmaß des erforderlichen Engagements zu niedrig anzusetzen. Anylytiker der politischen und militärischen Lage spielen die Möglichkeit der Ausbreitung eines bewaffneten Konflikts auf die gesamte Region herunter. Insbesondere unterschätzen sie die Bedeutung der nicaraguanischen und kubanischen Zusicherungen, im Falle eines sich ausweitenden Engagements der USA die salvadorianischen Guerillastreitkräfte militärisch zu unterstützen. Es scheint, als sei den Folgen eines eskalierenden Konflikts in der mittelamerikanischen Region mit Beteiligung der USA, Kubas, Nicaraguas und Venezuelas sowie anderer Länder für die Weltsicherheit keine ernsthafte Beachtung geschenkt worden.

In den von Diplomaten erstellten Analysen wird den Zusagen Venezuelas und Costa Ricas, weiterhin unsere gegenwärtige Politik zu unterstützen, zuviel Gewicht beigemessen. Außerdem herrscht darin eine Tendenz vor, die politischen Kosten einer weltweiten Reaktion auf jegliche weitergehende Aktivität von Truppen bzw. Lieferung von Militärausrüstung der USA in dieser Gegend zu bagatellisieren.

In der Darstellung der US-Politik vor der Öffentlichkeit und dem Kongreß wurde die Lage in El Salvador nicht richtig dargelegt. Die Lebensfähigkeit des jetzigen Regimes wurde herausgestrichen, seine Verantwortung für die von Sicherheitskräften und paramilitärischen Verbänden begangenen Exzesse heruntergespielt und die positiven Ergebnisse der durchgeführten Reformen übertrieben. In diesen Berichten erscheinen die oppositionellen Kräfte in El Salvador als zum konstruktiven Dialog ungeeignete und unwillige Terroristen. Diese irreführenden Erklärungsversuche für unsere Politik haben Frustrationen in unserem Land ausgenutzt, die von anderweitig erlittenen Niederlagen herrühren, und völlig unpassenden Argumenten für eine militärische Intervention eine Legitimität verschafft.

Unsere Handlungsweise und unsere Aussagen haben unsere politischen Verhaltensmöglichkeiten auf den Kurs schrittweiser Eskalation des militärischen Engagements eingeengt; dies in einer Weltgegend, die für unsere nationalen Interessen von vitaler Bedeutung ist, und in einem politischen Kontext, der nicht erwarten läßt, daß mit der Anwendung von Gewalt eine befriedigendes Ergebnis zu erzielen ist.

Die Möglichkeit einer nichtmilitärischen Lösung in El Salvador muß dringend wieder ins Auge gefaßt werden. Dies setzt zunächst eine realistische Neudefinition unserer Zielsetzungen voraus. Sodann müssen wir uns auf unvoreingenommenes nachrichtendienstliches Material stützen, das in einem Zusammenhang zu analysieren ist, der die neuen Kräfteverhältnisse im karibischen Raum widerspiegelt.

Ein Hauptziel der US-Außenpolitik hinsichtlich Mittelamerikas ist die Begrenzung des kubanischen und sowjetischen Einflusses in dieser Region. Die kommunistischen Einflußmöglichkeiten beruhen hauptsächlich auf der opportunistischen Bereitschaft, subversive Gruppen militärisch auszurüsten und auszubilden. Ihre offensichtliche Schwäche in Zeiten politischer Stabilität und relativen sozialen Friedens verwandelt sich in bedrohliche Stärke, sobald bewaffnete Konflikte ausbrechen.

Um die Chancen einer sowjetisch-kubanischen Expansion zu verringern, müssen die USA die Ausbreitung von bewaffneten Konflikten in Mittelamerika zu verhindern suchen, indem sie den gegenwärtigen Trend zur weiteren Eskalation unseres militärischen Engagements stoppen.

Ein zweites strategisches Ziel der US-Politik sollte es sein, die Errichtung von stabilen Regierungen zu fördern. Diese müßten in der Lage sein, äußerst notwendige Reformen durchzuführen und gleichzeitig ein verantwortliches Verhalten des privaten Sektors sowie normale wirtschaftliche Beziehungen mit ausländischen Handelsgesellschaften zu fördern.

Offensichtlich ist die jetzige Regierung in El Salvador nicht stabil, und die Sicherheitskräfte sind nicht in der Lage, auf sich selbst gestellt eine militärische Konfrontation für sich zu entscheiden. In- und ausländische Firmen sind bereits in erheblichem Maße geschwächt. Sich hinziehende kriegerische Auseinandersetzungen werden ihren Einfluß weiter schwächen und ihre Bedeutung in der Nachkriegszeit verringern. Politische Polarisierung und in Jahren voller Gewalt aufgestauter Haß werden die Toleranzschwelle weiter heruntersetzen und die Achtung vor Individualrechten beseitigen. Je eher der Konflikt durch Verhandlungen beendet werden kann, um so leichter wird es sein, politisch Einfluß auf den neuen Status quo zu nehmen.

Diese beiden Hauptziele und die hierzu vorgebrachten Erwägungen treffen im gleichen Maße auf die Lage in Guatemala zu. Unser Eintreten für eine Verhandlungslösung in El Salvador wird ein Hinweis für die Vertreter der harten Linie in Guatemala sein, daß ihre Zeit abgelaufen ist. Die Chancen für einen weniger radikalen und traumatischen Übergang in Guatemala werden dadurch erheblich verbessert.

Empfehlungen

Eine neue Politik für El Salvador muß folgendes in Betracht ziehen:

1. Anerkennung der FDR/DRU

Es ist keine Verbesserung unserer Verhandlungsposition und keine Lösung des derzeitigen Konflikts denkbar, wenn die USA nicht offiziell im In- und Ausland zu verstehen geben, daß sie die Koalition aus FDR und DRU als eine legitime und repräsentative politische Kraft in El Salvador anerkennen.

Diese Anerkennung wird für die unnachgiebigen Teile der Rechten und der Linken ein wichtiger Hinweis darauf sein, daß Washington seinen Standpunkt tatsächlich geändert hat.

2. Unsere Bereitschaft zeigen, den Konfrontationskurs aufzugeben

Die salvadorianische und die internationale Öffentlichkeit gehen davon aus, daß die USA auf eine militärische Lösung in Mittelamerika festgelegt sind. Wir müssen zu erkennen geben, daß wir unter bestimmten Voraussetzungen bereit sind, diesen Kurs aufzugeben, wenn ein geeignetes Klima für Verhandlungen geschaffen werden soll. Dabei müssen wir folgendes bedenken:

- Wir müssen Maßnahmen ergreifen, mit deren Hilfe wir uns deutlich von denjenigen Teilen innerhalb und außerhalb der Streitkräfte absetzen, die für schwerwiegende Exzesse gegenüber der Bevölkerung verantwortlich sind. Die darin verwickelten Personen wurden von der FDR/DRU und unseren eigenen Geheimdiensten identifiziert.
- Wir müssen Maßnahmen treffen, mit denen wir den Grad der im Moment von uns gewährten militärischen Unterstützung reduzieren können. Z. B. könnten unser Ausbildungsprogramm und die militärischen Nachschublieferungen gekürzt oder gestoppt werden.
- Wir müssen die Interventionsabsichten guatemaltekischer Militärkreise und paramilitärischer Kräfte gegen Nicaragua verurteilen und deutlich machen, daß wir die hondurenische Beteiligung an kriegerischen Aktionen gegen Nicaragua nicht billigen.
- Wir müssen privat und öffentlich zum Ausdruck bringen, daß wir wegen der fortgesetzten Einmischung von Ländern der südlichen Spitze Lateinamerikas in El Salvador besorgt sind, und bei unseren sämtlichen Verbündeten einschließlich Israel darauf drängen, daß sie im mittelamerikanischen Raum mit Vorsicht vorgehen.

3. Beibehaltung einer zurückhaltenden Politik des *low profile*

Zum jetzigen Zeitpunkt besitzen die USA nicht genügend politische Glaubwürdigkeit, um bei einem Vermittlungsversuch die Führung zu übernehmen. Wir sollten die Initiativen, die von anderen Beteiligten in Mittelamerika ausgehen, ermutigen und unterstützen, ohne direkt daran teilzunehmen. Ein direktes Eingreifen von unserer Seite könnte unsere Möglichkeiten, auf die Entwicklung Einfluß zu nehmen, einschränken und möglicherweise ein Hindernis für gegenseitiges Nachgeben darstellen.

4. Unterstützung einer pluralistischen Berichterstattung in den Medien

Die Verhältnisse in El Salvador und unsere offizielle Haltung dazu haben eine angemessene Berichterstattung in den Medien nicht gerade gefördert. Einflußreichen US-amerikanischen Journalisten ist der Aufenthalt in El Salvador unter Todesdrohungen verboten worden. Die Einreisebeschränkungen der salvadorianischen Regierung für Journalisten haben um mehrere kritische Ereignisse der letzten sechs Monate einen dichten Mantel des Schweigens gehüllt. Informelle Winks an Auslandsberichterstatter während des Präsidentschaftswahlkampfes haben ihr Interesse an den Vorgängen in Mittelamerika spürbar geringer werden lassen.

Eine angemessene, objektive und pluralistische Berichterstattung in den Medien wird einen positiven Beitrag zu einer friedlichen Lösung des Konflikts in El Salvador und sogar für ganz Mittelamerika leisten.

Gegenwärtige Rolle der USA in El Salvador

Politische Aussagen über Mittelamerika, seien sie für den internen Gebrauch oder für den Kongreß bzw. die Öffentlichkeit bestimmt, sind als Diskussionsgrundlage für eine Auseinandersetzung über unsere gegenwärtige Rolle in dieser Region nicht geeignet. Anstatt uns mit der Aufzählung von Zielen unserer Politik und deren Grundlagen zu beschäftigen, geben wir lieber einen Überblick über die Aktivitäten unserer Regierungsstellen, die die Entwicklung in El Salvador betreffen.

Wir haben festgestellt, daß die unten aufgelisteten Aktivitäten von nicht weniger als zwölf Regierungsstellen ausgehen und von zahlreichen NGO (*not government organisation*) unterstützt werden.

Im folgenden legen wir eine Teilaufstellung vor:

1. Verbesserung der politischen und wirtschaftlichen Rahmenbedingungen mit dem Ziel, die Lebensfähigkeit der derzeitigen Regierungskoalition zu stärken, durch

- beschleunigte Auszahlung bilateraler Wirtschaftshilfe und Hilfeleistung im technischen und im Verwaltungsbereich.
- Unterstützung hinsichtlich der Verabschiedung und Auszahlung von neuen und Folgeprogrammen sowie geplanten Projekten von IBRD, IDB und IMF.
- Bildung eines Teams von nordamerikanischen und salvadorianischen Technikern und Managern, das der Regierung in der Planung und Verwaltung helfen soll, um den ökonomischen Zusammenbruch zu verhindern.
- Erweiterung der Geldmittel und Straffung im Rahmen des Landreformprogramms, womit die heftige Wirkung auf die Elite des Landes abgeschwächt und die kurzfristig erreichbaren Verbesserungen für die ins Auge gefaßte Zielgruppe der Bevölkerung erhöht werden können.
- Erweiterung der kurzfristigen Finanzhilfe für den privaten Wirtschaftssektor, um die gegenwärtige Kapitalflucht abzuschwächen und in diesem Bereich eine Beruhigung herbeizuführen.
- Genaue Beobachtung und Einflußnahme auf latente und offen ausgetragene Differenzen innerhalb der Regierungsjunta und des Offizierskorps.

2. Bewahrung und Verbesserung des internationalen Ansehens des Regimes durch

- Förderung der Bemühungen der Salvadorianer, gemäßigte, reformistische Personen für die diplomatischen Vertretungen zu gewinnen.
- Versorgung mit logistisch wichtigem Material durch Botschaften und Handelsmissionen der USA.
- Förderung verstärkter diplomatischer Hilfe von seiten wohlgesinnter lateinamerikanischer und anderer verbündeter Regierungen.
- Verhinderung von Resultionen und anderen diplomatischen Initiativen, die der jetzigen Regierung gegenüber kritisch sind oder möglicherweise zur Legitimierung der Opposition beitragen.
- Aktivierung von Mechanismen, mit deren Hilfe Versuche der Opposition, internationale Unterstützung und Anerkennung zu erlangen, zum Scheitern gebracht und die Wirkung solcher Versuche eingedämmt werden können.
- Schaffung günstiger Voraussetzungen für die Beteiligung und Unterstützung anderer Länder hinsichtlich der Initiativen der USA in der OAS und der UNO, die die Lage in Mittelamerika betreffen.
- Enge Überwachung und Belieferung der US-amerikanischen und

internationalen Medienberichterstattung über Mittelamerika mit entsprechenden Informationen sowie breitangelegte öffentliche Darstellung des Vertrauens der USA in die Politik der salvadorianischen Regierung.

3. Bessere Vorbereitung der Streitkräfte auf *counter-insurgency* durch

- verstärktes Training für Offiziere mittlerer und unterer Ränge.
- Verbesserung der militärischen Infrastruktur für wirksamere militärische Verbindungen in den Städten und auf dem Land und für schnelle Truppenbewegungen.
- Schaffung geeigneter Nachschublinien und Anlage von Vorratslagern in Zusammenarbeit mit Verbündeten innerhalb und außerhalb Mittelamerikas.
- Zurverfügungstellung von Beratern für das strategische und taktische Oberkommando.
- Stärkung des Zusammenhalts und der Koordination unter den verschiedenen Befehlsstrukturen innerhalb der salvadorianischen Streitkräfte.
- Versuche, die im Land operierenden paramilitärischen Gruppen unter ein einheitliches Oberkommando zu bringen.
- Schaffung oder Verbesserung der Verbindungen und der Zusammenarbeit zwischen Streitkräften und paramilitärischen Organisationen in Guatemala, El Salvador und Honduras.
- Bereitstellung von US-amerikanischen Überwachungsdaten bezüglich militärischer Bewegungen in El Salvador für die salvadorianischen Streitkräfte.

4. Auflistung detaillierter Pläne für mögliche andere Reaktionen der USA auf eine Verschlechterung der Lage in der mittelamerikanischen Region, die beinhalten sollten

- politische und diplomatische Initiativen, die für den Fall gestartet werden müssen, daß ein militärisches Eingreifen der USA zur Rettung des jetzigen Regimes notwendig wird.
- Einsatzpläne für einen Aufmarsch von Militärkräften eines oder mehrerer Länder in El Salvador oder Guatemala.
- Schätzungen von Kosten, Zeitraum und Verlustraten unter günstigen und ungünstigen Rahmenbedingungen.
- Beurteilung der Einsatzbereitschaft und Empfehlungen für Vorbereitungen, die noch getroffen werden müssen.
- Einschätzung des Bedarfs und Vorbereitung von Plänen für beabsich-

tigte Aktionen, die die Unterstützung und die Nachschubwege salvadorianischer Guerillas in Kuba und Nicaragua abkappen sollen.

5. Sicherung kontinuierlicher Unterstützung von seiten des Kongresses und der öffentlichen Meinung für die gegenwärtige Politik durch Einflußnahme über Pressekontakte und Verbindungen, bei denen folgendes herausgestrichen werden muß:

- Ein Image der derzeitigen Regierung, das sie als gemäßigt und reformistisch erscheinen läßt.
- Die Unterstützung der USA für eine umfassende, aber gemäßigte Landreform in El Salvador als ein Mittel zur Eindämmung extremistischen und kommunistischen Einflusses.
- Verbindungen zwischen oppositionellen Guerillagruppen in El Salvador und Guatemala einerseits und Kuba andererseits.
- Diskreditierung gemäßigter Sprecher der Opposition als Marionetten der die harte Linie vertretenden Guerillaführer.
- Vorsichtige Steuerung der US-Berichterstattung über die Ereignisse in El Salvador, um eine Öffentlichkeit für die Aufständischen wie im Falle Nicaragua zu unterbinden.
- Durchführung von regelmäßig stattfindenden geschlossenen Sitzungen von Arbeitskreisen des Kongresses, Untergruppen dieser Arbeitskreise und Haupt-MC (wichtigen Mitgliedern des Kongresses), die mit dem Thema befaßt sind.

Diese Teilauflistung läßt erkennen, daß mehr Verwaltungs- und Finanzmittel für El Salvador aufgewendet werden als für jede andere Krise der westlichen Hemisphäre seit 1965. Ein solcher Aufwand wäre ohne Beschlüsse auf höchster Ebene nicht denkbar gewesen. Teilweise beruhen diese Entscheidungen darauf, daß man verhindern wollte, daß die Krise in El Salvador noch vor den Wahlen zu ihrem Höhepunkt gelangte. Jedoch haben sie Folgen in strategischer Hinsicht, die über innenpolitische Überlegungen weit hinausreichen.

Die Regierung Carter kam zu dem Schluß, daß der Zusammenbruch der gegenwärtigen Regierung El Salvadors, bestehend aus Zivilisten und Militärs, und ihre Ablösung durch ein linkes Regime eine Bedrohung für unsere strategischen Interessen in der Karibik darstellen würde.

Es herrschte außerdem Übereinstimmung unter den politisch Verantwortlichen, daß immer noch die Möglichkeit für die USA bestand, einer solchen Entwicklung durch offene und versteckte politische, militärische, wirtschaftliche, technische, diplomatische und propagandistische Hilfeleistung für die derzeitige Regierung Einhalt zu gebieten. Als jedoch diese Bemühungen ihr Ziel, nämlich die Stabilisierung der Lage in El Salvador verfehlten, ließen die USA wissen, daß sie darauf vorbereitet und willens sind, zusammen mit anderen oder notfalls auch alleine militärisch einzugreifen.

Wir halten diese Vorgehensweise und die Politik, auf die sie hinausläuft, für gefährlich und verfehlt. Die derzeitige Politik beruht unserer Meinung nach auf unsorgfältig ermitteltem Nachrichtenmaterial und darauf, daß innerhalb verschiedener Regierungsstellen nachweislich richtige diesem Nachrichtenmaterial widersprechende Informationen unterdrückt wurden.

Die Vorschläge und Empfehlungen, auf deren Grundlage politische Entscheidungen gefällt wurden, basierten auf unverantwortlichen, nur auf den eigenen Nutzen bedachten Arbeiten und Analysen der Geheimdienstberichte, die innerhalb der Behörden zugänglich waren. Kritik und abweichende Standpunkte ließ man systematisch unter den Tisch fallen.

Ausgehend von diesen offensichtlichen bürokratischen Fehleinschätzungen zeigt sich ein grundlegender Mangel an Verständnis für Lage und Entwicklungstendenzen in Mittelamerika und in der Karibik.

Gegenstandpunkt zu regionalen und internationalen Faktoren, die in El Salvador eine Rolle spielen

In diesem Aschnitt werden wir eine Einschätzung der Lage in El Salvador und des internationalen Kontexts dieser Lage vornehmen, die sich grundlegend von derjenigen unterscheidet, die im allgemeinen im State Department vertreten wird.

Diese Darstellung beruht auf einer Zusammenfassung von Erklärungen, Kommentaren, Berichten und Memoranden, die in verschiedenen Regierungsstellen zugänglich sind. Uns ist nicht bekannt, daß diese Informationen ausgewertet oder zur Diskussion herangezogen worden sind.

1. Die Lage in El Salvador

- Die Regierungsjunta und die Streitkräfte haben es nicht vermocht, relevante Unterstützung für ihr Reformprogramm und ihre Aktionen gegen die Aufständischen zu gewinnen.
- Die Maßnahmen zur Landverteilung haben die Landbevölkerung nicht neutralisieren und die Guerillatruppen nicht isolieren können.
- Die städtische Mittelschicht läßt sich folgendermaßen klassifizieren: solche, die sich bereits dafür entschieden haben, sich auf die Seite der oppositionellen FDR zu stellen, solche, die das Land verlassen wollen, und sol-

che, die sich für die verbleibende Zeit neutral verhalten. Nur von einem kleinen Teil der Mittelschicht läßt sich sagen, daß er auf das Überleben der gegenwärtigen Regierung zählt.

- In- und ausländische Firmen haben ihren Besitz fast vollständig liquidiert und ihr Kapital aus dem Land abgezogen. Es werden kaum noch private Investitionen getätigt. Ausländische Finanzhilfen und Kredite haben kaum noch relevante Auswirkungen im Hinblick auf einen ökonomischen Aufschwung.
- Unter den Trägern des Regierungsbündnisses breiten sich weitere Konflikte aus. Neue Abspaltungen bei den Christdemokraten und Flügelkämpfe innerhalb der Streitkräfte verhindern die Konsolidierung des Regimes.
- Die nachweislich zunehmenden militärischen Kräfte der Opposition, insbesondere ihre Fähigkeit, große Mengen von vertriebenen Landarbeitern und Bauern zu rekrutieren und zu organisieren und der Armee schwere Verluste beizubringen, läßt es als in hohem Maße unwahrscheinlich erscheinen, daß den Guerillastreitkräften in kurzer Zeit eine militärische Niederlage zugefügt werden kann.
- Weder die Regierung noch die Streitkräfte waren in der Lage, ihren Willen und ihre Fähigkeit zu zeigen, willkürliche Unterdrückungsmaßnahmen gegen die Zivilbevölkerung einzustellen. Das hat zu einem beschleunigten Verfall ihres Images bei der Bevölkerung und in der Weltöffentlichkeit beigetragen.

2. Regionale Faktoren

Es wäre falsch, die Entwicklung in El Salvador ohne Berücksichtigung des mittelamerikanischen und karibischen Kontextes zu untersuchen. Obwohl politische Einschätzungen und Analysen routinemäßig auf Belange der gesamten Region verweisen, macht man selten einen Versuch, Entwicklungen innerhalb eines Landes mit denen in den Nachbarländern in Bezug zu setzen.

Guatemala

Die unten aufgeführten Tendenzen sind in Verbindung mit den kurzfristig auftretenden Entwicklungen in El Salvador zu sehen:

- Die politische Macht im Land liegt fest in den Händen der Vertreter der harten Linie innerhalb der militärischen, paramilitärischen und zivilen Führungsgruppen. Allesamt lehnen sie einhellig jegliche reformistische oder gemäßigte Veränderung in der Zusammensetzung der Regierung oder in deren Regierungsprogramm ab.
- In den letzten Jahren haben die guatemaltekischen Militärs eine ausgedehnte Interpretation der nationalen und territorialen Interessen ihres Lan-

des vorgenommen, die die Möglichkeit einer Intervention in das benachbarte Belize und El Salvador nicht auschließt.

- Die oppositionellen Kräfte haben sich in einem breiten Bündnis zusammengeschlossen, das von gemäßigten Reformern, Teilen der Kirche und marxistischen sowie populistischen Guerillagruppen getragen wird.
- Im vergangenen Jahr wurde aus ehemaligen Mitgliedern der nicaraguanischen Guardia Nacional, castrofeindlichen Kubanern, Mitgliedern der guatemaltekischen Streitkräfte und Söldnern ein paramilitärischer Spezialtrupp aufgestellt. Sprecher dieser Truppe haben ihre Absicht kundgetan, in El Salvador zu intervenieren, «wenn es die Lage erfordert».
- Die Guerillastreitkräfte in Guatemala haben sich militärisch erheblich verbessern können. Ihr Ansehen sowohl bei den indianischen Landarbeitern als auch in der städtischen Mittelschicht ist offenkundig.
- Unterdrückungsmaßnahmen gegen gemäßigte Politiker und Gewerkschaftsführer verschärfen die politische Polarisierung und haben praktisch zum Verschwinden einer politischen Mitte geführt. Unter anderem dadurch verschlechtert sich das internationale Ansehen des Regimes immer mehr.
- Im vergangenen Jahr haben die oppositionellen Kräfte in El Salvador und Guatemala ihre Kontakte und ihre Zusammenarbeit auf politischem und militärischem Gebiet verstärkt.

Es sollte angemerkt werden, daß die Geheimdienste der USA über Vorhaben und technische Möglichkeiten des paramilitärischen Spezialtrupps in Guatemala informiert sind. Sie stehen mit nicaraguanischen Exilgruppen in Guatemala und Miami in Kontakt und kennen deren Verbindungen zu aus Exilkubanern bestehenden Terroristengruppen, die in den USA arbeiten. Anschuldigungen, daß der CIA diese Organisationen unterstützt und gefördert hat, sind nicht bewiesen. Dennoch wurde nichts unternommen, um ihre Beweglichkeit inner- und außerhalb der USA zu beschränken oder ihre Aktionen zu stören. Diese Beweglichkeit und die Verbindungen dieser Gruppen zu den USA – das kann man wohl voraussetzen – könnten nicht ohne stillschweigendes Einverständnis oder faktische Unfähigkeit von mindestens vier Stellen, nämlich des internationalen Nachrichtendienstes INS, des CIA, des FBI und der US-Zollbehörde, aufrechterhalten werden.

Honduras

Im Laufe des Jahres 1980 hat der DOD beträchtliche Mittel aufgewendet, um die Beziehungen zu den hondurenischen Streitkräften auszuweiten und zu verbessern. Das erklärte Ziel des DOD war es, «ein neues Gleichgewicht in Mittelamerika herzustellen», nachdem Somozas Guardia Nacional gestürzt worden war. Die Gespräche mit hondurenischen Offizieren wurden zu verschiedensten Zeitpunkten als «ermutigend», «fruchtbar» und «erfolgreich» bezeichnet. Diese Gespräche drehten sich um die folgenden Themen:

- Einigkeit über die Rolle der USA als Vermittler bei den Versuchen, die Differenzen zwischen Honduras und El Salvador beizulegen.
- Notwendigkeit verstärkter Kooperation zwischen den Streitkräften von Honduras und El Salvador, um die derzeit von salvadorianischen Guerillaverbänden kontrollierten, zwischen den beiden Ländern streitigen Grenzgebiete wieder unter Regierungskontrolle zu bekommen.
- Zusammenarbeit zwischen den USA und Honduras hinsichtlich der Unterstützung der salvadorianischen Streitkräfte im Falle einer großangelegten Offensive der Aufständischen.
- Bereitschaft der USA, Honduras im Fall des Ausbruchs offener Feindseligkeiten zwischen Honduras und Nicaragua beizustehen.

Obwohl sich unsere Bemühungen in Honduras bereits als sehr nützlich erwiesen haben, wurden ihre Auswirkungen doch übertrieben dargestellt. Dies hat seinen Grund in der mangelnden Beachtung von Entwicklungen, die im Land selbst stattfinden:

- Eine die harte Linie vertretende Mehrheit innerhalb des Heeres hat Druck dahingehend ausgeübt, daß der Demokratisierungsprozeß aufgehalten und teilweise sogar zurückgedreht werden soll. Mit den Vertretern dieser Fraktion wurden die genannten Punkte diskutiert.
- Diese Fraktion der harten Linie befürwortet eine Zusammenarbeit mit El Salvador hinsichtlich des *counter-insurgency*, toleriert und fördert Exilgruppen der ehemaligen Guardia Nacional, die Nicaragua feindlich gesinnt sind und von Honduras aus Aktionen gegen dieses Land unternehmen, und ist der Überzeugung, daß Honduras als Sieger aus einer militärischen Konfrontation mit Nicaragua hervorgehen würde.
- Eine gemäßigte Minderheitsfraktion innerhalb der Streitkräfte sucht engere Beziehungen zur zivilen demokratischen Opposition. Sie befürwortet freundschaftliche Beziehungen zu der Regierung von Nicaragua und zur FSLN. Sie wünscht keinerlei hondurenisches Eingreifen in El Salvador und ist der Meinung, daß ein offener Konflikt mit Nicaragua Honduras gefährlich destabiliseren könnte. Außerdem glaubt sie nicht an die Möglichkeit, die neue sandinistische Armee und die Milizen schlagen zu können.
- Aktivitäten im gewerkschaftlichen, kirchlichen, beruflichen und politischen Bereich haben in Honduras merklich zugenommen. Die daran beteiligten Organisationen betrachten die nicaraguanische Entwicklung mit Sympathie und sind gegen die Unterstützung der salvadorianischen Armee durch Honduras.
- Im vergangenen Jahr haben Gruppen von Land- und Stadtguerillas begonnen, in Honduras Aktionen durchzuführen. Obwohl ihre bisherigen Kräfte die innere Stabilität von Honduras nicht in Frage stellen, sollte ihr Unruhepotential im Falle einer schrittweisen Ausweitung der Konflikte auf die gesamte Region nicht unterschätzt werden.

Nicaragua

Man sollte folgende Hintergrundinformationen vor Augen haben, wenn man den Versuch unternimmt, das Verhalten Nicaraguas im Falle eines weitergehenden Engagements der USA in El Salvador vorherzusagen:

- Die Zusammenarbeit der FSLN und verschiedener Gruppen der salvadorianischen Guerilla lassen sich bis zur Mitte der siebziger Jahre zurückverfolgen. Salvadorianische Guerillaeinheiten nahmen am Krieg in Nicaragua teil und sorgten für logistische Unterstützung. Historisch gesehen läßt sich die Zusammenarbeit der beiden Länder gegen Interventionen der USA in die zwanziger Jahre und bis ins 19. Jahrhundert zurückverfolgen.
- Vor Juli 1979 unterhielt die FSLN Nachschublinien in Honduras, El Salvador und Guatemala. Die Kommandanten und Soldaten der FSLN sind mit dem Gelände und der Bevölkerung vertraut. Viele Nicaraguaner haben Verwandte in Honduras, Guatemala und El Salvador.
- Eine weitverbreitete Sympathie der Bevölkerung mit den oppositionellen Kräften in El Salvador und Guatemala, der hohe militärische Ausbildungsgrad der Bevölkerung, die erst kurz zurückliegende Erfahrung mit Krieg und Aufstand und die hohe Arbeitslosenrate würden es leicht und rasch möglich machen, Truppen zu rekrutieren und zu trainieren.
- Trotz einer Verbesserung der wirtschaftlichen Lage und erstaunlich effektiver Planung und Verwaltung ist die nicaraguanische Wirtschaft nach wie vor schwach und im Hinblick auf einen Krieg sehr anfällig. Sollten Feindseligkeiten ausbrechen, wären die nicaraguanischen Behörden gezwungen, Maßnahmen des «Kriegskommunismus» anzuwenden. Das würde die Einführung der Arbeitspflicht und die Ausdehnung staatlicher Kontrolle auf den privaten Wirtschaftssektor bedeuten, wodurch ganz allgemein die politische Entwicklung in Nicaragua radikalisiert würde.
- Das nicaraguanische Militär ist ausreichend ausgerüstet, um mit inneren Wirren und kleineren Grenzscharmützeln fertig zu werden. Eine Verwicklung Nicaraguas in Kriegshandlungen im restlichen Mittelamerika würde es erfordern, Ausrüstung und Umfang der Streitkräfte zu erhöhen und so umfassende Möglichkeiten für weitergehende kubanische und sowjetische Einflußnahme in Nicaragua schaffen.
- Die FSLN hat ihre Position in Regierung, Armee und Massenorganisationen gut festigen können. Größe, Disziplin und Moral der regulären Truppen und der Milizen sind beeindruckend. Neu erworbenes Transport- und Nachrichtenmaterial würden sie in jedem regionalen Konflikt zu einem ernsthaften Gegner machen.

Unsere Aufmerksamkeit sollten wir noch weiteren politischen und diplomatischen Gesichtspunkten widmen. Die FSLN und ganz allgemein die nicaraguanische Entwicklung genießen noch immer breite internationale Unterstützung. Im Verlaufe ihres ersten Regierungsjahres hat die sandinistische Regierung in internationalen Foren wie besonders der OAS, der UNO und der Bewegung der Blockfreien Einfluß und Ansehen gewonnen. Die nicaraguanische Regierung hat diplomatische Beziehungen zu den meisten Ländern des Ostblocks aufgenommen, die FSLN steht in freundschaftlichen Parteibeziehungen zu den dortigen kommunistischen Parteien.

Innerhalb der nicaraguanischen Führung ist man sich noch nicht einig, wie man auf eine mögliche direkte militärische Intervention der USA in El Salvador oder Guatemala reagieren soll. Der gemäßigte Teil legt mehr Betonung auf diplomatische Aktivitäten, wobei gleichzeitig humanitäre Hilfe für Flüchtlinge und Oppositionelle geleistet, ein militärisches Engagement aber vermieden werden soll, da dieses die Aussichten für einen wirtschaftlichen Aufschwung ernsthaft in Frage stellen würde. Die Vertreter der harten Linie sind für volle Unterstützung der Guerillastreitkräfte und notfalls für ein direktes Eingreifen der nicaraguanischen Streitkräfte in regionalen bewaffneten Konflikten.

Mexiko

Die politisch Verantwortlichen in den USA haben es bisher versäumt, den möglichen Auswirkungen mexikanischer Politik auf den Konflikt in El Salvador genügend Beachtung zu schenken. Schon jetzt haben Mexikos beständiges Wirtschaftswachstum, sein Ölreichtum und seine innere politische Stabilität sein Ansehen und seine Möglichkeiten und Bereitschaft, Einfluß auf die Entwicklungen im karibischen Raum und Mittelamerika zu nehmen, erheblich ansteigen lassen.

Politische Analytiker in Washington gehen davon aus, daß sich Mexiko wie bisher nur rhetorisch in Pose wirft, und spielen dabei Veränderungen in jüngster Zeit herunter. Aber neueres nachrichtendienstliches Material läßt darauf schließen, daß Mexiko ungewöhnlich fest entschlossen ist, die Errichtung von stabilen, progressiven und repräsentativen Regierungen in Mittelamerika zu fördern, die ihrerseits dazu in der Lage sind, ihre Unabhängigkeit den USA gegenüber zu behaupten, und freundliche Beziehungen zu ihrem mächtigen Nachbarn im Norden aufbauen wollen. Für diese sehr bestimmte Haltung gibt es hauptsächlich zwei Gründe:

1. Mexiko beobachtet die Verwicklung Venezuelas und der USA in bestimmte, seine Sicherheit berührende Angelegenheiten in nicht allzu großer Entfernung von seinen Ölfeldern mit wachsendem Unbehagen und Mißfallen.

2. Die politischen Analytiker der PRI sind zu dem Schluß gekommen, daß die revolutionäre Entwicklung in El Salvador unaufhaltsam ist. In ihren Augen besteht die beste Möglichkeit, Einfluß auf diese Entwicklung zu nehmen, darin, frühzeitig freundschaftliche Beziehungen mit den oppositionellen Kräften aufzunehmen und dem neuen Regime politische und wirtschaftliche Unterstützung zu gewähren.

Die PRI möchte gerne die Auswirkungen der Entwicklung in Mittelamerika auf die Situation in Mexiko selbst in Grenzen halten und möglichst in Mexiko vorhandene Sympathien für die Opposition in El Salvador und Guatemala für sich verwerten. Sie glaubt, daß es am besten sei, die neuen Regierungen anzuerkennen und zu unterstützen, wenn man sicherstellen wolle, daß sie sich nicht in die inneren Angelegenheiten Mexikos einmischten.

Diese politische Linie weicht nicht wesentlich von Mexikos diplomatischer Tradition ab. Seine derzeitige Haltung könnte man als auf den heutigen Stand gebrachte Abwandlung des erfolgreichen und für beide Seiten günstigen Arrangements zwischen Kuba und Mexiko während der letzten zwanzig Jahre ansehen.

In folgender Hinsicht werden Mexikos Interessen durch die gegenwärtige Lage in El Salvador berührt:

- Die PRI unterhält freundschaftliche Beziehungen zur Koalition aus FDR und DRU und erkennt deren Legitimität an.
- Die Beziehungen zwischen der mexikanischen Regierung und der Junta in El Salvador haben sich in den letzten sechs Monaten ständig verschlechtert.
- Ein bedeutender Teil der nach Guatemala und El Salvador gelangenden Waffen stammt aus Mexiko. Dies wäre ohne das stillschweigende Einverständnis der politischen Führung Mexikos kaum möglich.
- Mexiko hat bereits zu verstehen gegeben, daß es dem derzeitigen und jedem weitergehenden Engagement der USA und Venezuelas in El Salvador kritisch gegenübersteht. Es hat seinen Willen bekundet, eine diplomatische Gegenoffensive einzuleiten und wird möglicherweise seine Haltung in anderen, für die USA wichtigen bilateralen Angelegenheiten von einem Rückzug aus El Salvador abhängig machen.
- Die öffentliche Meinung in Mexiko steht voll und ganz auf seiten der Opposition in Guatemala und El Salvador. In der Regierungspresse sowie im privaten Pressewesen und in der Rundfunk- und Fernsehberichterstattung werden die Ereignisse in Mittelamerika eindeutig voreingenommen und verdreht dargestellt, wobei fast ausschließlich die Positionen der Opposition in diesen beiden Ländern zu Wort kommen.
- Mexiko hat in jüngster Zeit eine Reihe von Abkommen mit Kuba geschlossen. In einigen dieser Abkommen gibt es Klauseln, die sich mit den gemeinsamen Sicherheitsinteressen der beiden Länder in Mittelamerika und in der Karibik befassen.
- Mexiko leistet Nicaragua großzügige wirtschaftliche und technische Hilfe. Die PRI unterhält mit der FSLN freundschaftliche Beziehungen. Es gibt Berichte, nach denen Mexiko zugesagt haben soll, im Falle eines sich ausdehnenden Konflikts in Mittelamerika die wirtschaftlichen Hilfeleistungen zu verstärken.

Venezuela
Die Regierung Präsident Herrera Campins' hat sich für unsere derzeitige Politik in Mittelamerika zu einem unentbehrlichen Verbündeten entwikkelt. Die venezolanische Politik hinsichtlich El Salvadors – und der meisten mittelamerikanischen und weltpolitischen Fragen – stimmt weitgehend mit unserer Politik überein.

Die sozialen Christen der COPEI unterstützen ihre christdemokratischen Kollegen in der salvadorianischen Junta auf vielfältige und nicht zu unterschätzende Art und Weise. Die offizielle Unterstützung Venezuelas für El Salvador auf wirtschaftlichem und sicherheitspolitischem Gebiet ergänzt unsere eigenen Bemühungen und verschafft ihnen zusätzlich die notwendige Legitimität.

Es ist besonders wichtig, einige der Punkte zu untersuchen, die die politische Führung Venezuelas von ihrer gegenwärtigen Haltung abbringen könnten:

- Venezuelas innenpolitische Situation hat sich im Verlaufe des Jahres 1980 weitter verschlechtert. Handels-, Steuer- und Inflationsprobleme haben zu erhöhter Arbeitslosigkeit, niedrigeren Löhnen und einem verschärften sozialen Klima geführt.
- Die Opposition von sozialdemokratischer und linker Seite gegenüber der Wirtschafts- und Sozialpolitik der Regierung ist angewachsen. Die Gewerkschaftsbewegung befindet sich in Händen der Opposition, was ihrer taktischen Gleichschaltung ein bedeutsames Unruhepotential verschafft.
- Die Außenpolitik von Herrera Campins erfährt von der Bevölkerung Venezuelas keine breite Unterstützung und kann auch auf keine internationale Sympathie zählen. Vielerorts wurde die Freilassung von kubanischen Terroristen als schädlich für das internationale Prestige Venezuelas als eines demokratischen Landes angesehen.
- Die Accion Democrativa erkennt die Koalition aus FDR und DRU an und unterstützt sie. Die AD hat ihre Bereitschaft zu erkennen gegeben, diesen Fakt als Druckmittel gegenüber Herrera Campins einzusetzen. Einige Kongreßmitglieder von der COPEI teilen die Ansicht ihrer Partei zu El Salvador nicht. Es gibt Anzeichen dafür, daß sich innerhalb des Kongresses eine rein zielorientierte Allianz bilden könnte, die die Exekutive zu einem politischen Kurswechsel zwingen könnte.
- Funktionäre in Herrera Campins' Umgebung sind zunehmend besorgt über die möglichen Auswirkungen von Spannungen mit Mexiko, die sich mit wachsendem Engagement Venezuelas in El Salvador verstärken.

Diese Punkte können sich kritisch entwickeln, sobald die USA und Venezuelas gemeinsam militärisch vorgehen. Man sollte die Möglichkeit nicht außer acht lassen, daß in Venezuela eine Destabilisierung der politischen Lage eintreten kann. Da der Druck auf die COPEI-Regierung zunimmt, sollten die USA mit dem Auftauchen von politischen Differenzen mit Venezuela rechnen.

Costa Rica

Die politische und wirtschaftliche Lage in Costa Rica ähnelt in vielen Punkten derjenigen Venezuelas – Präsident Rodrigo Carazo unterstützt die Politik Venezuelas und der USA in El Salvador, und seine Partei unterhält freundschaftliche Beziehungen zu dem von Duarte und Ehrlich geführten Flügel der salvadorianischen Christdemokraten.

Jedoch ist die Unterstützung von seiten Costa Ricas größtenteils symbolischer Art, da es dem Land an wirtschaftlichen, politischen und sicherheitspolitischen Möglichkeiten mangelt, um einen wirksamen Beitrag zu dem gemeinsamen Vorhaben zu leisten. Darüber hinaus reagieren Präsident Carazo und seine Partei in jüngster Zeit empfindlich auf innenpolitischen Druck, der eine Änderung in der costaricensischen Politik gegenüber El Salvador bewirken will. Schließlich hat Costa Ricas Wirtschaft keine großen Energiereserven und ist vom Außenhandel abhängig, was die Regierung für Druck von seiten Mexikos und Nicaraguas empfänglich macht.

Panama

Die USA nutzen ihre noch verleibenden Militärstützpunkte in Panama voll für ein erweitertes militärisches Trainingsprogramm für salvadorianische Militärs. Bei diesem Trainingsprogramm handelt es sich um das umfangreichste, das die USA jemals in einem einzigen Jahr für ein lateinamerikanisches Land zur Verfügung gestellt haben.

In der lateinamerikanischen Presse sind Anschuldigungen erhoben worden, nach denen der DOD unsere Militärstützpunkte in Panama als militärische Vorratslager benutzt, die im Ernstfall eine wichtige Rolle bei der Errichtung einer Luftbrücke mit Nachschub für die salvadorianischen Streitkräfte spielen sollen.

Uns liegt Material vor, das diese Behauptungen bestätigt.

Die kritisch zu betrachtende Bedeutung, die Panama in der jetzigen Situation für die USA hat, würde für den Fall, daß wir noch weiter in den Konflikt in El Salvador verwickelt werden, noch erheblich zunehmen. Gleichzeitig wird General Torrijos, der weiterhin die Kontrolle über die Streitkräfte in Händen hat und jederzeit sein Veto gegen die Regierungspolitik einlegen kann, in unseren Berichten als «unbeständig, in seinen Reaktionen schwer kalkulierbar ... ein populistischer Demagoge mit heimlichem Antiamerikanismus und Hang zur Flasche» beschrieben, was wohl schwerlich das Bild eines zuverlässigen Verbündeten sein kann. Unsere schwierige Lage in Panama wurde jüngst deutlich, als Präsident Royo unser Trainingsprogramm für die Salvadorianer öffentlich kritisierte. Man beachte die folgenden zusätzlichen Verbindungspunkte zwischen Panama und El Salvador:

- Obwohl sie anfänglich den Staatsstreich vom 15. 10. 1979 begrüßten, unterhalten General Torrijos und die panamesische Regierung inzwischen Beziehungen zu den gemäßigten Teilen der FDR/DRU.

- Die wirtschaftlichen Schwierigkeiten Panamas und seine Abhängigkeit von den Banken der USA macht das Land möglicherweise für Druck von unserer Seite empfänglich. Allerdings könnte gerade diese Situation in Verbindung mit unserer Tendenz, nicht gerade diplomatisch vorzugehen, das Aufkommen «antiimperialistischer» Ressentiments begünstigen.
- In den vergangenen sechs Monaten hat Panama seine Unzufriedenheit über Mißstände geäußert, die bei der Durchführung der Kanalverträge aufgetreten sind.
- General Torrijos befindet sich in einer Position, die es ihm ermöglicht, die Kontrolle über zwei wichtige taktische Punkte für jede direkte militärische Intervention der USA in Mittelamerika auszuüben: den Kanal und die Militärbasen.

Ekuador

Zu Beginn dieses Jahres kamen in Ekuador in großem Umfang Behauptungen auf, daß Delegationen des DOD und des ARA Ekuador besucht hätten, um die Unterstützung der Regierung und der Streitkräfte für die Aufstellung einer «Friedenssicherungstruppe» des Andenpakts zu gewinnen, die zusammen mit venezolanischen, US-amerikanischen und costaricensischen Einheiten in El Salvador intervenieren könnte. Später folgende offizielle Dementis konnten den Eindruck nicht zerstreuen, daß die Initiative der USA auf Grund einheimischen und internationalen Drucks gestoppt worden war. Trotz seiner beschränkten militärischen Stärke übt Ekuadors demokratische Regierung und die relativ florierende Wirtschaft des Landes einen unverhältnismäßig großen politischen und diplomatischen Einfluß auf Ekuadors Partner im Andenpakt und auf andere lateinamerikanische Länder aus.

Seit Mai hat sich Präsident Roldos' Haltung zu El Salvador einer Position der Anerkennung der FDR angenähert. Aus der europäischen Sozialdemokratie verlautete, daß Roldos diplomatische Initiativen für die Schaffung einer neuen Regierung unter Beteiligung der FDR möglicherweise unterstützen wird.

3. Internationale Zusammenhänge

In der Zeit kurz nach dem Militärputsch vom 15. 10. 1979 stand die Weltöffentlichkeit einhellig hinter der neuen Regierung und dem von ihr vorgestellten Reformprogramm.

Diese erste Regierungsjunta setzte sich aus einer Koalition von Sozialdemokraten, Christdemokraten und Kommunisten zusammen und konnte zunächst auf Sympathie bei den «Volksorganisationen» rechnen. Offizielle Sprecher unserer Regierung erwähnen so gut wie nie, daß diese erste in großem Maße repräsentative Regierungskoalition Anfang Januar 1980 auseinanderbrach. Mitglieder der Junta und deren Organisationen merkten, daß die Regierung unfähig war, die Reformen durchzuführen und die Unterdrückungsmaßnahmen zu stoppen. Von diesem Augenblick an schwand die internationale Unterstützung für die nachfolgenden Regierungskoalitionen schnell dahin. Ein Jahr nach dem Militärputsch vom Oktober 1979 hat sich die internationale Lage vollkommen verändert.

Um abschätzen zu können, inwieweit die derzeitige US-amerikanische Politik in El Salvador Unterstützung finden kann, sollten wir uns kurz folgendes vor Augen halten:

- Die christdemokratische Bewegung und die sie bildenden Parteien sind gespalten. Der konservative Flügel will die jetzige Regierung und die Politik der USA weiter befürworten. Die jüngeren Teile der Bewegung, von denen viele Beobachter der Meinung sind, daß sie in den meisten Parteien die Mehrheit darstellen, erklären sich solidarisch mit der oppositionellen FDR.
- Die Sozialdemokraten sind einhellig dazu übergegangen, der Führung der RDF aktive politische und humanitäre Hilfe zu leisten. Das Engagement der Sozialdemokratie für die Opposition in El Salvador vollzieht sich in ähnlichen Bahnen wie seinerzeit gegenüber der FSLN Ende 1978. Die Sozialdemokratische Partei Deutschlands, der in der sozialistischen Bewegung eine Schlüsselrolle zukommt, scheint zur weiteren Unterstützung der FDR entschlossen. Dies hat bereits zu Spannungen zwischen der US-amerikanischen und der deutschen Regierung geführt.
- Die kommunistischen Parteien haben ebenfalls ihre abwartende Haltung zu dem Zeitpunkt aufgegeben, als die KP El Salvadors im Januar 1980 ihre Mitglieder von den Ministerposten in der Regierung abzog. Es überrascht nicht, daß die kubanische KP ihrer salvadorianischen Bruderpartei empfiehlt, ihr Programm umzugestalten, ihre Bündnispolitik zu erweitern und weiterhin nach Übereinkünften mit den «progressiven Teilen der Streitkräfte» zu streben. Vor allem drängen die Kubaner (und die Sowjets) auf äußerste Vorsicht, um eine direkte Konfrontation mit uns zu vermeiden.
- Die stärkste und beständigste Unterstützung erfährt die derzeitige Regierung und ihre *counter-insurgency*-Politik von seiten der Militärregimes im südlichen Zipfel Lateinamerikas. So stellen Argentinien, Chile und Uruguay Ausbilder und Berater für Nachrichtenwesen, *counter-insurgency* im städtischen wie im ländlichen Bereich und Logistik zur Verfügung. Nach den USA ist Argentinien der zweitgrößte Ausbilder salvadorianischer Offiziere.
- Innerhalb der protestantischen und katholischen Kirche trat zunächst dieselbe Spaltung auf wie bei den christdemokratischen Parteien. Die Ermordung von Erzbischof Romero hinterließ deutliche Spuren sowohl in den Kirchenhierarchien als auch bei den einfachen Dorfpfarrern und -pastoren, die die Streitkräfte und die Regierung für die letztendlich für den

Mord Verantwortlichen hielten, seitdem herrscht Einigkeit in der Unterstützung der FDR.

Der oben beschriebene Wandel in der öffentlichen Meinung war nicht ohne Folgen für das Verhalten vieler Regierungen in internationalen Organisationen. Abstimmungsvorlagen der UNO für Resolutionen zu El Salvador aus dieser Zeit brachten eine Zwei-Drittel-Mehrheit gegen die Regierung und gegen das Engagement der USA in El Salvador ein. Hochgestellte UNO-Diplomaten, die mit der Lage in Mittelamerika vertraut sind, stehen auf dem Standpunkt, daß die Reaktion auf ein militärisches Eingreifen der USA in El Salvador derjenigen entsprechen würde, die die Sowjets nach dem Einmarsch in Afghanistan hinnehmen mußten. Wir würden über Nacht alle Erfolge auf diplomatischem Gebiet, die wir seinerzeit erringen konnten, wieder zunichte machen.

In der OAS zeichnet sich auch kein besseres Bild ab. Aus einer unveröffentlichten Untersuchung unter Delegierten bei der OAS geht hervor, daß ca. die Hälfte aller Mitglieder jegliche Form militärischer Intervention in Mittelamerika ablehnen würde, ohne auf die näheren Umstände einer solchen Intervention einzugehen. Ca. 20 % wären für eine Intervention, und die übrigen Mitglieder der OAS würden ihre Entscheidung von den «jeweiligen Umständen» abhängig machen.

4. Öffentliche Meinung in den USA

Durch die Berichterstattung über die Kanalverhandlungen mit Panama und den Krieg in Nicaragua ist sich die US-amerikanische Öffentlichkeit zunehmend über die Lage in Mittelamerika bewußt geworden. Eine Umfrage, die im Juni 1979 durchgeführt wurde, ergab, daß zwei von drei Amerikanern gegen das Somoza-Regime waren und etwa die Hälfte mit den Sandinisten sympathisierte. Interessanter ist jedoch eine Umfrage vom August 1980, nach der sich die öffentliche Meinung im Vergleich zum Juni 1979 trotz kritischer Berichterstattung zum ersten Jahrestag der sandinistischen Regierung nicht wesentlich verändert hatte.

Dennoch läßt sich feststellen, daß unsere Bemühungen, die Unterschiede zwischen der heutigen Lage in El Salvador und der Situation in Nicaragua im Juni 1979 deutlich zu machen, Auswirkungen auf die öffentliche Meinung gehabt haben. Die Berichterstattung in den Medien kam der offiziellen Linie der Regierung sehr entgegen: größere Betonung der Interessen der USA in Mittelamerika, ständiges Erwähnen der kubanischen Aktivitäten in dieser Region, Herunterspielen der «Menschenrechtsproblematik» und wirksamer Einsatz der Formel von den «Extremisten von links und rechts». Auf Grund dessen ist das Klima in den USA zur Zeit günstig für die gegenwärtige Politik der USA, soweit sie öffentlich dargestellt wird.

Wir sind der Überzeugung, daß der Einmarsch US-amerikanischer Truppen in El Salvador dieser positiven Stimmung ein Ende bereiten würde. So ergab eine im Oktober 1980 durchgeführte Meinungsumfrage, daß 60% aller Männer und 68% aller Frauen in den USA gegen den Einsatz amerikanischer Truppen in Krisengebieten der Dritten Welt sind. Die Reaktion der Öffentlichkeit auf die Registrierung von Wehrpflichtigen und der Stimmungsumschwung weg von einer möglichen Intervention im Iran nach dem gescheiterten Befreiungsversuch müssen noch analysiert werden. Jedoch legen sie nahe, daß wir das «Vietnam-Syndrom» noch nicht überwunden haben und Feststellungen in dieser Richtung völlig übereilt sind.

Die Beteiligung der Kirche an Initiativen, die die Aufmerksamkeit der Öffentlichkeit auf die Situation in El Salvador lenken wollen und sich für die Opposition und gegen eine Intervention der USA einsetzen, kann nach den uns vorliegenden Hinweisen möglicherweise die öffentliche Meinung zu der Rolle, die wir in El Salvador spielen, im Laufe der Zeit beeinflussen. Spezialisten im Kongreß, die mit den Einflußmöglichkeiten des kirchlichen Sektors vertraut sind, sagen für den Fall eines weitergehenden Engagements der USA in Mittelamerika einen Wandel in der öffentlichen Meinung und im Wählerverhalten voraus.

Auf der Suche nach einer nichtmilitärischen Lösung

In diesem Abschnitt schlagen wir vor, die Ziele der USA in Mittelamerika neu zu definieren und liefern eine Begründung für unsere Auffassung, daß die Bedingungen dafür gegeben sind, sie durch eine Verhandlungslösung im salvadorianischen Konflikt zu erreichen.

1. Ziele der USA

Eines der Hauptziele US-amerikanischer Politik in Mittelamerika ist es, den kubanischen und sowjetischen Einfluß zu begrenzen. Wir sind durchaus nicht einer Meinung mit denjenigen, die die Bedrohung von seiten des kubanischen Expansionismus verharmlosen. Aber wir versuchen, zwischen kubanischen Expansionswünschen bzw. -absichten und den derzeitigen realen Möglichkeiten ihrer Verwirklichung zu unterscheiden.

Die inneren politischen und wirtschaftlichen Schwierigkeiten des sowjetisch-kubanischen Blocks und ihr übermäßiges Engagement in Afrika und Asien schränken ihren Willen und ihre Voraussetzungen dafür, neue, möglicherweise ökonomisch und politisch kostspielige Verpflichtungen einzugehen, erheblich ein. Weder Kuba noch die hinter ihm stehende Sowjetunion sind in der Lage bzw. daran interessiert, die Aufwendungen für die Ersetzung der USA als größter Schutzmacht und wichtigstem Handelspartner Mittelamerikas zu erbringen. Wir sollten uns daran erinnern, daß die Hilfeleistungen des kommunistischen Lagers für Nicaragua – abgesehen von den in der Presse vielzitierten Lehrern und Ärzten, die als Freiwillige nach Nicaragua gingen – minimal waren. Diese Tatsache hat die sandinistische Führung gegenüber ihren Erwartungen von vor einem Jahr sehr ernüchtert.

Jedoch sollte der begrenzte Einsatz des kommunistischen Lagers auf wirtschaftlichem Gebiet nicht für Ohnmacht gehalten werden. Die Möglichkeiten der kommunistischen Länder, ihren Einfluß weiter auszudehnen, beruhen hauptsächlich auf ihrer opportunistischen Bereitschaft, militärische Ausrüstung und Ausbildung zur Verfügung zu stellen. Ihre in Zeiten politischer Stabilität und relativen sosialen Friedens offensichtliche Schwäche weicht einer unheilvollen Stärke, sobald bewaffnete Konflikte auftreten.

Einem weitergehenden militärischen Engagement der USA in El Salvador würde eine Ausbreitung der bewaffneten Auseinandersetzungen auf die gesamte Region auf dem Fuße folgen. Wenige denkbare Entwicklungsverläufe würden Kuba mehr Einflußchancen in Mittelamerika und im karibischen Raum eröffnen.

Angesichts dessen, was die Sandinisten als den Beginn einer gegen sie gerichteten Offensive auffassen werden, wäre die nicaraguanische Regierung praktisch gezwungen, mit dem kommunistischen Lager ein strategisches Bündnis einzugehen. Die Lage würde derjenigen ähneln, in der sich Kuba befand, als es in den sechziger Jahren unter sowjetischen Einfluß geriet.

Die regionale Ausbreitung eines militärischen Konflikts würde die Bildung «internationaler Brigaden» rechtfertigen, die auf dem ganzen Isthmus von Kolumbien bis zur mexikanischen Grenze operieren könnten. Jede Regierung, die während oder nach einer militärischen Konfrontation mit den USA in El Salvador an die Macht käme, wäre gezwungen, sich den Schutz anderer Mächte in der mittelamerikanischen Region zu verschaffen. Es liegt auf der Hand, daß sich Kuba hierzu nachgerade anbietet.

Deswegen sollten die USA, wenn sie die Chancen der Kubaner und Sowjets für Expansionsbestrebungen gering halten wollen, eine regionale Ausbreitung bewaffneter Konflikte auf jeden Fall vermeiden, indem sie vom gegenwärtigen Trend zum verstärkten militärischen Engagement abweichen.

Ein zweites strategisches Ziel der amerikanischen Politik sollte es sein, die Schaffung von stabilen Regierungen zu fördern. Diese müßten in der Lage sein, dringend überfällige Reformen effektvoll zu verwirklichen und gleichzeitig verantwortungsvolle private Wirtschaftstätigkeit zu fördern. Darüber hinaus müßten sie normale wirtschaftliche Beziehungen mit ausländischen Firmen unterhalten.

Offensichtlich kann man nicht davon sprechen, daß die derzeitige Regierung in El Salvador fest im Sattel sitzt. Weder kann sie die von ihr angekündigten Reformen durchführen noch kann sie die sozialen und politischen Bedingungen schaffen, die eine Normalisierung auf wirtschaftlichem Gebiet ermöglichten. Steigende Verluste an Menschen und Sachwerten zeigen, daß die salvadorianischen Sicherheitskräfte auf sich allein gestellt keinen militärischen Sieg erringen werden. Privater Wirtschaftsbereich und ausländische Investionen sind bereits erheblich geschwächt. Weitere kriegerische Auseinandersetzungen werden ihren Einfluß weiter schmälern und die Rolle, die sie in einer Periode des Wiederaufbaus spielen könnten, unbedeutender werden lassen.

Politische Analytiker neigen dazu, die radikalisierende Wirkung langwieriger «Befreiungskriege» auf die Führungsspitze der Aufständischen und auf die Massen zu unterschätzen. Politische Polarisierung und in Jahren voller Blutvergießen aufgestauter Haß setzen die Toleranzschwelle herunter und beseitigen die Achtung vor Individualrechten. Je länger der Konflikt anhält, um so deutlicher wird dies zu sehen sein. Je eher der Konflikt einer Verhandlungslösung zugeführt werden kann, um so leichter wird es sein, politischen Einfluß auf den neuen Status quo zu nehmen.

Die beiden wichtigsten Ziele und die hierzu vorgebrachten Erwägungen treffen in gleichem Maße auf die Lage in Guatemala zu. Wir haben nahezu vier Jahre lang erfolglos versucht, die gemäßigten, der politischen Mitte zugehörigen Kräfte in Guatemala zu stärken und auf die Regierung Druck auszuüben, damit sie ihre Unterdrückungsmaßnahmen einschränkt und auf politischer Ebene Lockerungen einführt. Unser Eintreten für eine Verhandlungslösung in El Salvador wird ein Hinweis für die Vertreter der harten Linie in Guatemala sein, daß ihre Zeit abgelaufen ist. Die Chancen für einen weniger radikalen und traumatischen Übergang in Guatemala werden dadurch erheblich verbessert.

2. Rahmenbedingungen für einen Dialog

Die Voraussetzungen für eine Verhandlungslösung des Konflikts in El Salvador werden dann gegeben sein, wenn die wichtigsten der heute an der Macht befindlichen politischen Kräfte in El Salvador und ihre jeweiligen Verbündeten im Ausland zu dem Schluß kommen, daß ein vollständiger militärischer Sieg über die Opposition nicht mehr möglich ist bzw. daß die Kosten für einen solchen Sieg auf militärischer Ebene nicht länger zu rechtfertigen sind.

In diesem Abschnitt möchten wir darstellen, daß die meisten der Beteiligten von Gewicht jetzt bereit sind, eine Unterstützung und/oder eine Teilnahme an einer im Verhandlungswege erzielten Beendigung des Konflikts in Erwägung zu ziehen.

Wir haben privat und öffentlich immer wieder gesagt, daß die Opposition in El Salvador nicht bereit ist, mit den Streitkräften oder mit der Junta zu verhandeln. Wir haben bisher den Eindruck verbreitet, daß die Führung der Guerilla auf eine totale militärische Konfrontation aus ist, um sämtliche bestehenden politischen und militärischen Institutionen zu zerstören. Das sind grobe Verdrehungen, die auf Grund dessen, daß sie ständig wiederholt wurden, den Anschein von Richtigkeit erworben haben, was nicht den tatsächlichen Gegebenheiten entspricht.

Die Führung der FDR/DRU-Koalition vertraut auf ihre wachsende Stärke innerhalb und außerhalb El Salvadors. Jedoch sind zwei taktische Strömungen in der Koalition vertreten:

- Auf der einen Seite heißt es, daß man stark genug ist, um der Junta und den Streitkräften seine eigenen Bedingungen zu stellen. Aus dieser Sicht gleichen Vermittlungsbemühungen jetzt in El Salvador denjenigen, die seinerzeit in Nicaragua 1978/79 auf Initiative der USA hin dreiseitig stattfinden sollten. Diese Art des Dialogs wird eindeutig abgelehnt.
- Eine andere Strömung, die innerhalb der Koalition nach jüngsten Berichten an Einfluß gewinnen soll, befürwortet die Aufnahme von Verhandlungen in der Art der Übergangslösung von Zimbabwe.

Beide Strömungen haben dabei folgende Gesichtspunkte vor Augen:

- Eine Offensive der Aufständischen hat möglicherweise nicht vollen Erfolg oder kann nicht schnell genug durchgeführt werden, um eine Pattsituation im Bürgerkrieg und zwei gleichzeitig nebeneinander existierende Regierungen zu vermeiden, was die sozialen Kosten eines solchen Aufstands und die Wahrscheinlichkeit einer militärischen Intervention der USA erheblich erhöhen würde.
- Sogar eine erfolgreiche Erhebung würde möglicherweise so hohe Verluste an Menschenleben und Sachwerten nach sich ziehen, daß eine Lösung des Problems auf militärischer Ebene später den Wiederaufbau und die Konsolidierung des neuen Regimes gefährlich erschweren würde.
- Ein direktes militärisches Eingreifen der USA würde in der gesamten mittelamerikanischen Region einen taktischen Umschwung weg von örtlich beschränkten Aufständen und hin zum «langandauernden Volkskrieg» erzwingen. Dies würde die Schaffung repräsentativer Regierungen auf unbestimmte Zeit verschieben und die sozialen Kosten des Krieges über sämtliche bisherigen Vorstellungen hinaus anwachsen lassen.

Beide Strömungen lehnen es ab, mit den Vertretern derjenigen Gruppen zu sprechen, die für «willkürliche Unterdrückungsmaßnahmen und den Völkermord» direkt verantwortlich gemacht oder jedenfalls für damit einverstanden gehalten werden. Aber sie gestehen auch die Notwendigkeit zu, wieder Verhandlungen mit Vertretern der in- und ausländischen Wirtschaftszweige aufzunehmen, die zur Zeit noch der Junta nahestehen. Enge Verbündete der FDR/DRU-Koalition im Ausland glauben, daß eine versöhnlichere Haltung notwendige Vorbedingung dafür ist, daß die gegenwärtige Pattsituation überwunden werden kann. Diese Auffassung scheint nach ihrem Eindruck innerhalb der Koalition ständig an Befürwortern zu gewinnen.

Eine ähnliche Tendenz läßt sich auf Regierungsseite feststellen. Vom bisher verfolgten Konfrontationskurs weg könnte man zu dem Standpunkt kommen, daß Verhandlungen mit der Opposition möglicherweise unumgänglich sind. Man sieht immer deutlicher, daß die Annahme, man könne militärisch auf ganzer Ebene obsiegen, zum jetzigen Zeitpunkt für Regierung und Streitkräfte nicht mehr den realen Gegebenheiten entspricht. Daher sehen die Alternativen jedenfalls für die weitsichtigeren Kräfte, die noch auf seiten der Regierungskoalition stehen, folgendermaßen aus:

- Niederlage nach einer Offensive der Aufständischen,
- vollständige Identifizierung mit einer militärischen Hilfsaktion der USA und völliger Verlaß auf diese Aktion,
- Aufnahme von Verhandlungen mit Hilfe von Vermittlern mit dem Ziel, eine neue Regierungskoalition zu bilden.

Selbstverständlich ist die Lage in El Salvador höchst kompliziert. Hierin liegt ein deutlicher Widerspruch zu den simplifizierenden Verallgemeinerungen durch ranghohe US-Offiziere, die immer behauptet haben, daß die Opposition ausschließlich auf eine militärische Auflösung der derzeitigen Pattsituation aus ist.

3. Das Modell Zimbabwe

Die FDR hat die Ankündigung der Junta, in zwei Jahren Wahlen abhalten zu wollen, offiziell als politisches Betrugsmanöver gebrandmarkt. Intern wird jedoch das Angebot von Wahlen als möglicher Teil einer Lösung à la Zimbabwe diskutiert. Als Argument für Wahlen wird vorgebracht, daß man diese Wahlen gewinnen könne, wenn man die notwendige Freiheit, den eigenen Anhang zu mobilisieren, und freien Zugang zu den Massenmedien hätte. Jedoch gestehen auch die stärksten Anhänger dieser Lösung zu, daß der zur Zeit an den politischen Schalthebeln sitzende Teil der Streitkräfte – der weiß, in welch großem Maße die Opposition von der Bevölkerung unterstützt wird – nicht die Absicht hat, wirklich freie Wahlen durchführen zu lassen.

Selbstverständlich gibt es offensichtliche Unterschiede zwischen der Lage in Zimbabwe 1978 und 1979 und der gegenwärtigen Lage in El Salvador. Jedoch lassen sich auch viele strukturelle Ähnlichkeiten finden, die von den politisch Verantwortlichen beachtet werden sollten:

- Die Patriotische Front war ein Zusammenschluß von gemäßigten und marxistischen Kräften, von denen sich jede auf ihre eigene starke Guerillaarmee stützen konnte.
- Ausländische Unterstützung von seiten Kubas, Chinas und der Sowjetunion und ein langwieriger, erbittert geführter Guerillakrieg hatten die

Befreiungsheere gestärkt und die rhodesischen Streitkräfte geschwächt. Auf beiden Seiten waren im letzten Kriegsjahr terroristische Aktionen an der Tagesordnung, die auch nicht einmal während der Gespräche in Westminster eingestellt wurden.

- Die drohende südafrikanische Einmischung, die kubanische Zusage, mit regulären Truppen zu intervenieren, und die absehbaren Folgen eines auf die gesamte Region ausgedehnten Krieges waren wesentliche Faktoren dafür, daß eine Verhandlungslösung erzielt werden konnte.
- Das Regime Muzorewas verlor durch sein Eintreten für die Interessen der Weißen, durch seine Unfähigkeit, effektive Reformen durchzuführen und durch seine Beteiligung an *counter-insurgency*-Aktionen an Prestige und Glaubwürdigkeit.
- Das internationale politische Klima im Zusammenhang mit El Salvador ähnelt immer mehr demjenigen in den letzten sechs Monaten des Muzorewa-Regimes.

Was im Falle El Salvador am deutlichsten fehlt, ist der Wille der in der betreffenden Region vorherrschenden Macht – England in Rhodesien, die USA in El Salvador – zuzugeben, daß es an der Zeit ist, den sich anbahnenden neuen Status quo als solchen zu akzeptieren. Es ist hier von Interesse, daran zu erinnern, daß die Mehrheit der Kongreßmitglieder und der politisch Verantwortlichen in der Exekutive so lange auf dem Standpunkt standen, Mugabe sei ein marxistischer Extremist mit begrenztem Rückhalt in der Bevölkerung, bis sein einem politischen Erdrutsch gleichkommender Wahlsieg ihn zu einem angesehenen und einflußreichen Staatsoberhaupt avancieren ließ.

4. Haltung der mittelamerikanischen Länder

In unserem Überblick über Tendenzen in Mittelamerika, die gegenläufig zu der derzeitigen Politik der USA sind, haben wir folgende Staaten, die für eine Verhandlungslösung eintreten, in unsere Untersuchung einbezogen:

Mexiko

Die Politiker in Washington wollen nicht erkennen, daß sich das Kräfteverhältnis zwischen den USA und Mexiko in erheblichem Maße gewandelt hat. Diese Veränderungen schlagen sich jedoch in den Haltungen und Vorgehensweisen der beiden Länder hinsichtlich Mittelamerikas und des karibischen Raumes nieder.

Mexiko hat bereits deutlich gemacht, daß es jede Initiative zur Beilegung des Konflikts in El Salvador unterstützen will, die die Chancen dafür erhöht, daß eine wirklich repräsentative Volksregierung unter Beteiligung der FDR/DRU zustande kommt.

Nicaragua

Daß Nicaragua auf seiten der FDR/DRU steht, ist bereits geschildert worden. Sowohl die nicaraguanische Regierungsjunta als auch die FSLN wissen sehr genau, welche sozialen Kosten ein lang hingezogener Krieg mit Auswirkungen auf die gesamte Region zur Folge hätte.

Managua hat deutlich signalisiert, daß es eine Übergangsregierung mit Beteiligung der FDR/DRU als Lösung akzeptieren und unterstützen würde.

Venezuela

Wir haben bereits die Besorgnis Präsident Herrera Campins' hinsichtlich der zunehmenden innen- und außenpolitischen Schwierigkeiten wegen seiner El Salvador-Politik erwähnt. Die COPEI hat jedoch ihr Gewicht innerhalb der christdemokratischen Bewegung für die weitere Unterstützung ihrer salvadorianischen Kollegen in die Waagschale geworfen. Sie will vermeiden, daß der Eindruck entsteht, daß sie ihre Freunde verrät und Venezuelas wichtigsten Partner im Stich läßt. Man will verhindern, daß die Spannungen mit Mexiko weiter anwachsen. Präsident Herrera Campins würde möglicherweise eine Übereinkunft begrüßen, die Venezuela die Anpassung seiner Politik an die neuen Gegebenheiten ohne innen- und außenpolitischen Gesichtsverlust ermöglicht.

Panama

Verhandlungen in El Salvador würden für sich widerstreitende Strömungen in der panamesischen Innenpolitik nützlich sein. General Torrijos' beidseitige Verbindungen mit dem reformistischen Flügel der Streitkräfte und den Politikern der Mitte in der FDR/DRU läßt es als möglich erscheinen, daß Panama in Vermittlungsbemühungen eine Schlüsselrolle zukommen könnte.

Die weitverbreitete Anti-Interventionismus-Stimmung, die sich hauptsächlich an der Nutzung der US-Militärbasen in Panama für Nachschub für *counter-insurgency*-Aktionen festmacht, könnte durch eine Verminderung unseres Engagements im Wege von Verhandlungen zerstreut werden.

Drohende Störungen bei der friedlichen Durchführung der Kanalverträge könnten auf lange Sicht ausgeschaltet werden.

Kuba

Die kubanische Haltung zu einer Verhandlungslösung in El Salvador hängt weitgehend von der Entwicklung in El Salvador selbst, von der Antwort der FDR/DRU auf Verhandlungsangebote und davon ab, wie hoch Kuba die Chancen für eine angemessene Beteiligung der FDR/DRU in einer Übergangsregierung einschätzt.

Es ist hier angebracht, kurz einige Aspekte der kubanischen Haltung zu dem Ablauf in Zimbabwe zu untersuchen. Betont werden muß, daß Kuba unter den folgenden Voraussetzungen zu einer militärischen Intervention zwecks Unterstützung der Patriotischen Front bereit war:

- Formelles Ersuchen der beiden Fraktionen der Patriotischen Front, formelles Ersuchen der Frontstaaten, Zustimmung der OAU (Organisation für afrikanische Einheit).
- Verstärktes Eingreifen Südafrikas in Zimbabwe, das den Beginn der regionalen Ausdehnung des Konflikts signalisiert hätte.
- Bildung einer provisorischen Revolutionsregierung.

Aus der Sicht Kubas war der Aufwand für ein Eingreifen in Zimbabwe wesentlich geringer als bei einer Intervention in El Salvador. Trotz dieser günstigen Voraussetzungen war Kubas Verhalten in Zimbabwe überraschend vorsichtig und zurückhaltend. Fidel Castro hat die Beobachter der internationalen Politik überrascht, als er die Verhandlungen in Westminster ohne Vorbehalte begrüßte. Eine Verhandlungslösung in El Salvador würde beweisen, daß kubanische Militärhilfe für einen Demokratisierungsprozeß in Mittelamerika nicht unabdingbar ist. Wir möchten noch einmal auf die strategische Bedeutung einer solchen Lösung hinweisen.

Andere Staaten Mittelamerikas

Die Reihe derjenigen Staaten, die eine Verhandlungslösung mit sicherer Beteiligung der FDR/DRU an einer neuen Regierung begrüßen würden, ist sehr lang. Die dafür sprechenden Argumente gleichen sich in jedem Land. Costa Rica würde sich erleichtert hinter Venezuela stellen. In Ekuador hätte Präsident Roldos die willkommene Gelegenheit, verschiedenen Drucksituationen, die auf seiner Regierung lasten, ein Ende zu bereiten. Die karibischen Länder würden die Unterstützung der USA für eine solche Lösung als einen Schritt weg von der Diplomatie der Gewehrläufe hin zu einem politischen Pluralismus auffassen. Religiöse Organisationen würden Verhandlungen deswegen begrüßen, weil sie eine den Konflikt abschwächende Wirkung zeigen und innere Zwistigkeiten eines Landes heilen können.

Erste Schritte für eine andere Politik

Das Wahlergebnis, neue Ministerberufungen in Washington und vor allem die fortschreitenden Ergebnisse in El Salvador werden verdeutlichen, daß eine neue Politik der USA für El Salvador eingeleitet werden muß. Zwischen den überwiegenden Haltungen von Washingtoner Politikern im November 1980 und solchen Positionen, die die USA in die Lage versetzen würden, einen positiven Beitrag zu dieser neuen Politik zu leisten, klafft ein himmelweiter Unterschied. Im Rahmen einer Neubesinnung sollten die folgenden wichtigen Punkte beachtet werden:

1. Anerkennung der FDR/DRU

Eine Verbesserung der Lage und Lösung des gegenwärtigen Konflikts ist nur möglich, wenn die USA öffentlich zu verstehen geben, daß sie die Koalition aus FDR und DRU als legitime und repräsentative politische Kraft in El Salvador anerkennen. Diese Anerkennung wird den uneinsichtigen Teilen der Rechten und der Linken deutlich machen, daß Washington seine Haltung wirklich geändert hat.

Die Art und Weise und vor allem der Zeitpunkt dieser Anerkennung können großen Einfluß auf den Verlauf der Verhandlungen nehmen, insbesondere können sie den Handlungsspielraum aller Beteiligten vergrößern oder verringern.

Wir müssen die Bereitschaft haben, auf privater und offizieller Ebene mit einer repräsentativen Delegation der FDR/DRU zusammenzutreffen. Wir sollten der Versuchung nicht erliegen, die Gesprächspartner auswählen oder gar erzwingen zu wollen. Unsere gefühlsmäßige Vorliebe, nur mit uns passenden gemäßigten FDR/DRU-Vertretern zu sprechen, die wir uns vorher ausgesucht haben, hätte zur Folge, daß diese Leute keine Chance mehr haben, innerhalb der Koalition eine wesentliche Rolle zu spielen. Wenn wir irgendwelche Präferenzen setzen müssen, sollten wir versuchen, mit den Vertretern der unangenehmsten und am wenigsten zu Kompromissen bereiten Fraktion der Koalition zusammenzutreffen. Wir müssen bestrebt sein, über den Standpunkt hinauszukommen, daß Anerkennung und Verhandlungen lediglich Spaltertaktiken oder eine andere Form der Intervention sind.

2. Wir müssen unseren Willen zum Ausdruck bringen, vom bisherigen Konfrontationskurs abzugehen

Die öffentliche Meinung in El Salvador und die Weltöffentlichkeit gehen davon aus, daß die USA auf eine militärische Lösung des Problems in Mittelamerika festgelegt sind. Wir müssen unseren Willen zum Ausdruck bringen, daß wir unter bestimmten Voraussetzungen bereit sind, von dieser Linie abzugehen, ohne eine militärische Lösung von vornherein auszuschließen. Dabei müssen wir folgendes in Erwägung ziehen:

- Maßnahmen, mit denen wir uns deutlich von denjenigen Kreisen innerhalb und außerhalb der Streitkräfte absetzen, die für schlimme Exzesse gegenüber der Bevölkerung verantwortlich sind. Die darin verwickelten Personen sind von der FDR/DRU und unseren eigenen Nachrichtendiensten identifiziert worden.
- Maßnahmen, die unseren Willen deutlich machen, die bisher den Streitkräften geleistete Militärhilfe zu reduzieren, indem wir beispielsweise unser Trainingsprogramm stoppen und die Nachschublieferungen verringern oder ebenfalls ganz stoppen.

- Verurteilung der Interventionspläne guatemaltekischer Militärs und paramilitärischen Gruppen, klare Gegnerschaft gegenüber der Unterstützung feindseliger Aktionen gegen Nicaragua durch Honduras.
- Offizielle und private Äußrungen über unsere Besorgnis wegen der Einmischung der Staaten von der südlichen Spitze Lateinamerikas in El Salvador. Hinwirken bei sämtlichen Verbündeten, inklusive Israel, darauf, daß sie in Mittelamerika mit äußerster Vorsicht operieren.

3. Beibehaltung einer zurückhaltenden Politik des *low profile* während der Verhandlungen

Politische Analytiker, die sich mit der Rolle der USA in den Vermittlungsbemühungen in Nicaragua beschäftigt haben, sehen deren wesentlichen schwachen Punkt darin, daß die Regierung Carter und der Kongreß darauf beharrt haben, der Initiator dieser Bemühungen zu sein. Wir sollten keinerlei Initiativen in diese Richtung selbst starten. Statt dessen sollten wir solche Initiativen unterstützen und diejenigen Kräfte, auf die wir Einfluß haben, zur Teilnahme daran ermutigen. Unsere direkte Beteiligung könnte derzeit unseren Einfluß auf das Ergebnis gering halten und möglicherweise ein Hindernis für gegenseitige Zugeständnisse darstellen.

4. Unterstützung einer pluralistischen Medienberichterstattung

Die Lage in El Salvador und unsere offizielle Haltung dazu haben bisher eine angemessene Berichterstattung nicht gefördert. Einflußreiche Journalisten aus den USA wurden unter Morddrohungen aus dem Land ausgewiesen. Die Restriktionen der salvadorianischen Regierung für einreisende Reporter haben einen dichten Mantel des Schweigens über viele kritische Ereignisse der letzten sechs Monate gedeckt. Informelle Hinweise für Auslandsredakteure während des Wahlkampfes haben sich negativ auf eine ernsthafte, sorgfältig recherchierte Berichterstattung ausgewirkt.

Eine angemessene, objektive und pluralistisch ausgerichtete Berichterstattung in den Medien kann einen positiven Beitrag zu einer friedlichen Beilegung des salvadorianischen und letztendlich des mittelamerikanischen Konflikts leisten.

Anhang

El Salvador – Chronik der Ereignisse 1 (Stand: Februar 1981)

Hauptstadt	San Salvador
Fläche	21 393 km^2
Bevölkerung	5,5 Millionen. Davon leben 40 % in den Städten und 60 % auf dem Land
Amtssprache	Spanisch
Religion	rund 90 % der Bevölkerung katholisch
Export	Kaffee 33 %, Baumwolle 15 %, Textilien 9 %, Zukker 7 %
Analphabetentum	43 % (1972)
Ärztliche Versorgung	2,8 Ärzte auf 10000 Einwohner
Regierung	Militärjunta

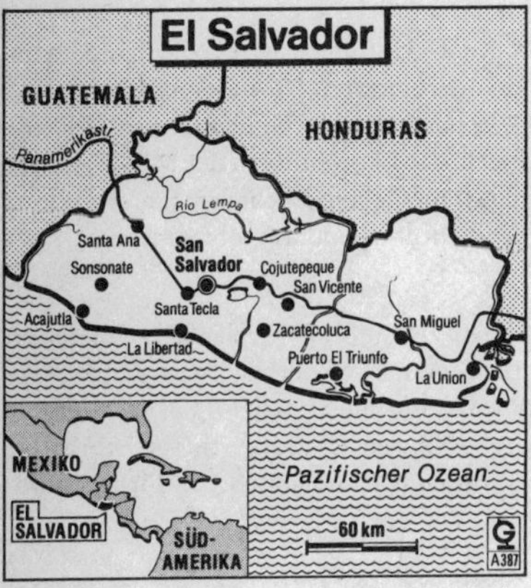

1821
Erklärung der Unabhängigkeit von Spanien. El Salvador gehört zum Bund mittelamerikanischer Staaten.

1822
Kampf gegen die Absicht des mexikanischen Staatschefs Iturbide, El Salvador dem Territorium Mexikos einzugliedern.

1841
El Salvador wird unabhängige Republik.

1931–1981
Ununterbrochene Herrschaft der Militärs.

1932
Der salvadorianische Freiheitskämpfer Agustin Farabundo Marti spielt eine entscheidende Rolle bei dem Bauernaufstand, der mindestens 10000 Tote hinterläßt. Die Armee, die das Massaker verübt, verliert etwa 90 bis 100 Soldaten.

1969–1970
Sogenannter Fußballkrieg mit Honduras. Das Fußballspiel war nur der Anlaß. Der Grund für den Krieg lag unmittelbar in der starken Überbevölkerung El Salvadors. Tausende von Salvadoreanern strömten über die Grenze nach Honduras, um dort zu arbeiten.

1972
Die traditionelle «Partei» des Militärregimes, «Partei der nationalen Versöhnung» (PCN), verlor ihre Anhänger an die neue Christdemokratische Partei, die sich für die Wahl 1972 mit Sozialdemokraten und der winzigen Kommunistischen Partei zu einer «Nationalen Oppositions-Vereinigung» zusammengeschlossen hatte. Deren Präsidentschaftskandidat, der Vorsitzende der Christdemokraten, José Napoleón Duarte, gewann die Wahl mit überwältigender Mehrheit. Er wurde aber von den Militärs im Auftrag der Großgrundbesitzer verhaftet, gefoltert und außer Landes gejagt.

Die Präsidentschaft übernahm der PCN-Kandidat Oberst Arturo Armando Molina. Der gemeinsame Wahlsieg von Christdemokraten, Sozialdemokraten und Kommunisten zeigte das Heranwachsen einer neuen politischen Kraft. Großgrundbesitzer und Geschäftswelt finanzierten deshalb die Bemühungen der Militärs, diese Entwicklung durch Todesschwadronen zu unterdrücken: Nicht nur Bauernführer, sondern auch Geistliche wurden verschleppt, gefoltert und umgebracht.

1976
Freilich war Oberst Molina, der neue Präsident, nicht blind für die Wurzeln der im Lande wachsenden politischen Unruhe. 1976 – kurz vor der nächsten Wahl – versuchte er, in Usulután und San Miguel Pilotprojekte einer vorsichtigen Landreform für etwa 12000 landlose Kleinbauern durchzuführen. Dadurch fiel er jedoch bei Großgrundbesitzern und rechten Offizierskreisen in Ungnade. Seine dürftigen Reformversuche wurden abgebrochen.

1977
Zur Wahl 1977 stellte die «Nationale Oppositionsvereinigung» selbst einen Offizier – Oberst Claramount – als Bewerber für die Präsidentschaft auf, um den Widerwillen der Militärs zu überwinden. Er gewann. Aber der Kandidat der Oligarchie, Oberst Romero, ließ das Wahlergebnis fälschen und setzte sich selbst als Präsident ein. Militärs und Millionäre wollten keine Reformen. Die Hälfte des Volkseinkommens entfiel auf nur 8% der Bevölkerung; die auf dem Papier bestehende vorbildliche Sozialversicherung kam nur 6% aller Arbeitsfähigen zugute.

In dieser Situation, nach zwei vergeblichen Wahlsiegen und der erwiesenen Unfähigkeit der Parteien, politischen Einfluß zu nehmen, verlor die Bevölkerung jedes

Vertrauen in Wahlen oder legal zugelassene Oppositionsparteien. Der von Lehrern und Studenten 1975 gegründete «Revolutionäre Volksblock» entwickelte sich durch eine Allianz mit den christlichen Bauern zur wichtigsten Massenbewegung. Daneben entstand die «Front der geeinten Volksaktion (FAPU)» und das letzte – nach einem Studentenmassaker am 28. 2. 1977 – die «Volksliga 28. Februar (LP-28)».

Oktober 1979
US-Außen- und Verteidigungsministerium sowie der Geheimdienst CIA machten sich daran, für eine entsprechende maßvolle Revolution von oben zu sorgen. Am 15. Oktober 1979 wurde der unfähige Oberst Romero von Armeeoffizieren, angestiftet von der CIA, gestürzt.

In den Streitkräften El Salvadors hatten die Späher der CIA drei Tendenzen ausgemacht:

- Die in der «Revolutionären Bewegung» organisierten jungen Armee-Offiziere. Sie waren gegen die Korruption ihrer Vorgesetzten und traten für eine radikale Landreform ein, für eine gerechte Verteilung der Einkommen, für die Wiederherstellung der Menschenrechte und der Demokratie, für Verhandlungen mit den Guerillas. Diese Offiziere schlossen sich im «Rat der Streitkräfte» (COPEFA) zusammen, dessen Vertreter in allen Kasernen von Soldaten und Offizieren gewählt wurden. Wortführer der COPEFA wurde der junge liberale Major Adolfo Majano.
- Die Truppenführer, die zwar das Putschprogramm auf dem Papier billigten, aber um ihre privilegierten Stellungen bangten. Sie waren gegen die COPEFA, weil sie in der Offiziers-Hierarchie eine gefährliche Konkurrenz zu ihrer eigenen Befehlsgewalt darstellte. Diese Offiziere wünschten einen militärischen Sieg über die Guerilla, ehe vorsichtige Retuschen am bestehenden System vorgenommen werden sollen. In den USA findet diese Gruppe Rückhalt vor allem im US-Verteidigungsministerium.
- Die Offiziere der wichtigsten Sicherheitsdienste von Guardia Nacional, Zoll-, Finanz- und Nationalpolizei. Diese Gruppe kontrolliert die Terrorbrigaden von «Orden» und «Weißer Hand». Sie lehnt jede politische Machtverschiebung ab, weil sie befürchtet, sich für 12000 Morde sowie für die Verschleppung und Folterung von Gefangenen verantworten zu müssen. Diese Gruppe arbeitet eng mit den Großgrundbesitzern, mit dem rechtsradikalen Terrorregime in Guatemala und mit den reaktionär-konservativen Kräften hinter Präsident Reagan zusammen. Sie wird vom bisherigen Geheimdienstchef Major D'Aubisson geleitet.

In der Regierungsjunta, die sich nach dem Putsch vom 15. Oktober 1979 als neue Regierung El Salvadors etablierte, waren vertreten: die jungen Offiziere durch ihren Oberst Majano, die Truppenbefehlshaber durch Armeechef Jaime Abdul Gutiérrez, die Privatunternehmer durch Mario Andino, die Sozialdemokraten durch Guillermo Ungo und die linksliberalen Intellektuellen durch Universitätsrektor Román Mayorga. Die Hauptakteure des sozialen Dramas freilich fehlten: die Massenorganisation und die Guerilleros. Auch die Christdemokraten hielten sich vorerst abseits. Ihr Führer Napoleón Duarte war erst zum Putsch aus dem Exil zurückgekehrt.

Zur Unterstützung der Junta fanden sich Christdemokraten, Kommunisten, andere Linksparteien und die Gewerkschaften zusammen. Die Massenorganisationen und die Guerilleros boten einen Waffenstillstand an und pflegten enge Kontakte zu den jungen Offizieren der COPEFA.

Januar 1980
Am 2. Januar 1980 traten die regierende Junta und das Kabinett geschlossen zurück, da sie sich nicht gegen die «reaktionären Interessen dienende» Allianz von Sicher-

heitsdiensten, Armeeführung und Großgrundbesitz durchsetzen konnten. Im Untergrund schlossen sich daraufhin die Massenorganisationen unter einem gemeinsamen Kommando zusammen, das am 22. Januar 150000 Menschen zu einer Demonstration auf die Straßen San Salvadors brachte.

Bei der Neubildung der Junta beteiligte sich neben den Streitkräften nur noch die Christdemokratische Partei, über die Verteidigungsminister García sagt: «Wir haben uns da mit einem Partner eingelassen, der keine politische Kraft besitzt, keinen Willen und keine Massen: er ist eine leere Schale.» In der Hoffnung, diesen nutzlosen Partner loszuwerden, ließ er einen der prominenten Christdemokraten, Mario Zamora Rivas, ermorden.

Vergebens: Die christdemokratische Führung wollte endlich einmal an der Macht teilhaben, auch wenn das Parteivolk längst nach links zur Opposition abgewandert war. Da half auch der flehende Appell des Erzbischofs Oscar Romero nichts, die christdemokratische Führung möge doch bitte nicht länger den Militärs als demokratischer Schleier gegenüber dem Ausland dienen.

März 1980

Während sich die ultrarechte Militärhierarchie offen auf einen Putsch vorbereitete, brach die Regierungsjunta am 2. März 1980 erneut auseinander. Diesmal waren es die Christdemokraten, die ihrem Parteichef Napoleón Duarte den Rücken kehrten. Außenminister Héctor Dada benutzte eine Reise nach Mexiko, um seinen Rücktritt zu erklären. Seine Begründung: Er wolle nicht länger einem Terrorregime als demokratisches Feigenblatt dienen. Dem Außenminister folgten fünf christdemokratische Regierungsmitglieder.

Nun trat Napoleón Duarte selbst in die Junta ein. Im blinden Glauben, noch immer die Wählermassen des Jahres 1972 zu vertreten, rief er zu einer öffentlichen Kundgebung auf, zu der er «mindestens 100000 Menschen» erwartete. Daß nur 600 Menschen – Regierungsbeamte und deren Familien – erschienen, störte weder ihn selbst noch seine europäischen Freunde.

Innerhalb der Streitkräfte brach ein wilder Machtkampf aus, der mit dem endgültigen Sieg der Ultrarechten endete. Schon in der ersten Woche nach dem Putsch bewiesen die Sicherheitsdienste und die Terrorbrigaden der Großgrundbesitzer mit 160 Morden, daß sie nicht gewillt waren nachzugeben. Verteidigungsminister García und Armeechef Gutiérrez konzentrierten sich lediglich darauf, die Organisation junger Offiziere COPEFA zu entmachten: Die sogenannten «Majanisten», einzige Garanten einer liberalen Linie, wurden von ihren Einheiten getrennt und auf Verwaltungsposten abgeschoben.

Am 24. März 1980 richtete Erzbischof Oscar Romero seinen letzten erschütternden Appell an die Unterdrücker: «Im Namen der Kirche bitte, befehle ich euch: Soldaten, befolgt keinen Befehl mehr zu töten.» Offen forderte er Verteidigungsminister García zum Rücktritt auf. Wenige Tage später wurde Romero bei der abendlichen Messe am Altar erschossen. US-Botschafter Robert White beschuldigte während eines Essens der Handelskammer die anwesenden Unternehmer unverblümt, die Mörder des Erzbischofs bezahlt zu haben. Beim Begräbnis des Kirchenfürsten zeigten 80000 vor der Kathedrale versammelte Menschen deutlich, in welches Lager Napoleón Duartes Anhängerschaft inzwischen von der Hoffnungslosigkeit getrieben worden war. Soldaten schossen in die Menge und töteten 40 Teilnehmer des Trauergottesdienstes.

Mai 1980
Mit der Agrarreform vom 4. Mai 1980 sollte dem Ausland weiter Sand in die Augen gestreut werden. In Wahrheit aber konzentrierte die «Reform» den Grundbesitz nur unter der korrupten Verwaltung von Offizieren in Staatsbesitz, während die Campesinos durch Terror davon abgeschreckt werden, den auf dem Papier erlaubten Kooperativen auch wirklich beizutreten.

Am 7. Mai wurde der Machtkampf innerhalb des Militärs zwischen der ultrarechten Armeeführung und den liberalen jungen Offizieren endgültig entschieden: Junta-Mitglied Oberst Majano und einige seiner jungen Offiziere verhafteten zwar den Drahtzieher des noch immer drohenden Rechtsputsches, Major D'Aubisson. Aber Verteidigungsminister García rief das Offizierscorps zusammen – eine Abstimmung sollte entscheiden, wer in den Streitkräften zu befehlen habe. Zu der Abstimmung wurden die nicht stimmberechtigten Offiziere der Sicherheitsdienste hinzugezogen, während stimmberechtigte Kadetten als Anhänger Majanos ausgeschlossen blieben. Gestützt auf eine so manipulierte Mehrheit, zwang Armeechef Gutiérrez die jungen Offiziere zur Herausgabe ihres Häftlings: Damit hatte die Ultrarechte endgültig die Oberhand im Militär zurückerobert. Ein offener Putsch erübrigte sich.

Erst jetzt zog die bürgerliche und linke Opposition ihre Konsequenz aus der Machtergreifung der Ultrarechten: Sie formierte sich im Untergrund zur «Demokratischen Revolutionsfront», während sich die Guerillaverbände einem gemeinsamen Oberkommando unterstellten. Es gab sich den Namen jenes Mannes, der den Aufstand 1932 angeführt hatte: Farabundo Martí. Von nun an trieb die Entwicklung unaufhaltsam auf den offenen Ausbruch des Bürgerkriegs zu, eine Tatsache, der die USA mit verstärkten Waffenlieferungen nicht nur an das Regime in El Salvador, sondern auch an die Diktaturen in Guatemala und Honduras Rechnung trugen.

November 1980
Vergebens bemühte sich die Regierung Panamas, zwischen den USA, der Armeeführung El Salvadors und der «Demokratischen Revolutionsfront» zu vermitteln, während die Regierungen Europas ihre Botschafter abberiefen und die US-Diplomatie eine internationale Werbekampagne zugunsten der Junta einleitete. Die Einladung Panamas an US-Diplomaten, sich durch persönliche Kontakte davon überzeugen zu lassen, daß es in El Salvador *nicht* um eine direkte Konfrontation mit den Russen gehe, wurde mit dem barschen Befehl Washingtons beantwortet, sich aus der amerikanischen Außenpolitik herauszuhalten.

Ende November kamen die sechs führenden Köpfe der «Demokratischen Revolutionsfront» auf Empfehlung von US-Botschafter Robert White zu einem Dialog mit Duarte nach San Salvador. Polizei- und Armee-Einheiten verhafteten sie. Sie wurden sogleich auf offener Straße erdrosselt. Wenige Tage später ermordete dann die Zollpolizei vier nordamerikanische Nonnen, die in einem VW-Bus auf der Fahrt vom Flughafen in ihre Pfarrei waren. Duarte drohte zunächst mit seinem Rücktritt, falls die eigentlich Schuldigen an diesen Morden – der Verteidigungsminister und sein Stellvertreter sowie acht weitere Obristen – nicht sofort entlassen würden. Die vom Tod der Nonnen ausgelöste Empörung in der amerikanischen Öffentlichkeit zwang die US-Regierung, eine aus hohen Diplomaten gebildete Untersuchungskommission nach El Salvador zu schicken.

Statt den Mord aufzuklären, verhandelten die US-Diplomaten mit der Armeeführung über eine Fassadenwäsche: Napoleón Duarte wurde das zivile Amt eines Staatspräsidenten angeboten, falls er auf die Entlassung der ultrarechten Mörder verzichtete. Ein Angebot, das er – verlockt von der Aussicht, nun endlich doch noch Präsident zu werden – ohne Zaudern annahm. Der Armeeführung wurde als Gegenleistung gestattet, den bisher noch von den USA gestützten liberalen Oberst Majano aus der Junta zu werfen. Einige seiner Anhänger wurden sofort verhaftet, andere «junge Offiziere» gingen nach Mexiko ins Exil oder liefen – wie die Garnison Santa Ana – mit ihren Soldaten zur Guerilla über. Der Oberst selbst tauchte in den Untergrund ab.

Januar 1981
Der FDR ruft zur Endoffensive auf. Aufruf zum Generalstreik, der so lange dauern soll, bis die Militärjunta stürzt.

Es zeichnet sich ab, daß der Generalstreik nicht überall befolgt wird. Die Endoffensive gestaltet sich schwierig.

Der US-amerikanische Untersuchungsausschuß, der die vier vermutlich von der Zollpolizei ermordeten nordamerikanischen Nonnen aufklären sollte, erklärte, «keinen Beweis für die Schuld der Streitkräfte am Tod der Nonnen entdeckt zu haben». Die vorübergehend unterbrochenen Waffenlieferungen an die Junta wurden wiederaufgenommen.

Februar 1981
Während der Völkermord nun mit dieser Hilfe eskaliert, sitzt der vom Volk verlassene Präsident Duarte einsam, machtlos und von den Militärs verspottet in der Pracht seines von Nationalgardisten umstellten Palastes und erklärt naiven Besuchern aus Europa, er – der politische Märtyrer des Wahlschwindels von 1972 – sei der alleinige Garant für eine Rückkehr von Frieden und Ordnung.

Armeechef Gutiérrez und der eigentliche Machthaber des Landes, Verteidigungsminister García, lassen Duarte lächelnd gewähren: Dieser «Präsident» bringt ihnen Waffen und Wirtschaftshilfe. Erst sie machen es möglich, alle, die gegen soziale Gerechtigkeit eintreten, zu bekämpfen.

Tabelle 10: Gesamtbevölkerung (in Tausend) und jährliche Zuwachsraten

	Bevölkerung			jährliche Zuwachsraten	
	1960	1970	1975	1960–70	1970–75
Guatemala	3985	5272	6082	2,8	2,9
El Salvador	2527	3516	4108	3,4	2,9
Honduras	1873	2553	3037	3,1*	3,5
Costa Rica	1250	1737	1994	3,3	2,8

Quelle: CEPAL, Indicatores del desarrollo económico y social en América Latina, Santiago, CEPAL, 1976.

* Gemäß einer Studie des Technischen Sekretariats des Obersten Planungsbüros betrug die jährliche Zuwachsrate der Bevölkerung in den fünfziger Jahren 3,5 %; allerdings soll sie sich in den Jahren 1961 bis 1974 auf 0,7 % jährlich verringert haben. Siehe Honduras, Oberstes Planungsbüro, Diagnose des menschlichen Wirtschaftspotentials, 1961–74, Tegucigalpa, Planungseinheit für die Studie des menschlichen Wirtschaftspotentials, 1976.

Aus: OIT-PREALC, 153, August 1978.

Tabelle 11: Verteilung der ökonomisch aktiven Bevölkerung (zehn und mehr Jahre) Mittelamerikas nach den wichtigsten Wirtschaftszweigen (in Prozent)

	Guatemala 1973	El Salvador 1971	Honduras 1974	Costa Rica 1973
Land-, Forst-, Fischerei- und Jagdwirtschaft	57,0	55,5	60,5	37,0
Bergbau, Steinbruch	0,0	0,0	0,3	0,3
Handwerk	13,8	11,2	11,1	11,6
Bau	4,0	4,3	3,2	6,6
Gas, Wasser, Strom	0,3	0,0	–	0,8
Handel	7,4	7,9	–	10,8
Verkehr, Fernmeldewesen	2,5	2,2	3,0*	4,0
Dienstleistungsgewerbe	12,5	18,1	21,9**	23,9
nichtspezifizierte Arbeiten	2,5	0,5	–	5,0

Quelle: SIECA, VI Compendio Estadístico Centroamericano, Guatemala, SIECA, 1975, cuadro 35.
Para Honduras, Secretaría Técnica del Consejo Superior de Planificación Enonómica, Diagnóstico de los Recursos Humanos, 1961–74, Tegucigalpa, 1976.
Para El Salvador, PREALC, Situación y perspectivas del empleo en El Salvador, Santiago, PREALC, 1975, tomo II, cuadro II–4, en base al Censo 1971 corregido.
* einschließlich Gas, Wasser, Strom.
** einschließlich Handel.

Aus: CIT-PREALC, 153 August 1978.

Guatemala – Chronik der Ereignisse (Stand: Februar 1981)

Hauptstadt	Guatemala
Fläche	108 889 km²
Bevölkerung	6 440 000 Einwohner (1977)
Export	Kaffee 25%, Zucker 18%, Baumwolle 11%
Analphabetentum	65% (1977)
Ärzte	1 pro 4347 Einwohner
Regierung	General Romero Lucas García, Präsident
Armee	14 270 Soldaten

1821 Unabhängigkeit der mittelamerikanischen Provinzen von der spanischen Kolonialherrschaft. Generalkapitanat Guatemala Hauptstadt der Provinzen.

1822 Anektion des Generalkapitanats an Mexiko.

1823 Unabhängigkeit der mittelamerikanischen Provinzen von Mexiko. Guatemala Mittelpunkt der klerikal-konservativen Partei in Zentralamerika.

1829 Besetzung Guatemalas durch hondurianische Truppen. Francisco Morazan wird Regierungschef.

1834 Morazan wird für eine zweite Regierungsepoche Präsident.

1838 Eine konservative Rebellion, angeführt von General Rafael Cabrera, führt zu sozialen Unruhen im Lande.

1839 Guatemala wird als Republik unabhängig.

1844 General Cabrera wird Regierungschef.

1847 Auf Grund von Unstimmigkeiten innerhalb der Armee muß Cabrera abdanken.

1849 General Mariano Paredes wird als Regierungschef ernannt. Paredes unterstützt die Rückkehr von Carrera in die Regierung.

1851 Krieg zwischen Guatemala einerseits und Honduras und El Salvador andererseits.

1859 Guatemala unterschreibt ein Abkommen mit England, bei dem England unter bestimmten Bedingungen Belize (22965 km^2) zugesprochen wird.

1863 Präsident General Carrera besetzt El Salvador.

1867 Revolte, die vom General Serapio Cruz organisiert wird.

1871 Vertreibung der Jesuiten.

1873 General Just Rufino Barrios wird Staatspräsident. Der Versuch von Barrios, die zentralamerikanischen Republiken zu vereinen, scheitert.

1885 Diktatorische Regierung des Generals Manuel Lisandro Barrillas.

1897 Der Nachfolge Barrillas, General Jose Maria Reina Barrios, proklamiert sich selbst als Diktator des Landes.

1898–1920 Diktatorische Regierung von Manuel Estrada Cabrera.

1901–03 Vereinbarungen und großzügige Vergabe von Kozessionen an die US-Firma United Fruit Company.

1931–44 Despotische Regierungsperiode unter dem Diktator Jorge Ubico.

1944 Allgemeiner Generalstreik führt zur Absetzung von Ubico.

1951–54 Regierunsperiode unter Jacobo Arbenz Guzman. Von nationalistischer und reformistischer Tendenz versucht Arbenz, Belize von den Engländern zurückzubekommen. Er stützt sich vorwiegend auf Linksparteien, schränkt die Rechte der ausländischen Unternehmen ein und beginnt mit einer beachtlichen Agrarreform. Bei der Landaufteilung werden deutsche Besitztümer aufgeteilt, die während des Zweiten Weltkrieges enteignet wurden.

1954 Durch massive Unterstützung der USA gelingt es Oberst Carlos Castillo Armas, Arbenz zu stürzen. Die Kommunistische Partei wird verboten. Die bereits von Arbenz expropiierten Ländereien der US-Firma United Fruit Company werden der Firma zurückerstattet.

1958 Nach der Ermordung von Castillo Armas wird der General Idigoras Fuentes zum Präsident des Landes gewählt. Erbitterter Gegner des Kommunismus, stellt Übungsgelände zur Verfügung, wo paramilitärische antikommuistische Gruppen ihr Training durchführen.

1961 Die Hurrakane Hatti und Simon verursachen große Schäden im Lande.

1963 Militärputsch unter der Führung von Oberst E. A. Peralta Azurdia. Jegliche kommunistische Schrift wird als gesetzlos deklariert. Bewaffnete Befreiungsbewegungen erfahren einen starken Zulauf.

1966 Julio Cesar Mendez Montenegro wird Präsident einer von den Militärs stark beeinflußten Regierung.

1967 Die Bischöfe von Guatemala verurteilen in aller Öffentlichkeit die rechtsgerichtete paramilitärische Organiation Weiße Hand, die sie für die terroristischen Übergriffe in der letzten Zeit verantwortlich machen.

1968 Der US-Botschafter und die Schönheitskönigin Rogelia Cruz Martinez werden ermordet.

1970 Mord an Botschafter der Bundesrepublik Karl von Spreti. General Carlos Arana Osorio wird Präsident des Landes und zeichnet sich durch besondere Härte im Umgang mit Guerillagruppen aus.

1974 General Kjell Eugenio Laugerud Garcia wird Präsident des Landes.

1976 Bei einem Erdbeben verlieren 20000 Menschen ihr Leben. 62000 werden verletzt und über eine Million bleibt obdachlos.

1978 Indio-Aufstand in der Region Panzós, bei der es mehr als 100 Tote gibt. Neue Guerillagruppen formieren sich im Norden des Landes.

1980 Januar Der Generalsekretär der Internatonalen Christlich Demokratischen Partei und Präsident der Christlich Demokratischen Partei Guatemalas, Rene de Leon Schlotter, prangert in aller Öffentlichkeit den rechten Terrorismus in Guatemala an. Führende Oppositionelle, Gewerkschafter und Journalisten werden ermordet. De Leon äußert, daß Guatemala das einzige Land der Region sei, welches eine militante faschistische Partei und Rechtsextremisten hätte, die offen dem Kommunismus den Krieg erklärt hätten. Er fürchtet, daß immer mehr junge Menschen im bewaffneten Aufstand die einzige Möglichkeit sähen, demokratischere Verhältnisse wiederherzustellen. Seine Hauptvorschläge: Eindämmung des Rechtsextremismus und gerechtere soziale Verteilung des nationalen Reichtums.

Der US-demokratische Senator Robert Drinan erklärt nach einem kurzen Aufenthalt in Guatemala, daß hier ein Klima der Angst und Repression existiert und die Menschenrechte ununterbrochen verletzt würden.

Februar 39 Quiche-Indios, die die spanische Botschaft friedlich besetzen, um auf ihre soziale und wirtschaftliche Misere Aufmerksamkeit zu machen, werden von den Regierungstruppen ermordet. Der spanische Botschafter hierzu: «Das schlimmste Massaker, welches ich je gesehen habe.» Spanien bricht die diplomatischen Beziehungen mit Guatemala ab. Das Land gerät international immer mehr in die politische Isolation.

März 13000 Zuckerrohrpflücker treten in den Streik ein. Ihre Forderung: Statt 1,35 Dollar wollen sie 5 Dollar täglich verdienen. Nach zwei Streikwochen gibt die Regierung Lucas nach und ein Minimum von 3,20 Dollar wird vereinbart.

In Escuintla wird ein Bauernführer ermordet.

Der Rechtsanwalt und Universitätsprofessor Everardo Jimenez Cajas wurde in Quezaltenango tot aufgefunden. Vier Studenten werden ebenfalls in der Nähe gefunden: alle ermordet.

In der Region Quiche erschießt die Fuerzas Armadas Nacionales neun Bauern, unter denen sich Frauen und Kinder befinden.

Die Menschenrechtskommission in Genf verurteilt mit 26 zu 2 und

3 Enthaltungen die ständigen Menschenrechtsverletzungen in Guatemala.

Die Investitionen im Bankgewerbe gehen drastisch zurück. Dies wird als Folge der politischen Situation gesehen.

April Der Rechtsanwalt und Universitätsprofessor Hugo Rolando Melgar und der Präsident der Studentenorganisation der Humanistischen Schule wurden von paramilitärisch rechtsgerichteten Gruppen erschossen. Das gleiche Schicksal erleidete der Universitätsprofessor Juan Castillo, der beim Verlassen des Universitätsgebäudes von Unbekannten umgebracht wurde.

Für den Tod von 17 Studenten und Professoren an der Univerität in Quezaltenango hat die rechtsgerichtete Organisation ESA (Heimliche Antikommunistische Armee) die Verantwortung übernommen.

Die Christlich Demokratische Partei macht die Regierung Lucas für viele Morde direkt veranwortlich. Organisationen wie die ESA würde sie stillschweigend unterstützen. Zwei weitere Universitätsprofessoren, der Architekt Horacio Flores und der Ingenieur Victor Hugo Valdez, wurden tot aufgefunden.

Eine Gruppe US-konservativer Organisationen (American Conservative Union, Citizens for the Republic usw.) hält sich kurzfristig in der Hauptstadt auf. Bei einer Pressekonferenz gibt einer ihrer Sprecher der Meinung kund, daß das US-State Department dabei sei, seine antikommunistische Politik durch eine moderierte Marxistische zu ersetzen. Wenn dies so weiterginge, so der Sprecher, würde die «brillante Zukunft» Guatemalas ruiniert werden.

Mai Die Lucas-Administration versucht durch drastische Maßnahmen wie Wechselkontrolle, der großen Kapitalflucht Herr zu werden.

Die Repressionen im Lande führt zur Zeit zu einer allgemeinen Einigung von Mitte-Links-Organisationen. Vorläufige Bezeichnung der Dachorganisation: «Populistisch-demokratisch-revolutionäre Regierung».

Bei Kundgebungen zum 1. Mai wurden 31 Personen erschossen.

Zum erstenmal Ermordung eines ausländischen Priesters: Walter Woordekers aus Belgien.

Antikommunistische Gruppen wie Frente Antikomunista des Nor-Oriente und Juventud Quichense Antikomunista werden gegründet.

Die Organisation FPL (Patriotische Front für die Befreiung) traf in den USA mit dem Lateinamerika-Experten des US-State Departments, William Bowdler, zusammen. Dieser äußerte, daß in Guatemala zur Zeit die Menschenrechte nicht respektiert werden.

Juni Der Industrielle Alberto Habie Mishaan wurde von einem Mitglied der guatemaltekischen Arbeiterpartei erschossen, nur weil dieser den Kapitalsektor repräsentiert.

Der prominente Christdemokrat Julio Jamilton Noriega ist Opfer der rechtsgerichteten Organisation ESA geworden, die nach eigenen Aussagen entschlossen ist, auch mitte bis rechtsstehende Christdemokraten, wenn nötig, zu exekutieren.

Der Psychologieprofessor Carlos Figueroa und seine Frau wurden von rechtsgerichteten paramilitärischen Organisationen erschossen. Innerhalb einer Woche wurden 135 Morde verübt. Der Gesetzesgebenden Versammlung wurde jetzt verboten, die Zahl der Toten zu veröffentlichen.

Juli — Die Ölfirma Petromaya verkündet, daß sie in der Lage ist, 17000 Barrels pro Tag zu fördern, was eine Verdreifachung der anfänglichen Produktion bedeutet.

Der Präsident der Christdemokraten, Vinicio Cerezo Arevalo, wirft der Regierung Lucas vor, die wirtschaftliche Lage des Landes zu verniedlichen. Die starke ökonomische Krise sei die Folge einer anarchistischen Politik.

Die Universitätsangehörige Rita Navarro, Dr. Roberto Ortiz Morales, Professor Amadeo Galino und der Journalist Marco Antonio Cacao Munoz werden tot aufgefunden. Seit Anfang des Jahres sind 15 Journalisten erschossen worden.

Die Universität San Carlos steht kurz vor ihrer Schließung. Professoren, Universitätsangehörige und Studenten fürchten um ihr Leben. Durch die große Anzahl von Morden und Exilierten ist eine weitere Arbeit kaum noch möglich.

Der US-Botschafter Frank Ortiz, der dem guatemaltekischen Militär nahesteht, soll durch Jeorge Laundau substituiert werden. Nach Meinung der *Washington Post* führt die sympatisierende Haltung des Botschafters Ortiz mit rechtsgerichteten Kräften zu einer weiteren Eskalation des Terrors in Guatemala.

August — Die drei Presseorganisationen des Landes haben beschlossen, gemeinsam gegen die Bedrohung der Pressefreiheit und des Terrorismus im Lande vorzugehen. Der prominente Journalist der Tageszeitung *El Imparcial* wurde von Unbekannten erschossen. Unbekannt maskierte Personen drangen in die Radiostation Tropicana in Escuintla ein und erschossen wahllos fünf Personen. Zwei waren Gäste, die sich zur Zeit dort zufällig aufhielten.

Die Universitätsprofessorin Irma Reyes y Reyes wurde beim Besteigen eines Linienbusses umgebracht. Die gespannten Beziehungen zwischen der Universität San Carlos und der Regierung scheinen sich zu bessern. Der Universitätsbetrieb läuft wieder einigermaßen normal.

Zwei prominente Christdemokraten, Mauro Antonio Garcia Figueroa und Margarito Ruben Merida Escobar und der führende Sozialdemokrat, Hector Ramas Alvarado, wurden in verschiedenen Teilen des Landes tot aufgefunden.

September — Führende Gewerkschafter wurden von paramilitärisch rechtsgerichteten Gruppen entführt. Es ist nicht bekannt, wo man die Entführten festhält und ob sie noch am Leben sind.

Antikommunistische Gruppierungen wollen eine großangelegte Kampagne starten, um die Regierung Lucas zu unterstützen. Der Bischof von Quiche, Juan Gerardi, gab bekannt, daß die kirchlichen Aktivitäten wegen der verübten Morde und Morddrohungen vorläufig suspendiert werden. Gerardi befindet sich auf dem Weg nach Rom, um mit Papst Johannes II. die gespannte Situation der Kirche in Guatemala zu besprechen. Francisco Villagran Kramer, seit 1978 Vizepräsident des Landes, legte sein Amt wegen Differenzen mit General und Präsident Romeo Lucas Garcia nieder. Als Nachfolger wurde Oberst Oscar Mendoza Azurdia gewählt. Azurdia war der Lehrer von Lucas an der Armeeakademie.

Der bekannte Redakteur Alan Ridin schrieb kürzlich im *New York Sunday Magazine*, daß die Annahme wohlbegründet sei, 25% der Guerillamitglieder im Lande indianischer Herkunft seien (Guatemalas Bevölkerung besteht zu 55% aus Indios). Außerdem würden immer mehr Gewerkschafter sich den verschiedenen Guerillagruppen anschließen.

Bei einer rechtsgerichteten antikommunistischen Kundgebung äußerte Präsident Lucas, daß zwischen Carter und Castro bezüglich kommunistischer Ideologien keine wesentlichen Unterschiede bestünden.

Oktober — Der Außenminister Guatemalas, Rafael Castillo Valdez, äußerte bei einem Vortrag vor der 25. Generalversammlung der Vereinten Nationen, die Demokratie in Guatemala sei eine Realität.

Zwei klandestinische Friedhöfe mit insgesamt 50 schwer mißhandelten Körpern wurden jeweils in Zapaca und San Marcos gefunden.

Immer mehr nichtprominente Personen werden Opfer der terroristischen Situation in Guatemala. Amnesty International sagte einen Besuch in Guatemala wegen der gefährlichen Lage im Land ab.

Der Generalsekretär der Christdemokraten, Vinicio Cerezo, äußerte in Washington, D. C., daß eine großangelegte rechtsgerichtete Kampagne im Lande anläuft, um jegliche Opposition gegenüber der Regierung zum Schweigen zu bringen. In Quiche wurden sieben Mitglieder der Familie Pu Zapeta erschossen. Christdemokrat Tomas Tiniguar Saquic und seine sechs Begleiter wurden ebenfalls von Unbekannten erschossen.

November — Eine große Kapitalflucht plagt das Land. Starke Verschuldungen und eine steigende Inflation zwingen die Regierung zu unpopulären Sparmaßnahmen.

In Quezaltenango wurden elf Mitglieder aus drei Familien (sieben Kinder) erschossen.

In einem Brief an den Kardinal Mario Casariego äußerte sich der Papst besorgt über die Lage in Guatemala. Der aus Rom kommende Bischof von Quiche, Juan Gerardi, wurde am Zentralfllughafen die Einreisegenehmigung verweigert. Die Beziehungen zwischen Regierung und Kirche haben sich merklich verschlechtert.

Dezember — Die Regierung Guatemalas hat sich gegen die Gewährung der Unabhängigkeit Belizes durch England ausgesprochen. Die Regierung ist sei langem der Meinung, daß Belize guatemaltekisches Territorium sei. Wenn nötig, so die Regierungserklärung, würde man die Unabhängigkeitsbestrebungen mit Waffengewalt verhindern. Sowohl die UN als auch die OAS haben sich mehrheitlich für Belizes Unabhängigkeit ausgesprochen. In Belize werden die reichsten Ölvorkommen ganz Zentralamerikas vermutet.

Die Absicht der Regierung, Steuererhöhungen bei der wohlhabenderen Klassenminorität durchzusetzen, ist auf entschiedenen Widerstand gestoßen.

Der Universitätsprofessor Leonel Roldan Salguero und der Rechtsanwalt Augusto Sac Recancoj wurden tot und stark mißhandelt aufgefunden.

Die Konfrontation zwischen Militär und Guerillaverbände nehmen immer mehr an Intensität zu.

1981 Januar — Die weltbekannte Schriftstellerin und Literaturkritikerin Alaide Foppa de Solorzano wurde von Unbekannten entführt. Über ihr Verbleiben herrscht weitgehend Schweigen.

Der Konserative Jorge Torres Ocampa, bekannt für seine Äußerungen, ernste Gespräche sowohl mit linken wie rechten Gruppen zu führen, wurde in der Hauptstadt erschossen.

In den letzten elf Tagen wurden insgesamt 130 Personen erschossen.

Februar — Die Regierung Lucas sandte am 20. 1. Glückwunschtelegramme an Ronald Reagen, George Bush und Alexander Haigh. Reagen und Haigh haben der Administration Lucas mehrmals versichert, daß sie alles tun werden, um dem Kommunismus in Guatemala keine Chance zu geben.

Honduras – Chronik der Ereignisse (Stand: Februar 1981)

Hauptstadt	Tegucigalpa
Fläche	112088 km²
Bevölkerung	4510000 Einwohner (1977)
Export	Kaffee 20%, Bananen 16%, Holz 14%, Ölprodukte 6%
Analphabetentum	55% (1970)
Ärzte	1 Arzt pro 3333 Einwohner
Regierung	Policarpo Paz Garcia, Präsident des Militärtriumphirats

1821	Die Provinzen des Generalkapitanats von Guatemala, zu denen Honduras gehört, verkünden ihre Unabhängigkeit von der spanischen Kolonialherrschaft.
1821–23	Honduras, als Teil des Generalkapitanats von Guatemala, wird von dem mexikanischen Kaiserreich Iturbides anektiert.
1924–38	Existenz Mittelamerikas als Vereinigte Provinzen Mittelamerikas.
1826–28	Bürgerkrieg zwischen den Provinzen Guatemala, El Salvador und Honduras.
1829	Rebellenaufstand wird von Francisco Morazan niedergeschlagen.
1830	Morazan wird als Präsident der Vereinigten Provinzen ernannt.
1834	Morazan wählt die Stadt San Salvador als Hauptstadt der Vereinigten Provinzen.
1837/38	Bürgerkrieg zwischen den Provinzen.
1838	Honduras wird als Republik unabhängig.
1839	Erste hondurianische Verfassung.
1840	Francisco Ferrera erster Präsident Honduras.

1842 Chinandega-Konvention: Honduras, Nicaragua und El Salvador vereinbaren, sich zusammenzuschließen.

1845 Conrado Charez übernimmt die Regierungsmacht und unterstützt General Malespin bei seinem Vorhaben, sich der Präsidentschaft El Salvadors zu bemächtigen.

1847 Juan Lindo wird als Präsident gewählt.

1850 Ein Aufstand, der von General Santos Guardiola inszeniert wird, kann von Lindo verhindert werden. Außerdem vereitelt Lindo die Absicht Englands, sich einiger strategisch gelegener Provinzen Honduras zu bemächtigen.

1855 Guatemala besetzt Honduras und ernennt als Präsident Santos Guardiola. Erfolgreicher «nationaler Krieg» in Nicaragua gegen den US-Amerikaner Walker, der 1860 hingerichtet wird.

1862 Guardiola wird ermordet. Mit Hilfe der Armee übernimmt der General Jose Maria Medina die Präsidentschaft. Sein ehrgeiziges Ziel, eine Eisenbahnverbindung zwischen dem Pazifischen und dem Atlantischen Ozean wird durch heftige Kämpfe mit Guatemala vereitelt.

1865 Erneuerung der Verfassung.

1872 Durch Hilfe der guatemaltekischen und salvadoreanischen Regierung gelingt es Celeo Arias, die Regierungsmacht zu übernehmen. 1874 muß Arias wegen seiner Unpopularität abdanken.

1876 Durch die Hilfe der benachbarten Republiken Guatemala und Honduras gelingt es Marco Aurelio Soto, die Regierungsgeschäfte zu übernehmen. Mit Ramon Sosa trägt Soto wesentlich zu einer Liberalisierung des Landes bei.

1880 Nochmalige Erneuerung der Verfassung. Tegucigalpa wird definitiv die Hauptstadt von Honduras.

1883 General Luis Bogran übernimmt die Regierungsmacht.

1885 Honduras und Guatemala streben erneut nach einer Vereinigung aller mittelamerikanischen Staaten. Kriege mit El Salvador und Nicaragua vereiteln schließlich dieses Vorhaben.

1906 Honduras wird von Guatemala und Nicaragua besetzt. Die Grenze zwischen Honduras und Nicaragua wird durch Schiedsspruch des spanischen Königs entlang des Flusses Coco (Früher Segovia) festgelegt.

1908 Aus El Salvador kommende Guerilleros besetzen teilweise das Land.

1911 Direkte bewaffnete Interventionen der USA, um die Unruhen im Lande einzudämmen. Honduras gerät in starke wirtschaftliche Abhängigkeit der USA.

1913 Erneute bewaffnete Intervention der USA.

1919 Durch Putsch des Generals Rafael Lopez Gutierrez wird Francisco Bogran Präsident des Landes. Bogran überläßt etwas später Lopez Gutierrez die Regierungsgeschäfte.

1920 Nochmalige Erneuerung der Verfassung.

1921 Auf Initiative von Lopez Gutierrez wird ein Einigungspakt abgeschlossen, der die Republiken Mittelamerikas mit Tegucigalpa (Honduras) als Hauptstadt wieder vereinigt. Der Pakt scheitert Monate später durch Austritt Guatemalas.

1924/25 Bürgerkriegähnliche Auseinandersetzungen. Direkte bewaffnete Intervention der USA.

1933–48 Diktatorische Herrschaft des Generals Tiburcio Carias Andino, der eine innenpolitische Stabilisierung des Landes mit Waffengewalt erzwingt.

1948/49 Durch revolutionsähnliche Unruhen wird der langjährige Diktator Carias Andino abgesetzt. Sein Nachfolger, Juan Manuel Galvez, regiert bis 1954.

1956 Durch einen Militärputsch wird der amtierende Präsident J. Lozano gestürzt.

1963 Der neugewählte Präsident R. Villeda Morales wird durch einen Militärputsch gestürzt.

1965 Der Führer der neuen Militärjunta, Oberst O. E. Lopez Arrellano, wird von der verfassunggebenden Versammlung formell zum Präsidenten des Landes ernannt.

1969 Die bereits gespannten Beziehungen zwischen Honduras und El Salvador erreichen ihren Höhepunkt durch den sogenannten Fußballkrieg. El Savador besetzt zehn honduranische Städte nahe der Grenze. Viele der rund 300000 lebenden Salvadoreaner in Honduras kehren in ihre Heimat zurück, was enorme soziale Probleme in El Salvador hervorruft.

1972 Honduras verlangt von den USA die Rückgabe der Inselgruppe «Cisne». Die USA geben an Honduras die Inseln zurück.

Der Oberst Oswaldo Lopez Arrellano putscht gegen die Regierung. Zahlreiche Streiks und Straßenunruhen finden statt.

1974 Der Hurrikan Fifi verursacht große Schäden. Man hat geschätzt, daß etwa 10000 Menschen dabei ums Leben kamen. Verlust von etwa 60% des nationalen Reichtums.

1975 Lopez Arrellano wird durch den General Juan Alberto Melgar Castro als Regierungschef ersetzt.

1978 Melgar Castro wird, nach einem Drogen-Skandal, durch den General und gegenwärtigen Regierungschef Policarpio Paz Garcia substituiert. Paz Garcia ist 51 Jahre alt. Ausbildung in der US-Garnison Fort Gulick in Panama. Kommandierte die honduranianischen Truppen, die 1965 mit Hilfe anderer Länder und unter der Führung der USA in der Dominikanischen Republik direkt intervenierten.

1980 Januar Es kommt zu einem Debakel der hondurianischen Militärjunta mit der US-Firma Rosario Mining Co., die aus der Uranium-Mine El Mochito dieses Mineral hinter dem Rücken der Militärjunta in die USA exportiert.

Februar 270 Somoza-Anhänger, die nahe der nicaraguanischen Grenze militärische Übungen abhalten, werden von der hondurianischen Militärjunta des Landes verwiesen.

März Der General und Junta-Chef Paz Garcia berät mit NATO-General Alexander Haig die gespannte Lage in Mittelamerika. Die USA verpflichten sich, im Laufe des Jahres 1980 die Summe von 160 Millionen Dollar für ökonomische und militärische Zwecke zur Verfügung zu stellen. Zahlreiche Mitglieder des US-Pentagon, insbesonsondere General Robert L. Schweitzer und Subsekretär William

Bowdler, halten sich in Honduras kurzfristig auf. Centurion-Torpedos aus Israel sollen in diesem Monat eintreffen. Die USA stellen in Aussicht, die Militärhilfe im Jahre 1981 zu verdoppeln.

April — Die Militärjunta startet eine großangelegte Alphabetisierungskampagne nach dem Vorbild des brasilianischen Pädagogen Paolo Freire. Man schätzt, daß Ende des Jahres 1,3 Millionen Honduriander das Schreiben und Lesen gelernt haben werden.

Es finden Parlamentswahlen statt, deren Verlauf als weitgehend ruhig bezeichnet werden kann. Gewinner ist die Liberale Partei mit 35 Sitzen. Die Nationale Partei erreicht 33 und die Innovationspartei 3.

Mai — In Honduras trifft eine Delegation von Amnesty International ein. Der Militärjunta wird vorgeworfen, mindestens 30 Personen wegen politischer Aktivitäten unrechtmäßig in Haft zu halten.

Juni — Einkommensverbesserungen für Arbeiter und Bauern zwischen 7 % und 33 %, die für den 1. Mai versprochen wurden, werden jetzt verwirklicht. Der Ruf nach Verbesserung der Einkommen in verschiedenen industriellen Zweigen wird immer lauter.

Den US-Firmen El Mochito und Compania Americana de Transportes Interurbanos werden gewerkschaftsfeindliche Aktivitäten vorgeworfen. Außerdem sollen sie große Mengen an Uranium und Silber in die USA und Japan heimlich und damit steuerfrei exportieren.

Die US-Botschafterin in Honduras, Mary Lucy Jaramillo, sprach sich für die politische Anerkennung und Registrierung aus der Christlich Demokratischen, der Kommusnistischen und der Sozialistischen Partei aus.

Juli — Zwei einflußreiche Militärs werden in den Ruhestand versetzt: Lopez Arrellano und Melgar Castro. Die im Juni begonnenen Lehrstreiks weiten sich im ganzen Lande aus. Verlangt werden höhere Löhne und bessere Arbeitsbedingungen.

Konflikte zwischen der Militärjunta und der katholischen Kirche flammen auf durch den öffentlichen Vorwurf von 20 Nonnen und Priestern aus der Gegend Santa Rosa de Copan, die hondurianische Armee wäre am Massaker, bei dem am 14. 5. über 600 Salvadoreaner umkamen, beteiligt gewesen.

General Paz Garcia wird als Präsident der Übergangsregierung gewählt.

August — 24 Offiziere der Armee werden in den Ruhestand versetzt. Es sind vor allem sogenannte progressive und reformfreudige Armeeangehörige.

Das neue Kabinett des Generals Paz Garcia besteht aus fünf Ministern der Liberalen Partei und sieben der Nationalen Partei und der Armee. Es reflektiert die alten Machtstrukturen wieder.

September — Der seit zwei Wochen ausgebrochene Streik in der Region Bajo Aguan, bei dem 51000 Arbeiter teilnahmen, ist beendet. Die Hauptforderung, das Gesetz aufzuheben, welches der Regierung die totale Kontrolle über die ölproduzierende (aus afrikanischen Palmen) Kooperative Copalma ermöglichte, wurde erfüllt.

Das hondurianische Unterhaus (Nationalversammlung) sicherte eine allgemeine Amnesty für politische Häftlinge zu. Man schätzt, daß 800 Personen hiervon betroffen sind. Außerdem wurden die 22 Häftlinge, die 1976 eine Rebellion gegen den damaligen Junta-Chef General Melgar Castro anführten, freigelassen.

Eine großangelegte Kampagne läuft an, um den Massentourismus in Honduras attraktiv zu machen.

Oktober — Die USA senden 37 Militärberater nach Tegucigalpa, um Piloten der hondurianischen Luftwaffe mit den Techniken von zehn US-Kampfhubschraubern vertraut zu machen. Aus diesem Anlaß besetzen Studenten die Kathedrale der Hauptstadt.

November — Ein Friedenspakt zwischen Honduras und El Salvador wird abgeschlossen. Damit sind vorläufig die seit dem sogenannten Fußballkrieg andauernden Grenzkonflikte einer Lösung näher gebracht.

Dezember — Die im Jahre 1980 anfänglich positiv verlaufende ökonomische Entwicklung des Landes ist in eine Krise geraten. Der Report von IMF (International Monetary Fund) macht deutlich, daß die Divisenreserven gesunken sind. Ausländische Investoren sind merklich zurückhaltender geworden.

Die Präsidentschaftswahlen werden auf den 23. August festgelegt.

1981

Januar — Die Kritiken gegenüber der Agrarreform nehmen zu. Viele Bauern gehen dazu über, sich des nötigen Landes zu bemächtigen.

Der Präsident des Banco Atlantida, Paul Vinelli, wurde am hellen Tag entführt.

Die drei in der Illegalität arbeitenden Parteien (Kommunistische, Sozialistische und Kommunistisch-Marxistisch-Leninistische) haben beschlossen, eine militane Einheit zu gründen um zu verhindern, daß Honduras «der mittelamerikanische Polizeiarm der USA wird».

Auf Grund der steigenden Gewalt in Honduras ist eine Kapitalflucht in Höhe von 100 Millionen Dollar geschätzt worden.

Februar — Große Mengen an Hydrokohle werden in der Gegend von Sesenti geortet. Verhandlungen mit der USA-Firma Texaco sind im Gange. Die Raffinerie will die Preise um 204% erhöhen. Die Regierung erwägt eine eventuelle Nationalisierung der Texaco-Niederlassung.

Entwicklungspolitische Zusammenarbeit der Bundesregierung mit der Republik El Salvador (MSAC)

(Bewilligungszustand: 31. 12. 1979)
(BMZ Referat 124 – Bonn, den 15. 4. 1980)

I. Allgemeine Daten (Weltbank-Atlas 1979)

Bevölkerung:	4,4 Mio Einw. (1978 vorl.)
Bruttoinlandsprodukt: (zu Marktpreisen)	2810 Mio US-$ (1978 vorl.)

Pro-Kopf-Einkommen:	600 US-$ (1978 vorl.)
Wachstumsrate der Bevölkerung:	3,1% (1970–1977)
Wachstumsrate des Pro-Kopf-Einkommens:	2,1% (1970–1977)
Indikative Planungsziffer der UN (UNDP)	9,25 Mio US-$ (1977–1981)

II. Finanzielle Zusammenarbeit

– Bau von drei Landkrankenhäusern	9770980,00 DM
– Darlehen an FIGAPE	5000000,00 DM
– Bewässerungsprojekt	8000000,00 DM

III. Technische Zusammenarbeit i. e. S.

a) Abgeschlossene Projekte

– Forstgutachten El Salvador	3381,00 DM
– Freihafensachverständiger für ACAJUTLA	15482,00 DM
– Fahrbare Krankenstation	94778,00 DM
– Sachverständiger für die Zuckergewinnung im Jibotal (Gutachten)	37826,00 DM
– Hydrologe für Landwirtschaftsministerium	24907,00 DM
– Lieferung von Seismographen	21387,00 DM
– Zuschuß für Leiter staatlichen Erdbebendienstes	30450,00 DM
– Sachverständige für Pflanzenbau	29172,00 DM
– Geologieprojekt	2349000,00 DM
– Sachverständige für Baumwollschädlingsbekämpfung	784681,00 DM
– Nutzung mineralischer Rohstoffe (Geologieanschlußprojekt)	1404229,00 DM
– Organisation für sozialen Wohnungsbau	292399,00 DM
– Pre-Investmentstudie Bewässerungsprojekt	300000,00 DM

b) Laufende Projekte

1. Förderung landwirtschaftlicher Genossenschaften in Atiocoyo	6457531,00 DM
2. Sachverständige zur Beratung von FIGAPE bei der Durchführung des FZ-Programms	750000,00 DM
3. Durchführbarkeitsstudie zur Trinkwasserversorgung und Abwasserentsorgung der Hauptstadt San Salvador	1350000,00 DM
4. Agrometerorologische Anlage zur Bekämpfung des Kaffeerostes	39905,00 DM

IV. Technische Zusammenarbeit i. w. S.

1. Sozialstrukturhilfe	273388,00 DM
2. Gesellschaftspolitische Hilfe	998000,00 DM
3. Kirchenhilfe	7242000,00 DM
4. Handelshilfe Zuschüsse für Messebeteiligungen und andere Exportförderungsmaßnahmen	326149,00 DM

5. Aus- und Fortbildung von Angehörigen der Entwicklungsländer
Es wurden 172 Stipendatien mit gefördert (Ende 1978) 2615227,00 DM

Zu II:

Darlehen an FIGAPE

Mit der salvadorianischen Zentralbank soll ein Darlehensvertrag abgeschlossen werden, der dem Finanzierungs- und Garantiefonds für kleinindustrielle Unternehmen (FIGAPE) einen Kredit im Rahmen der finanziellen Zusammenarbeit gewährt.

Bewässerungsprojekt

Für bewässerungstechnische Baumaßnahmen soll El Salvador ein Kredit zur Verfügung gestellt werden. Die Maßnahmen umfassen Wehre, Be- und Entwässerungsnetze, Pumpstationen mit Flußentnahmen, Beileitungskanäle, Flußbaumaßnahmen und Planierungsarbeiten.

Zu III. b):

1. *Förderung landwirtschaftlicher Genossenschaften in Atiocoyo*
(P. N.: 63.2112.9 – 132 HO)
Die Zielsetzungen des Projekts sind:
– genossenschaftlicher Zusammenschluß und Kooperation der Siedler und
– Förderung der landwirtschaftlichen Erzeugung.
Projektbeginn: Anfang 1976
Projektablaufzeit: bewilligt bis Dezember 1980

Entwicklungspolitische Zusammenarbeit der Bundesregierung mit der Republik Guatemala (MSAC)

(Bewilligungszustand: 31.12.1979)
(BMZ Referat 124 – Bonn, den 7.5.1980)

I. Allgemeine Daten (Weltbank-Atlas 1979)

Bevölkerung:	6627 Mio Einwohner (1978 vorl.)
Bruttoinlandsprodukt: (zu Marktpreisen)	6040 Mio US-$ (1978 vorl.)
Pro-Kopf-Einkommen:	910 US-$ (1978 vorl.)
Wachstumsrate der Bevölkerung:	2,9% (1970–1977)
Wachstumsrate des Pro-Kopf-Einkommens:	3,3% (1970–1977)
Indikative Planungsziffer der UN (UNDP):	7,5 Mio US-$ (1977–1981)

II. Finanzielle Zusammenarbeit 16 Mio DM

1. Krankenhausvorhaben San Marcos	6000000,00 DM
2. Kredit an Entwicklungsbank BANDESA (sozialer Wohnungswiederaufbau)	7500000,00 DM
3. Kredit an Entwicklungsbank CORFINA (Baumaterialienindustrie)	2500000,00 DM

III. Technische Zusammenarbeit i. e. S.

a) abgeschlossene Projekte

– Lehrer für die Forstschule Amatitlán	191 892,00 DM
– Sachverständiger für Bienenzucht	23 974,00 DM
– Gutachten über Wasserkraftwerk San Jeronimo	16 614,00 DM
– Geologische Mission	1 680 796,00 DM
– Gewerbliches Ausbildungszentrum in Mazatenango	9 864 690,00 DM
– Fernmeldesachverständige für die guatemaltekische Fernmeldeverwaltung	1 177 840,00 DM
– Forstsachverständiger zur Beratung beim Wiederaufforstungsplan	550 622,00 DM
b) *laufende Projekte*	
– Hydorelektrische Untersuchungen (Masterplan)	7 858 167,00 DM
– Ausbildungszentrum El Guajito und Berater für INTECAP	7 137 507,00 DM
Förderung der Baumaterialienherstellung	696 120,00 DM
– Ausbildung im graphischen Gewerbe	57 149,00 DM

IV. Technische Zusammenarbeit i. w. S.

1. *Bildungshilfe*	
– Materialspende für die staatliche guatemaltekische Direktion für Alphabetisierung und Erwachsenenbildung	12 074,00 DM
– Spende eines Physik- und Chemielabors für die staatliche Lehrerbildungsanstalt	216 762,00 DM
– Partnerschaft der Tierärztlichen Hochschule Hannover mit der San Carlos-Universität	1 324 500,00 DM
2. *Sozialstrukturhilfe*	5 308 750,00 DM
3. *Gesellschaftspolitisches Vorhaben*	9 130 732,00 DM
4. *Kirchenhilfe*	13 124 000,00 DM
5. *Nahrungsmittelhilfe*	4 300 000,00 DM
6. *Handelshilfe* Zuschüsse für Messebeteiligung in Deutschland	133 200,00 DM
7. *Aus- und Fortbildung von Angehörigen der Entwicklungsländer* Es wurden 289 Stipendiaten mit gefördert. (Ende 1978)	5 069 148,00 DM

Zu II.

1. *Krankenhaus San Marcos*

Zur Verbesserung des Gesundheitswesens im Departement San Marcos wird ein

Krankenhaus in San Marcos errichtet und ausgebaut. Das Hospital wird nicht nur den Pflegedienst, sondern auch eine Referenz- und Ausbildungsfunktion übernehmen.

2. *Kredit an BANDESA*
Durch das Erdbeben 1976 sind ca. 100000 Häuser hauptsächlich der armen Bevölkerungsschichten zerstört worden. Zur Behebung der Schäden und zum Bau sozialer Wohnungseinheiten hat die Bundesregierung der ländlichen Entwicklungsbank BANDESA, die mit dem Aufbau in den ländlichen Regionen beauftragt ist, finanzielle Unterstützung angeboten. Ein Darlehensvertrag mit der KW ist noch nicht zustande gekommen.

3. *Kredit an CORFINA*
Die beim Erdbeben 1976 entstandenen Schäden verursachten einen Engpaß in der Herstellung von Baumaterialien. Zur Beseitigung dieses Engpasses hat die Bundesregierung der nationalen Entwicklungsbank CORFINA Mittel angeboten, um der Baumaterialienindustrie Kapazitätserweiterungen zu erleichtern. Ein Darlehensvertrag mit der KW ist noch nicht zustande gekommen.

Zu III. b)
1. *Hydroelektrische Untersuchungen (Masterplan)*
(P. N. 73.2158.1 – 324 VL)
Der Masterplan beinhaltet eine Bestandsaufnahme des Wasserkraftpotentials Guatemalas zur hydorelektrischen Nutzung und eine Prioritätenliste für zukünftig zu realisierende Wasserkraftwerke. Weiterhin werden im Vorhaben für zwei auf Grund der Ergebnisse des Masterplans ausgewählte Projekte Pre-Feasibility-Studien erstellt.

Projektträger ist das nationale Elektrifizierungsinstitut INDE.
Projektbeginn: 1974 bis
Projektlaufzeit: 1982

2. *Ausbildungszentrum El Guajito und Berater für INTECAP*
(P. N. 74.2147.2 – 234 BA)
In Zusammenarbeit mit der guatemaltekischen Berufsförderungsorganisation INTECAP wird in El Guajito/Guatemala City eine Ausbildungsstätte betrieben. Ziel ist es, ungelernte Arbeitskräfte in relativ kurzen Ausbildungszeiträumen so weit anzulernen, daß sie in gewerblichen Unternehmen Arbeit finden können.
Im Projekt sind vier deutsche Experten der gewerblichen Berufsausbildung tätig. Drei Werkstattleiter arbeiten in den Bereichen Metall-, Elektro- und Kraftfahrzeugtechnik. Der Projektleiter übernimmt gleichzeitig Funktionen als Berater für INTECAP. Im Rahmen des Projekts wurden Maschinen und Ausrüstungen für 150 Werkstattplätze geliefert.
Projektbeginn: 1975 bis
Projektlaufzeit: 1980
3. *Förderung der Baumaterialienherstellung*
(PN. 76.2161.8–213 Rho)

Mit dem Projekt soll der Einsatz des für CORFINA vorgesehenen Darlehens unterstützt werden.
Die Regierung von Guatemala sah sich bisher nicht in der Lage, ein Angebot der Regierung der Bundesrepublik Deutschland anzunehmen, so daß das Projekt noch nicht verwirklicht werden konnte.

Entwicklungspolitische Zusammenarbeit der Bundesregierung mit der Republik Honduras (MSAC)

(Bewilligungszustand: 31.12.1979)

(BMZ Referat 124, Bonn, den 31.7.1980)

I. Allgemeine Daten (Weltbank-Atlas 1978)

Bevölkerung:	3,4 Mio Einwohner (1978)
Fläche:	112000 km²
Bevölkerungsdichte:	30,4 Einwohner km² (1979)
Bruttosozialprodukt: (zu Marktpreisen)	1650 Mio US-$ / Jahr (1978)
Pro-Kopf-Einkommen:	480 US-$ / Jahr (1978)
Wachstumsrate der Bevölkerung:	3,3% (1970–1977)
Wachstumsrate des Pro-Kopf-Einkommes:	0,0% (1970–1977)
Indikative Planungsziffer der UN (UNDP):	9,25 Mio US-$ (1977–1981)

II. Finanzielle Zusammenarbeit

Groß-Wasserkraftwerk El Cajon	35000000,00 DM

III. Technische Zusammenarbeit i. e. S.

a) *Abgeschlossene Projekte*	
– Unimog für landw. Hochschule El amorano	43806,00 DM
– Sachverständige für Waldbrandbekämpfung mit Ausrüstung	1161092,00 DM
– VW-Ambulanz für Sub Centro de Salud in Puerto Cortes	13650,00 DM
– Gewerbeschule in San Pedro Sula	9461000,00 DM
b) *laufende Projekte*	
1. Landwirtschaftl. Genossenschaftsverband FACACH	5000000,00 DM
2. Gewerbl. Ausbildung INFOP	5135970,00 DM
3. Industriekooperation BCIE (siehe auch überregional)	2526566,00 DM

4. Landwirtschaftl. Ausbildungsstätte La Paz	3583000,00 DM
5. Gewerbeausbildungszentrum San Pedro Sula	1643475,00 DM
6. Agrometeorologische Anlage zur Bekämpfung d. Kaffeerostes	39905,00 DM

IV. Technische Zusammenarbeit i. w. S.

1. *Bildungshilfe*	
– *Sur-place*-Stipendien an der Forstfakultät der Universität Valdivia/Chile für honduranische Studenten	543000,00 DM
2. *Sozialstrukturhilfe*	
– Es wurden Seminare der FAO und FNS mit insgesamt gefördert.	165737,00 DM
3. *Gesellschaftspolitische Vorhaben*	
– Förderung des Genossenschaftsinstituts IFC	2638169,00 DM
4. *Kirchenhilfe*	
– Es wurden Vorhaben der kirchlichen Hilfe mit insgesamt durchgeführt.	9050000,00 DM
5. *Nahrungsmittelhilfe*	
– Integriertes Ernährungssicherungsprogramm zur Steigerung der Produktion von Grundnahrungsmitteln, Aufforderung etc. auf der Basis *Food for work.*	14104323,00 DM
6. *Handelshilfe*	
– Nahrungsmittelausstellungen (IKOFA München, ANUGA Köln)	44200,00 DM
7. *Zuschüsse an integrierte Fachkräfte*	32635,00 DM
8. *Aus- und Fortbildung von Angehörigen der Entwicklungsländer* Es wurden 150 Stipendiaten mit gefördert.	2932000,00 DM

Zu II

Honduras erhält als Beitrag zur Finanzierung des Wasserkraftwerkes «El Cajon» einen Kapitalhilfekredit von 35 Millionen DM. Daneben erhält Honduras einen über Ausfuhrbürgschaft (Hermes) gedeckten kommerziellen Kredit von ebenfalls 35 Millionen DM.

Zu III. b)

1. *Landwirtschaftlicher Genossenschaftsverband FACACH*
(P. N. 70.2084.5 – 132 HO)
Zur Erhöhung der landwirtschaftlichen Produktion in Honduras soll das Genossenschaftswesen unterstützt werden. Es ist ein Sachverständiger auf dem Gebiet landwirtschaftlicher Betriebswirtschaft für 48 Monate zur Unterstützung und Beratung des Genossenschaftsverbandes Federación de Asociaciones Cooperativas de Ahorro y Crédito de Honduras (FACACH) für die Kreditgewährung und Vermarktung landwirtschaftlicher Produkte entsandt worden.
Projektbeginn: 1976
Projektlaufzeit: 1980

2. *Gewerbe-Ausbildungszentrum Miraflores (INFOP)*
P. N. 75.2102.4 – 34 BA)
Mit Hilfe der Weltbank errichtet das Institut INFOP in Miraflores/Tegucigalpa ein Ausbildungszentrum.
Die Bundesregierung unterstützt INFOP durch Entsendung von vier Experten auf dem Gebieten der Metall-, Schweißerei- und Elektrotechnik sowie der Schreinerei bei gleichzeitiger Ausrüstung der Werkstätten dieser Fachrichtungen.
Zusätzlich ist ein Projektleiter entsandt, der auch Beratungsfunktionen gegenüber dem INFOP wahrnimmt. Weiterhin wurden Kurzzeitexperten bis zu 24 Mann/Monaten entsandt. An insgesamt 160 Ausbildungsplätzen sollen in Kurzkursen unqualifizierte Arbeiter zu semi- und qualifizierten Arbeitern ausgebildet werden.
Projektbeginn: 1978
Projektlaufzeit: 1982

3. *Industriekooperationen Zentralamerikanischer Integrationsbank BCIE*
(P. N. 75.2071.1 – 212 UL)
Der Auf- und Ausbau der zentralamerikanischen Industrie soll durch industrielle Zusammenarbeit zwischen Betrieben in Zentralamerika und in der EG gefördert werden.
Durch Bildung von industriellen Kooperationen (z. B. *jointventures*) sollen neue Arbeitsplätze geschaffen werden, Technologie transferiert und melioriert sowie Exporte zentralamerikanischer Produkte promoviert werden. Von der Bundesregierung wurden zwei Experten für die Dauer von vorerst drei Jahren sowie Kurzzeitexperten entsandt. Projektträger ist der BCIE. Standorte der Experten sind die BCIE-Büros Tegucigalpa (Honduras) und Guatemala (siehe auch überregional).
Projektbeginn: 1976
Projektlaufzeit: 1980

4. *Landwirtschaftliche Ausbildungstätte La Paz*
(P. N. 77.2185.5 – 131 Lö)
Zur Ausbildung von Kleinlandwirten, Landarbeitern, Technikern staatlicher Institutionen sowie Instruktoren des INFOP sind fünf Sachverständige auf den Gebieten Bewässerungstechnik, Pflanzenproduktionstechnik, Landtechnik und Betriebsmanagement tätig.

Projektbeginn: 1978
Projektlaufzeit: 1982

5. *Gewerbeausbildungszentrum San Pedro Sula (INFOP)*
(P. N. 78.2070.7 – 234 – MX)
Es handelt sich wie bei dem Projekt unter Ziffer 2 um eine Beratung der Ausbildungsorganisation INFOP. Beide Projekte werden in enger gegenseitiger Abstimmung durchgeführt.
Von deutscher Seite werden bis zu 114 Mann/Monate Expertenleistung zur Verfügung gestellt. Bis zu acht honduranischen Staatsangehörigen werden Stipendien für eine Ausbildung in der Bundesrepublik Deutschland oder in anderen Ländern gewährt. Die Stipendiaten sollen später als Lehrkraft an dem Ausbildungszentrum San Pedro Sula tätig sein.

6. *Agrometeorologische Anlage zur Bekämpfung des Kaffeerostes*
(P. N. 79.2057.2)
Zur Bekämpfung des Kaffeerostes, eines gefährlichen Schadpilzes, soll eine agrometeorologische Anlage eingesetzt werden. Mit ihrer Hilfe sollen der Luftraum auf Sporenflug überwacht und Klimadaten zur Epidemonologie des Pilzes gewonnen werden. Bei der Installierung der Anlage und der Ausbildung des Bedienungspersonals soll ein deutscher Kurzzeit-Sachverständiger eingesetzt werden.

Literatur Mittelamerika

Aguilera Peralta, Gabriel, 1974. Militär und Gesellschaft in Mittelamerika; Freiburg

Altmann, M., 1975. Zur gesamtwirtschaftlichen Entwicklung Zentralamerikas; Frankfurt/M.

Anderson, Thomas P., 1971. Matanza, El Salvador's Communist Revolt of 1932; Lincoln, Nebraska: Univ. of Nebraska Press

Birnbaum, Norman, 1981. «Die Religion des Herzens». In: Der Spiegel, 6/1981, S. 108/109

Browning, David, 1971. El Salvador, Landscape and Society; Oxford: Clarendon Press

Camachro, Daniel u. a., 1979. El fracaso social de la integración centroamericana; San José, EDUCA

Dane, Hendrik, 1971. Die wirtschaftlichen Beziehungen Deutschlands zu Mexiko und Mittelamerika im 19. Jahrhundert; Köln, Wien: Böhlau Verlag

Etchinson, Don L., 1970. The United States and Militarism in Central America; New York, Praeger

Fulbright, J. William, 1967. Die Arroganz der Macht; Reinbek bei Hamburg: Rowohlt, Zitat Kuba, S. 100/101

Galeano, Eduardo, 1980 (1973). Die offenen Adern Lateinamerikas; Wuppertal: Peter Hammer

Gregg, Robert, 1965. A History of the Republic of El Salvador; San Salvador

Hamer, Phillip, 1980. El Salvador in: Lateinamerika, Analysen und Berichte 4; 1980, S. 243–263

Heath, Dwright B., 1975. Current trends in Central America. In: Current History, Philadelphia, Januar 1975

Helbig, Karl M., 1966. Die Wirtschaft Zentralamerikas; Hamburg: Übersee-Verlag

Heldt, Sven, 1974. Die zentralamerikanische Integrationsbewegung, ein Erfolg? Kiel

Huck, Eugene R.; *Moseley*, Edward H. (Hg.), 1970. Militarists, Merchants and missionaris. Essays written in Nonov of Alfred Barnaby Thomas; University/Ala., Univ. of Alabama Press

Hummer, Waldemar, 1979. Der zentralamerikanische Integrationsprozeß und seine gegenwärtigen Umstrukturierungsversuche in rechtlicher und ökonomischer Sicht. In: Zeitschrift für Lateinamerika; Wien, Nr. 16, 1979

Jonas, Susanne; *Tobis*, David, 1974. Guatemala; Berkeley, North American Congress on Latin America

Jiménez, Eddy E., 1974. La guerra no fúe de fút bol; La Habana, Casa de las Américas

Kepner, Charles David, 1936. Social aspects of the banana industry; New York: Columbia University Press

Lembke, Ingo, 1975. Christentum unter den Bedingungen Lateinamerikas. Die katholische Kirche vor den Problemen der Abhängigkeit und Unterentwicklung; Frankfurt a. M., Peter Lang (Studien zur interkulturellen Geschichte des Christentums)

Lühr, Volker, 1970. Die Gemeinsame Mittelamerikanische Macht in der Krise; In: Gewerkschaftliche Monatshefte, Köln, Nr. 11, 1970, S. 652–659

Lühr, Volker, 1973. Bildungspolitik und wirtschaftliche Integration. In Mittelamerika; Berlin

Martin, Percy F., 1911. Salvador of the Twentieth Century; London: Eduard Arnold

Matthias, L. L., 1964. Die Kehrseite der USA; Reinbek bei Hamburg: Rowohlt

McClelland, Donald H., 1973. The Central American Common Market. In: Development Digest; Washington, D. C., Nr. 1, 1973, S. 7–21

Menjiran, Rafael, 1975. La inversión Centroamerica; Costa Rica: extranjera de Educa

Merk, Peter H.; *Raabe*, Dieter, 1977. Politische Soziologie der USA. Die konservative Demokratie; Wiesbaden: Akademische Verlagsgesellschaft

Monteforte Toledo, Mario, 1972. Centro America. Subdesarrollo y dependencia; Vol. 1 + 2

Myrdal, Gunner, 1972. Politisches Manifest über die Armut in der Welt; Frankfurt a. M.: Suhrkamp

Noelke, Michael, 1979. Europa – dritte Welt: gegenseitige Abhängigkeit, Zahlen, Fakten, Analysen; Brüssel, Reihe Entwicklung Nr. 2

Nohlen, Dieter; *Nuscheler*, Franz (Hg.), 1976. Handbuch der Dritten Welt. Bd. 3: Unterentwicklung und Entwicklung in Lateinamerika; Hamburg: Hoffmann & Campe

Polo Cheva, Demetrio; *Jungehülsing*, Mechthild, 1977. Mittelamerika. Zur neueren Entwicklung. In: Bennthold, Thomsen u. a. (Hg.), Lateinamerika. Analysen und Berichte 1; West-Berlin 1977, S. 245–258

Rausch, Renate; *Fanger*, Ulrich; *Lühr*, Volker, 1970. Probleme der Erwachsenenbildung in Zentralamerika; Stuttgart: Klett

Raynolds, David R., 1967. Rapid Development in Small Economics, the example of El Salvador; New York: Praeger

Rempel, Rolf, 1980. Guatemala. In: Lateinamerika, Analysen und Berichte 4/1980, S. 265–275

Salarrue, 1977. Cuentos de barro; San José, Costa Rica: EDUCA

Strahm, Rudolf H., 1975. Überentwicklung – Unterentwicklung; Gelnhausen: Burckhardthaus – Lactare Verlag

West, Robert C.; *Augelli*, John P., 1966. Middle America: Its Lands and People; Englewood. Cliffs–New Jersey: Prentice-Hall

Anmerkungen

Einleitung

1 *Stuttgarter Zeitung* vom 3. 2. 1981, S. 3

2 Kai-Uwe von Hassel bei einer Presseerklärung der CDU zur Situation in Mittelamerika am 13. 6. 1980

3 Interview in *Die Zeit* vom 13. 2. 1981

4 *Der Spiegel* Nr. 4, 19. 1. 1980, S. 90

5 Ebd., S. 92

Die armen und die reichen Kinder

1 Salarrue 1977
2 Pipiles bedeutet wörtlich Kinder, und dies vermutlich, weil dieser Indianerstamm, der zu den Mayas (Guatemala) gehörte, sich mit der Zeit verselbständigte
3 Siehe am Schluß des Bandes die Länderspiegel
4 ‹*La vida no vale nada*› von dem verstorbenen Mexikaner Pedro Infante gesungen
5 Die Rede von «einer mittelamerikanischen reichen Familie» ist natürlich idealtypisch gemeint. Andererseits sind die ausgeführten sozialen Merkmale empirische Tatbestände.
6 Frankfurter Allgemeine Zeitung vom 29. 11. 1980
7 Frankfurter Allgemeine Zeitung vom 1. 12. 1980

«Hierzulande garantiert das Militär die Demokratie»

1 Inforpres, 30. 4. Guatemala, 1980
2 Inforpres 24. 1. Guatemala, 1980
3 Ebd.
4 Ebd.
5 Diktaturen, die vorwiegend durch eine Person (in der Regel mit charismatischem Anschlag) repräsentiert werden
6 Fernando, Lardizabal, Präsident der COHEP, in Erklärungen an die Zeitung *La Prensa* abgedruckt in *Central American Report*, Vol VII, No. 27 vom 21. Juli 1980
7 *El Grafico*, Guatemala, März 1978
8 Die exakten Zahlen für jedes Land sind folgende: Guatemala hatte nur einen zivilen Präsidenten: Julio Cesar Mendez Montenegro 1966 bis 1970; El Salvador hatte keinen; Honduras hatte zwei zivile Präsidenten, von Militärs gestürzt, Ramón Villeda Morales 1963 und Lic. Ramon Cruz 1972
9 Diese Daten sind aus einer Studie, die an der Universität Rafael Landivar in Guatemala durchgeführt wurde, entnommen worden
10 1 Quetzal = 1 Dollar
11 Baranof I 1., Der große Landraub in Guatemala, Band VII, Nr. 4, 26. Januar 1979; die «Franja Transversal del Norte», unveröffentlichte Arbeit 1980, S. 33, Guatemala
12 Wie katholische Priester aus den Ureinwohnergebieten erklärten, gab es 1980 mindestens acht ähnliche Massaker (Pressekonferenz der katholischen Priester, Berlin, 11. November 1980
13 Guatemala, Honduras und El Salvador
14 Dazu siehe Armand Mattelart, Ideologie, Information et Etat Militaire. In: *L'homme et la Societé*, No. 47–50, Januar–Dezember 1978. Edit. Anthropos Paris
15 Zitat aus *Time*, 18. August 1980; Lateinamerikanische Ausgabe, S. 24; Artikel: Central America, Land of the Smoking Gun
16 *El Imparcial*, Mittwoch 15. Juli 1980. «Präsident für die Verteidigung der öffentlichen Ruhe und Ordnung»
17 *El Imparcial*, Montag, 18. August 1980
18 Manifest der Bischofskonferenz Guatemalas, 13. Juni 1980. Es erschien in einigen Zeitungen des Landes
19 Zitat von E. W. Romero. In: *Revista Dialogo*, Jahrgang X, Nr. 51, April–Mai 1980 S. 7
20 *Le Monde*, 12. Juli 1980
21 *Excelsior*, zitiert v. *Central American Report*. Band VII 30 vom 4. 8. 1980

22 Jeweils 26 Millionen und 12,5 Millionen für San Pedro Sula und Tegucigalpa, wie der *Central American Report* am 23. 6. 1980 berichtete
23 *Central American Report*, 23. 6. 1980
24 Wirtschafts- und politischer Pakt, der Venezuela, Kolumbien, Peru, Ekuador und Bolivien umfaßt

Die Kirche in Mittelamerika

1 Monteforte Toledo 1972, Vol. 2, S. 221–252
2 «Die ‹Theologie der Befreiung› will eine einheimische, lateinamerikanische Theologie sein, die auf die besonderen Probleme der lateinamerikanischen Situation eine authentische Antwort sucht und auf diese Weise die traditionelle Abhängigkeit von der europäischen und nordamerikanischen Tradition überwindet». Lembke 1975, S. 153
3 *Diario Latino*, 13. 9. 1979
4 *El Grafico*, 29. Juli 1980
5 Zu den Basisgemeinden als Kernzellen kirchlicher Strukturreform siehe Lembke, 1975, S. 195–236
6 Siehe «Verfolgung der Kirche in El Salvador», Amnesty International 1979
7 Zeitschrift *Diálogo* Nr. 50: «Homilia de Monsenor Romero», Guatemala, Februar–März 1980, S. 4
8 *Central American Report*, Vo. VII. 24./25. Juni 1980
9 Ebd.

Unterdrückung und Widerstand

1 Informationen des *Imparcial*, Guatemala, 2. 8. 1980
2 *Central American Report*, Vol. II 25, 30. 6. 1980
3 Erklärungen des Ministers in den Nachrichten *aquí el Mundo* vom Juli 1980
4 Rede des Rektors Raul Molina Mejía bei der Übergabe seines Amtes. In: *El Imparcial*, 5. 8. 1980
5 *Infopres*, 13. 12. 1980

Die Lebenssituation der Landbevölkerung

1 Zu den nachfolgenden statistischen Daten siehe Nohlen/Nuscheler 1976, S. 179 bis 195, 200–214, 241–254; Hamer 1980, S. 243–263; rempel 1980, S. 265–275
2 Larifundien: große Ländereien; Minifundien: kleine Landparzellen
3 Salarrue 1977, S. 99/100

Von Kaffeebaronen und Bananenkriegen

1 Edelberto Torres-Rivas: Procesos y estructuras de una sociedad dependiente (Centroamérica), Santiago de Chile 1969
2 Carlos Guzmán Böckler und Jean-Loup Herbert: Guatemala: una interpretación histórico-social, Mexiko 1970
3 Darcy Ribeiro: Las Américas y la Civilización, Bd. III: «Los pueblos trasplantados. Civilización y desarrollo», Buenos Aires 1970
4 Gregorio Selser: Diplomacia, garrote y dólares en América Latina, Buenos Aires 1962
5 Claude Julien: L'Empire Americain, Paris 1968
6 Veröffentlicht in *Common Sense*, November 1935. V. Leo Huberman Man's Wordly Goods. The Story of the Wealth of Nations, New York 1936

7 William Krehm: Democracia y tiranías en el Caribe, Buenos Aires 1959
8 Alvaro Cepeda Samudio: La casa grande, Buenos Aires 1967
9 Der Zyklus umfaßt die Romane «Viento fuerte», «El Papa Verde» und «Los ojos de los enterrados», eine in Buenos Aires in den fünfziger Jahren veröffentlichte Trilogie
10 Torres-Rivas, a. a. O.
11 Gregorio Selser: Sandino, general de hombres libres, Buenos Aires 1959
12 Carleton Beals: América ante América, Santiago de Chile 1940
13 Krehm, a. a. O. – Krehm hat lange in Mittelamerika als Korrespondent der nordamerikanischen Zeitschrift *Time* verbracht.
14 Eduardo Galeano: Guatemala, país ocupado, Mexiko 1967
15 Rede in der American Booksellers Association, Washington, 10. 6. 1963. – Zitiert von David Wise und Tomas Ross: El gobierno invisible, Buenos Aires 1966
16 Bezeichnung für den kleinen Maissamen, ein wichtiges Grundnahrungsmittel. Siehe «Die Maismänner» des guatemaltekischen Schriftstellers Miguel Angel Asturias
17 Arbeitskräfte, die für körperliche oder Schichtarbeit täglich oder wöchentlich ohne jede Garantie Lohn erhalten. Im Fall der Bananenarbeiter gibt es einige Gruppen, die dauerbeschäftigt und in Gewerkschaften organisiert sind
18 Bezieht sich auf einen Essay des Expräsidenten Juan José Arévalo von Guatemala: «Die Fabel vom Hai und den Sardinen», eine sozio-politische Schrift, die die Vorherrschaft der Nordamerikaner über die Region zum Inhalt hat
19 Koschenille ist ein karminroter Farbstoff, der auf Pflanzenbasis gewonnen wird. Indigo ist der älteste und wichtigste organisch hergestellte (heute synthetisch) Farbstoff
20 Schreiben der Regierung an Klee vom 7. 8. 1837
21 Andere einflußreiche Deutsche Firmen waren: Springmühl & Gaedechens, Feldmann & Co., Rieper, Augener & Co., Hockmeyer & Rittscher
22 Dane 1971, S. 79
23 Jonas/Tobias 1974, S. 214
24 Dane 1971, S. 113
25 *The Europa Year Book 1980*, Vol. II, S. 289
26 *The Europa Year Book 1979*, Vol. I, S. 707

Anhang

1 Zusammengestellte Chronik aus: Hundert Jahre Grausamkeit im *stern*, 26. 2. 1981

Die Autoren

Lona Rothe-Jokisch, geb. 1947 in Wuppertal. Schauspielausbildung. Arbeitete mehrere Jahre als Erzieherin. Abitur über den zweiten Bildungsweg. Psychologiestudium.

Rodrigo Jokisch, geb. 1946 in Neumünster. Lebte mehrere Jahre in El Salvador. Studium der Soziologie, Philosophie, Psychologie und politischen Wissenschaften. Seit 1979 deutscher Staatsbürger. Veröffentlichungen auf dem Gebiet der allgemeinen Soziologie, Wissenschafts- und Techniksoziologie und -geschichte.

Helmut Becker, geb. 1945 in Guatemala. Lebte lange Zeit in Guatemala und Honduras. Studierte Sozialwissenschaften und Politik und lehrte an verschiedenen mittelamerikanischen Universitäten. Veröffentlichungen auf dem Gebiet der Soziologie und Politik Mittelamerikas.

Guillermo Molina Chocano, geb. 1945 in Honduras. Studierte Soziologie und Wirtschaftswissenschaften. War Generalsekretär des Programms «Sozialwissenschaften für Mittelamerika» in Costa Rica. Veröffentlichungen auf dem Gebiet der mittelamerikanischen Staats- und Wirtschaftskunde.

Quellen- und Copyrighthinweise

Die Berichte über *die armen Kinder* stammen aus: «Die Kinder El Salvadors im Jahr des Kindes 1980». San Salvador, 1980

Rafael Gochez Sosa: *Freunde, meine Tochter ist nicht tot* erschien in *da Cronica* vom 23. Mai 1975.

Der *Bericht der britischen Parlamentarier-Delegation*, die Berichte über *die Unterdrükkung der Kirche in Guatemala* und Bericht über *Todesschwadronen in Guatemala* sind von der deutschen Sektion von Amnesty International im September 1979 herausgegeben worden.

Atahualpa Yupanquis Lied *Preguntitas sobre Dios* ist auf der Platte «Preguntitas sobre Dios» (Chant du Monde, Paris 1972) enthalten.

Das Interview mit Erzbischof Romero erschien am 25. März 1980 im *Diario de Caracas*.

Ana Guadalupe Martinez, *Meine Verschleppung* stammt aus ihrem Buch «das Carcelas Claudestinas de El Salvador», 1978.

Der *Rechtshilfebericht des Erzbischofsamtes San Salvador*, das *Dokument von Iximché* (gekürzt) und das von Klaus-Dieter Tangermann geführte Gespräch erschienen zuerst in taz-Journal Nr 2 «Ein Vulkan. Zentralamerika.» Westberlin 1980.

«Sie sangen, wenn sie folterten», die Zeugenaussage eines indianischen Bauern, stellte uns Veronika Gruber vom Guatemala-Komitee (West-Berlin) zu Verfügung.

Der Bericht von *Federico Corvera Rodriguez* – notariell unter der Nummer T. R. 0675992-96 erfaßt – stammt aus den *Lateinamerika-Nachrichten*, Sondernummer El Salvador, Westberlin 1980.

Das *Regierungsprogramm für eine demokratisch-revolutionäre Regierung in El Salvador* veröffentlichte die in Lima erscheinende Zeitschrift *Solidaridad* im Dezember 1980.

Der Zauberstab des Weltmarkts weckt Mittelamerika aus seinem Schlaf ist ein Kapitel aus Eduardo Galeanos Buch: «Die offenen Adern Lateinamerikas», Wuppertal 1978, S. 122–133.

Die *Chronik der Ereignisse* über El Salvador stammt gekürzt aus *Stern* vom 26. 2. 1981 (Manfred von Conta, *Hundert Jahre Grausamkeit*). Wir danken dem *Stern* für die Abdruckgenehmigung.

Der Bericht über das *Massaker am Sumpul-Fluß* ist der Zeitschrift *El Dia*, Mexiko, vom 8. Juli 1980 entnommen.

Informationsstelle El Salvador e.V. Informationsstelle Guatemala e.V.

Ziele und Aufgaben unserer Arbeit:

Ende 1979 gründen sich in München die beiden Informationsstellen für El Salvador und Guatemala. Das wichtigste Ziel unserer Arbeit ist breitestmögliche politische, moralische und finanzielle Unterstützung des Befreiungskampfes in diesen beiden mittelamerikanischen Ländern hier in der Bundesrepublik Deutschland und in West-Berlin zu erreichen. Dafür soll die Öffentlichkeit über die aktuellen Ereignisse in El Salvador und Guatemala informiert werden, da dies die Grundvoraussetzung für eine wirksame und breite Hilfe ist. Unsere Öffentlichkeitsarbeit besteht in der Erstellung und Verbreitung von Informationsmaterialien, wöchentlichen und monatlichen Zeitschriften und täglichen Nachrichtendiensten für Presse, Rundfunk und Fernsehen; dazu kommen Plakate, Aufkleber, audiovisuelle Medien, Flugblätter und die Vermittlung von Referenten für Informationsveranstaltungen. Eine weitere Aufgabe ist die Verwaltung der zentralen Konten der Solidaritätsarbeit. Im Laufe des vergangenen Jahres sind viele Solidaritätskomitees für El Salvador und Guatemala entstanden. Wir streben die Zusammenarbeit mit Hilfsorganisationen, Gewerkschaften, Parteien, Kirchen, Jugendverbänden und Einzelpersonen in der Bundesrepublik Deutschland und in West-Berlin an, die bereit sind, den Befreiungskampf in El Salvador und Guatemala zu unterstützen.

Außerdem arbeiten wir eng mit den Solidaritätskomitees in mehr als zehn europäischen Ländern und mit den Solidaritätsbewegungen in Costa Rica, Mexiko und in den USA zusammen.

Wie können Sie helfen:

Informieren Sie sich und ihre Freunde und Kollegen in der Universität, in der Schule und am Arbeitsplatz über die schweren politischen, wirtschaftlichen, sozialen und menschlichen Probleme der Völker in El Salvador und Guatemala.

Verbreiten Sie unsere Informationsmittel: Flugblätter, Broschüren, Solidaritätsplakate und Informationsdienste.

Führen Sie in Ihrer Stadt Veranstaltungen und Aktionen durch. Die Informationsstellen für El Salvador und Guatemala werden Ihnen durch Textmaterialien, gut einsetzbare Medien und durch die Vermittlung eines Referenten dabei helfen.

Gründen Sie mit Ihren Freunden und Kollegen in Ihrer Stadt ein Solidaritätskomitee oder arbeiten Sie in den bereits bestehenden Solidaritätskomitees mit. Die Zahl der Solidaritätskomitees und der Mitarbeiter wächst ständig.

Wenn Sie den Befreiungskampf der Völker in El Salvador und Guatemala finanziell unterstützen wollen, überweisen Sie auf eines unserer Konten und geben Sie den dementsprechenden Verwendungszweck an. Wir stellen Ihnen gerne Spendenquittungen aus, da wir die Gemeinnützigkeit haben.

Informationsstelle El Salvador e.V.
Kiliansplatz 5
8000 München 2
Tel.: 089/7255827

Konto-Nummer: 180769-802
Postscheckamt München
Medico International
Konto 232
Stadtsparkasse Frankfurt/Main

Informationsstelle Guatemala e.V.
Friedrichstraße 25
8000 München 40
Tel.: 089/7255827
Konto-Nummer: 208159-802
Postscheckamt München